살면서
한번은
논 어

살면서
한번은
논어

나의 첫 『논어』 읽기

이강엽 지음

나무를 심는 사람들

일러두기

1. 이 책에 나오는 『논어』의 한문 원문은 謝冰瑩 외 편, 『新譯四書讀本』(三民書局, 1988)에 따르며, 번역문에 있어서 해석상의 이설異說이 있는 경우는 대체로 김도련 역주, 『朱註今釋 論語』(현음사, 1990)를 기준으로 하였습니다.

2. 인명의 표기는 일반적으로 통용되는 것을 중심으로 하였으며 필요에 따라, 달리 불리는 이름을 함께 썼습니다. 예를 들어, 공자의 제자 중유仲由는 가장 널리 쓰이는 '자로子路'라는 자字가 주로 쓰이지만, 경우에 따라서는 성 없이 이름만 가리키는 '유'로 쓰기도 하며, 형제간의 서열을 가리키는 '백伯·중仲·숙叔·계季'와 자字를 혼용한 '계로季路'로 불리기도 하는데, 일차적으로 『논어』 원문에 등장하는 표기를 수용하였습니다. 또, 증삼曾參의 경우는 이름이나 자字 대신, 존칭으로 부르는 '증자曾子'로 서술하지만, 공자와의 대화에서는 이름인 '삼'을 그대로 썼습니다. 그러나 이름과 자 등이 함께 쓰이는 가운데 일어날 수 있는 오해를 피하기 위하여 '안회顏回(안연顏淵)' 같은 식으로 병기하기도 하였습니다.

3. 한문 독음讀音에서의 두음법칙은 끊어 읽는 구절 단위로 적용하였으나 '육칠六七'처럼 우리말화한 두 음절 이상의 한자어의 경우 어절의 가운데 오더라도 '륙칠' 대신 '육칠'을 선택하여 '안견방육칠십(安見方六七十)'으로 표기하였습니다. 또 '위衛나라의 영공靈公'을 가리키는 '衛靈公' 같은 경우는 본래 '위 영공'으로 표기하는 것이 맞겠지만 '위령공'이 관습적으로 입에 붙어 있는 탓에 혼선을 피하기 위하여 부득이하게 '위영공' 대신 '위령공'을 택하였습니다.

4. '仁'과 '禮' 등등처럼 중요한 개념을 담은 단어의 경우, 현대의 일상어로 풀이하여 도리어 원의를 손상시킬 우려가 있을 때는 '인仁'처럼 우리말 음을 그대로 쓰면서 한자를 병기하는 방식을 취했습니다.

독자 여러분, 안녕하십니까?

세상에 많은 인연 가운데 저자와 독자의 관계만큼 특별한 인연도
흔치 않을 것 같습니다. 일면식도 없이 저자는 어떤 독자를 상정
하고 글을 쓰고, 독자는 글을 통해 저자의 면모를 가늠합니다. 그
래서 어쩌면 저자와 일상을 함께하는 사람보다 훌륭한 독자가 저
자를 더 많이 아는지도 모르겠습니다. 그러나 역설적으로, 그 때
문에 많은 오해와 억측이 있기도 할 터여서, 이 책이 나오기까지
의 사연을 전하면서 그 특별한 인연이 소중하고 아름답게 이어지
길 바랄 뿐입니다.

제가 『논어』를 처음 만난 것은 초등학교 5학년 때입니다. 저는
그때 막 문을 열려던 학교 도서실의 도서를 정리하는 일을 했습
니다. 그래서 책마다 분류 번호를 붙이는 일을 했는데, 뜻밖의 장
애물을 하나 만났습니다. 『논어』였습니다. 도무지 무슨 책인지
알 수가 없어서 담당 선생님께 어떻게 분류하는 게 좋을지 문의
하였습니다. 그런데 선생님께서도 갸우뚱거리시는 것이었습니

다. 철학이라면 100번 종교라면 200번인데, 『논어』는 동양사상 서이니까 100번이지만, 유교라는 종교 경전으로 생각하면 200번이고, 좋은 말들을 적어 둔 것으로 본다면 800번 문학으로 볼 수도 있다는 것이지요.

그렇게 그냥 골치 아픈 책으로만 알던 『논어』를 다시 만난 것은 대학교 1학년 때입니다. 국문과에 들어갔으니 기본적인 한문은 알아야 한다고 생각해서 여름방학 내내 『논어』를 읽었습니다. 대학 시절의 첫 방학을 그리 보낸 것이 기이한 일이었으나 돌아보면 퍽이나 잘한 일 가운데 하나입니다. 그 뒤로는 방학마다 『논어』를 한 번 훑기도 했고, 특히 어려운 일을 만나면 틀어박혀 부분부분 읽어 나가는 책 가운데 한 권이 되었습니다. 그러면서 맨 처음 읽었던 『논어』와는 아주 다른 느낌을 주는 구절을 새롭게 발견하고, 그 책은 이미 또 다른 책이 되어 있었습니다.

그러다가 대학원 박사과정에 다닐 때, 김도련 선생님께 세배 드리러 갔다가 그때 막 나온 선생님의 역주본 『논어』를 선물로 받았습니다. '朱註今釋(주주금석)'을 표제에 단 만큼, 주자朱子가 집주集註한 전통적인 내용은 물론 그 밖의 새로운 해석들을 대거 담아 놓은 주석본이었습니다. 주자가 달아 놓은 주석에 대개 수긍하면서도 좀 의아스러웠던 부분들이, 정약용 선생 같은 선학들의 주석을 통해 선명하게 이해가 되었습니다.

그 이후로 『논어』를 만난 것은 강의실에서였습니다. 고전문학

전공자로서 한문 강의를 해야 했는데, 그때마다 『논어』가 등장했습니다. 예나 지금이나 『논어』 한 구절이 들어가지 않은 한문 교재를 찾기는 어려운 법이지요. 지금 몸담고 있는 대학에서도 한문 강좌에서 3분의 1 정도는 『논어』를 가르칩니다. 그러면서 학생들이 어떻게 읽고 생각하는지 들어 봅니다. 상당 부분이 제가 읽을 때와 흡사하지만, 어떤 경우는 아예 정반대로 수용하는 경우도 있습니다. 『논어』가 또 한 번 변한 것입니다.

학교 바깥에서도 『논어』를 만나는 일은 아주 흔합니다. 사회가 어려울 때마다 그 타개책으로 한 번씩 소환되는가 하면, 거꾸로 우리 사회의 발전을 위해 꼭 타파해야 할 유교 관념의 원인으로 지목되기도 합니다. 자기 수양을 위해 꼭 필요한 인문 도서로 사랑받는가 하면, 어려운 시국을 피해 제 한 몸 건사하느라 보는 자기계발서로 치부되기도 합니다. 급기야 기성세대가 신세대를 훈계나 하려 드는 이상한 책으로 내몰리기도 합니다.

이 책은 제가 지금까지 만난 그 많은 『논어』들을 소개하는 책입니다. 『논어』가 유교에서 가장 중시하는 경전인 만큼 그 해석만 해도 어마어마하게 많고, 그것들을 제대로 다루려면 대학에 학과 하나를 만들어도 모자랄 것입니다. 그러니 저같이 공부가 부족한 사람이 『논어』에 대해 새롭게 무얼 말할 수 있다고 생각하지는 않습니다. 그러나 철학이기도 하고 종교이기도 하며 문학이기도 한 이 기묘한 책에 대해서, 또 한문 공부하러 덤벼들었다가 삶의 굴곡진 곳에서 불쑥불쑥 내 손을 잡아 주었던 의리 넘치는 은인 같은 책에 대해서, 저의 청춘과는 다른 시대를 살아가면서 저와는 다른 반응을 쏟아 내는 천의 얼굴을 한 책에 대해서 말하고 생각하는 시간을 가져 보려 합니다.

책 제목에 달았듯이 '살면서 한번은' 꼭 읽었으면 하는 책으로서의 『논어』를 이야기해 보려 합니다. 그러나 그 한번이 그냥 스쳐 지나가는 한번쯤으로 치부되지 않기를 바랍니다. 한번은 가 보아야겠다 싶어 가볍게 가 보았는데 그 뒤로는 틈날 때마다 가 보게 되는 어떤 곳이 되기를 바랍니다. 이를 위해서『논어』의 많은 구절들 가운데, 하나의 스토리로 엮어 낼 만한 부분들을 세 대목 정도씩 떼 내어 풀어 보았습니다. 이 때문에 더러는『논어』의 본의에서 어긋나기도 하겠지만, 이 덕분에『논어』를 '지금 여기'에서 읽는 맛이 더 풍요롭게 되기를 소망합니다.

이를 위해 스무 살 어름, 방학 때 고향으로 내려간 친구들에게 편지하듯 편하게 적어 나가려 합니다. 한 계절에 한 번은 꼭 제 편지를 받고 싶다던 오랜 친구를 떠올리며, 지금의 이십 대, 혹은 삼십 대에게 써 보려 합니다. 모쪼록 짧지만 길고, 작지만 깊으며, 소리는 하나이지만 울림은 여럿인『논어』를 꼭 닮은 글이었으면 좋겠습니다. 편지는 상대를 쉽게 기만하기 때문에 쓰지 않는다던 누군가에게도, 이 글만큼은 그렇게 여겨지지 않았으면 정말 좋겠습니다.

끝으로, 이 '첫『논어』읽기'가 '두 번째『논어』읽기', '세 번째 『논어』읽기'로 깊이를 더해서 마침내 독자 여러분 누구나 '나의 『논어』' 한 권씩을 마음속 서가에 비치하게 될 날을 고대하고 응 원합니다.

2020년 1월 작은 세상에서

이강엽 드림

차례

첫째 묶음

사람의 향기

─── 1 ───

행복은 일상에서부터

독자 여러분, 첫 글은 친한 친구에게 편지를 쓰듯 가벼운 마음으로 '행복'을 주제로 시작해 볼까 합니다. 그것도 온 세상을 행복하게 한다는 거창한 생각이 아니라, 그저 '나 자신의 행복'같이 소박한 데서 출발하기로 합니다.

학생들에게 〈나의 행복〉이라는 제목의 글을 쓰라고 하면, 대체로 두 부류입니다. 당장 아무 때고 할 수 있는 것을 꼽는 부류와 특별한 기회에만 할 수 있는 것을 꼽는 부류 말입니다. 집에 가서 샤워한 후 차 한잔을 마시는 게 행복하다는 사람과 유럽의 고도古都에서 뮤지컬을 관람하는 게 행복하다는 사람은 아주 다릅니다. 물론 좋기로야 집에서 차 한잔 하는 것도 즐겁고, 모처럼의 외국 여행에서 공연 관람도 즐기는 것이겠습니다. 그러나 전자에서는 전혀 즐거움을 느끼지 못하면서 후자에만 의미를 두는 경우, 일상에서의 불만이 크기 쉽습니다. 마찬가지로 전자에만 만족하여 후자가 주는 신선함과 강렬함을 무시할 때, 삶이 정체되기 쉽지요.

공자孔子의 경우, 평생 도道를 얼마나 중시했던지 "아침에 도를 들으면 저녁에 죽어도 좋다."(朝聞道, 夕死可矣. 「이인里仁」)라는 말까지 남겼습니다. 이런 걸 보면 공자는 최고의 도를 위해 다른 모든 것들은 거의 포기했을 것으로 생각하기 쉬운데, 사실은 그렇지 않았습니다. 치열하게 탐구하고 열심히 가르치는 이면의 일상은 넉넉했지요. 일상에서의 행복을 잘 알고, 잘 누리고 지냈던 겁니다.

자른 것이 바르지 않으면 잡숫지 않으셨다

우리가 교과서에서 배운 공자는 어쩌면 가난을 즐기는 것이 아닐까 오해를 하게 합니다. 군자는 배부름을 구하지 않는다는 식의 발언을 거침없이 쏟아 내니까요. 물론, 공자도 끼니 걱정을 할 만큼 어려운 때도 있었습니다만, 당대인의 평균치에 비해 결코 가난하게 지내지 않았습니다. 권세가들처럼 풍족하지 못했을 뿐이고, 그런 것을 그리 좋아하지 않았지요.

공자가 일관되게 유지하는 삶의 태도가 그렇듯이, 형편이 좋으면 좋은 대로 나쁘면 나쁜 대로 거기에 맞춰 잘 지내면 될 뿐이었습니다.

자른 것이 바르지 않으면 잡숫지 않으시고, 음식에 적합한 장(소스)을 구하지 못하면 잡숫지 않으셨다. 고기반찬이 밥보다 많게는 안 하셨다. 오직 술에 있어서는 양을 정하지는 않았지만 정신이 어지럽도록 하지 않으셨다. - 「향당鄕黨」

割不正, 不食, 不得其醬, 不食. 肉雖多, 不使勝食氣.
할 부 정　불 식　부 득 기 장　불 식　육 수 다　불 사 승 사 기
唯酒無量, 不及亂.
유 주 무 량　불 급 란

「향당鄕黨」편에 있는 내용인데, '향당'이 요즘 말로 하면 '마을, 동네' 정도의 뜻인 만큼, 의식주 등 사생활 영역이 세세하게 나옵니다. 그런데 이 대목은 공자가 다른 데서 말하고 행한 내용과 많이 어긋나 보입니다. 멀리 갈 것 없이, 어떤 친구와 고깃집에 갔는데 고기가 균일하게 썰리지 않고, 그 고기에 적합한 소스가 나오지 않았다고 해 보죠. 그런데 그 친구가 그런 음식은 못 먹겠다고 자리에서 일어선다면 어떻겠어요? 모르긴 해도 식성이 까다로운 사람이라며 이상하게 여기기 십상일 겁니다.

그러나 이 대목의 상황을 잘 생각해 보세요. 이런 경우는 궁핍

한 시기가 아닙니다. 그런 때였다면 먹을 음식이 있다는 것만으로도 감지덕지했을 테니까 말이지요. 제대로 갖추어서 먹을 만한 여유가 있는데도 단지 귀찮다거나 대충 먹는 게 편하다는 이유로 아무렇게나 먹는 것을 용납하지 않았다는 말입니다. 굶주려서 죽지 않으려 먹는 것이 아닐 바에야 그렇게 격식을 차리지 않은 음식까지 먹으려고 애쓸 필요가 없다는 뜻입니다.

그렇다고 기름진 음식을 배 터지도록 먹자는 것도 아닙니다. 필요 이상으로 먹는 것은 낭비이며 다른 사람의 몫을 빼앗는 행위이기 때문입니다. 그래서 공자는 아무리 고기를 많이 먹어도 밥 같은 곡물류보다 더 많이 먹지 않는 정도로 한정했습니다. 그러나 술에 있어서는 달랐습니다. 술에 관련되는 명언 가운데 "술은 차를 대신할 수 있으나 차는 술을 대신할 수 없다."(장조張潮, 『유몽영幽梦影』)'는 말이 있습니다. 술을 조금 마시면서 차 마시듯 할 수는 있지만, 차를 많이 마셔도 술이 오르는 효과를 보기는 어렵다는 뜻이겠습니다. 공자도 술을 마셔서 경계심을 풀고 허심탄회하게 서로의 마음을 주고받는 것을 마다하지 않았던 것 같습니다. 그래서 술만큼은 양의 제한을 피했는데, 다만 그날그날의 몸상태나 주변 상황에 따라 적게 마실 수도 있고 많이 마실 수도 있으니 구태여 기계적으로 한정하지 않았습니다. 그저 취해서 어지러울 정도가 되지 않는 한계선을 지켰습니다.

활을 쏘아 경쟁하되 과녁 뚫기는 피하셨다

『논어』에는 주로 공자의 학문과 사상에 대해 알 만한 일들이 많이 나옵니다만, 인간적인 면모를 드러내는 대목도 많습니다.

스승님께서 말씀하셨다.
"군자는 경쟁함이 없으나, 꼭 경쟁하는 건 활쏘기구나! 읍(두 손을 모아 위로 올린 후 머리를 숙여 인사하는 예법)하고 사양하며 올라서고, 내려와서는 벌주를 마시니 그 경쟁이 군자답다." - 「팔일八佾」

子曰, "君子無所爭, 必也射乎! 揖讓而升, 下而飮,
자 왈　군자무소쟁　필야사호　읍양이승　하이음
其爭也君子."
기 쟁 야 군 자

먼저, '자왈子曰'에 대해 설명해야겠습니다. 『논어』는 공자가 쓴 책이 아니라 공자의 제자들이 공자의 언행을 기록한 책입니다. 제자들 사이에서 공자를 지칭할 때 존경의 마음을 담아 덕행이 있는 사람을 가리키는 '자子'로 불렀고, 원문에서는 '자왈子曰'로 시작합니다. 영문판 『논어』에서는 'The Master said'로 번역하는 걸 보면, "스승님께서 말씀하셨다."는 정도가 적절할 것 같습니다. 제자들 앞에서 제자들을 깨우치기 위해 한 말임을 드러낸 것이지요.

 그런데, 제자에게 '경쟁'에 대해 이야기하는 게 조금 낯섭니다. 이를 이해하기 위해서는 옛날의 공부에 대해 이해할 필요가 있습니다. 지금의 공부는 책상에서 책을 보는 것으로 인식되지만, 옛날에는 이른바 육예六藝라고 하는 것이 있었습니다. 즉, '예禮 · 악樂 · 사射 · 어御 · 서書 · 수數'로, 예학, 음악, 활쏘기, 말타기, 서예, 수학으로, 사실상의 전인교육이었습니다.

 이 가운데 가장 즉각적으로 우열을 가릴 수 있는 과목이 바로 활쏘기였습니다. 지금도 양궁 대회를 보면 사대射臺에 두 선수가 동시에 올라 쏘지 않습니까? 과녁을 맞힌 숫자를 계산하면 누가 더 나은지 아주 분명하지요. 그러니까 경쟁을 하며, 놀이를 겸할 수 있었습니다. 요즘 말로 하자면 레포츠로서 제 기능을 하는 것인데요, 거기에서도 지켜야 할 예의가 있었습니다. 둘씩 짝을 이루어 서로에게 세 번 읍揖하고 활을 다 쏜 후에는 역시 읍하고 내려와서는 진 사람이 벌주를 마셨던 겁니다.

 요즈음도 게임을 하고는 재미 삼아 벌주를 마시게 하지만, 그렇다고 진 사람만 계속 마시고 이긴 사람은 마시지 않는 게 아닙니다. 벌로든 상으로든 함께 즐거울 수 있으면 좋습니다. 물론, 정해진 예법이 분명한 공식적인 활쏘기에서야 고정된 격식을 따를 테지만, 예의를 지켜 공정하게 겨루고 깨끗이 승복하면서 함께 즐기는 광경이 아름답습니다. 승자에게 축하하고 패자를 다독이는 모습이 정겹습니다.

활쏘기 이야기는 같은 「팔일八佾」 편에 앞서 인용한 대목 외에
도 더 나옵니다. 거기에서 강조한 것은 활을 쏘는 데 있어서 과녁
을 뚫는 것을 위주로 하지 않는다는 점입니다. 강한 활로 힘껏 당
기면 화살이 깊이 박혀서 가죽으로 된 과녁판을 뚫고 나갑니다.
그렇게 되면 힘자랑하기에는 그만이겠으나, 그것은 타고난 체구
와 힘이 있을 때만 가능한 일이어서 서로 겨루지 않았다는 거지
요. 누구나 노력하면 할 수 있는 과녁 맞히기를 위주로 했고, 그
것이 옛날에 행하던 활쏘기의 바른 도道라고 했습니다.

오른쪽 소매를 짧게 하고 잠옷은 키보다 길었다

평상복인 갖옷은 길게 하셨는데 오른쪽 소매를 짧게 하셨
다. 반드시 잠옷이 있었는데 길이가 키의 한 배 반이었다.

– 「향당鄕黨」

褻裘長, 短右袂. 必有寢衣, 長一身有半.
설 구 장 　 단 우 몌 　 필 유 침 의 　 　 장 일 신 유 반

의복과 관련되는 부분인데, 이 앞뒤로 아주 복잡하고 시시콜
콜한 내용이 더 있습니다만 간단하게 끊어 보았습니다. 여기의
'갖옷'의 '갖'은 '가죽'이라는 말로, 갖옷은 안에 가죽을 댄 방한

- 21 -

복입니다. 특별히 길게 한 것은 보온성을 위해서입니다. 그러나 가죽을 댔다면 활동하기에는 썩 편하지 않았을 겁니다. 외출복이나 관복이라면 모르겠지만, 평상복일 경우에는 편하게 입는 것이 최고입니다. 그래서 오른쪽 소매를 짧게 하는 재치를 발휘했습니다. 오른손은 쓸 일이 많습니다. 글씨도 써야 하고, 밥도 먹어야 하지요. 그래서 활동이 불편하지 않도록 짧게 했다는 것이겠지요.

다음으로는 잠옷을 들었습니다. 잘 먹고 잘 자는 것이 건강의 비결이기도 하니 숙면을 취할 수 있는 부드러운 옷이 필요했겠는데, 공자는 잠옷을 따로 마련하여 입었습니다. 그런데 이 잠옷이 사람 키의 한 배 하고도 반이나 더 된다고 했습니다. 옷에 잠겨서 푹 잘 수 있는 패션이지요. 한번 상상해 보세요. 오른쪽 소매가 짧은 갖옷을 입고 집 안을 돌아다니는 공자, 키의 한 배 반이나 되는 잠옷을 입고 꿈나라로 간 공자. 그런 공자가 바로 우리처럼 숨 쉬며 살아가는 인간 공자입니다.

그러나 여기 인용한 대목은 주로 사적인 영역에 해당하는 것임을 유념해야 합니다. 공자가 조정에 나설 때나 외출할 때, 의식에 참여할 때는 매우 세심하고 엄정하게 하였으니까요. 예나 지금이나 다른 사람과 맞추다 보면 어느 정도의 개성을 희생할 수밖에 없습니다. 표준이 되는 규범을 좇아야 하니까 말이지요. 그러나 사적인 영역에서라면 전혀 그럴 필요가 없겠지요.

日常幸
일 상 행

한번 상상해 보세요. 오른쪽 소매가 짧은 갖옷을 입고 집 안을 돌아다니는 공자, 키의 한 배 반이나 되는 잠옷을 입고 꿈나라로 간 공자. 그런 공자가 바로 우리처럼 숨 쉬며 살아가는 인간 공자입니다.

조금만 관심을 기울이면 나답게 꾸려 나가기 쉽습니다. 그런 데서 편안하고, 평화롭고, 행복하다면 이미 절반은 성공한 셈이겠습니다.

요즈음, 작지만 확실한 행복이라는 의미의 '소확행'이라는 말이 많이 쓰이는데, 저는 일상의 행복이라는 뜻의 '일상행 日常幸'을 적극 권합니다.

- 23 -

집 밖이나 직장에서 마주하는 모습에는 다들 가면이 하나씩 씌워져 있습니다. 그걸 부인할 것도 없고 또 그렇게 된 게 나쁜 것도 아닙니다. 어쩌면 당연한 일이지요. 그러나 집 안에서, 업무 밖의 영역에서, 일상에서 이루어지는 일은 그냥 있는 그대로의 나입니다. 매일 있는 일이고, 누가 뭐라는 일도 아닙니다. 자유롭게 스스로 선택할 수 있는 것이고, 그만큼 조금만 관심을 기울이면 나답게 꾸려 나가기 쉽습니다. 그런 데서 편안하고, 평화롭고, 행복하다면 이미 절반은 성공한 셈이겠습니다.

식구들과 삼겹살을 구워 먹으면서도 그럴듯한 고급 식당처럼 플레이팅을 해 보고, 퇴근길에 마음에 맞는 직장 동료와 볼링을 한 게임 한 후 승리 턱을 얻어먹고, 집에서 입는 옷쯤은 내 마음대로 손을 봐서 걸쳐 보는 일들은 지금 당장 별 힘 안 들이고 할 수 있습니다. 오늘 저녁 귀가하거든 자신의 방을 한번 돌아보세요. 표정이 느껴지나요? 행복한 표정인가요? 거울에 비친 자신의 모습을 훑어보세요. 자유롭게 느껴지나요? 얼마나 평화로워 보이나요?

요즈음, 작지만 확실한 행복이라는 의미의 '소확행'이라는 말을 많이 쓰는데, 저는 일상의 행복이라는 뜻의 '일상행日常幸'을 적극 권합니다.

2

인간 대 인간

역사상 가장 근엄하고 엄격하며 진지한 인물 하면, 누가 떠오르시나요? 많은 이들이 아마 공자를 들 것입니다.

십 년 전쯤, 선배들과 함께 공동 집필을 할 때였습니다. 기한 내로 마쳐야 하는 일이었는데 영 진도를 나갈 수 없었습니다. 다수의 의견을 모으기도 어려웠고, 각각의 원고를 정리하여 통일성을 갖추는 것은 차치하고 무엇보다 원고가 제때에 들어오질 않았습니다. 저는 그런 일이라면 어기는 스타일이 아니어서 예정대로 진행했는데, 그런 제 처신이 선배들 입장에서는 조금 어렵게 느껴졌던 모양입니다. 회식 자리에서 제가 자식들과 노는 이야기를 했더니 어느 선배가 정색을 하며 물었습니다. "이 선생도 집에서 아이들하고 장난치고 그래요? 영 상상이 안 가네요."

일면 반성이 되기도 했고, 일면은 억울했습니다. 다 함께 꼭 해내야 하는 일이 아니라면, 후배인 제가 구태여 원고 독촉을 하지도 않았을 것이며, 설령 그렇더라도 일정 부분은 또 보는 이의 색안경 탓이기도 했으니까요. 혹시, 공자를 볼 때도 그런 색안경을 쓰지 않았을까요?

마을에서는 어눌한 듯, 조정에서는 분명하게

공자께서 마을에 계실 때는 공손하고 착실하여 흡사 말을 못하는 사람 같았다. 종묘와 조정에 계실 때는 분명하게 말씀하시되 삼가셨다. - 「향당鄕黨」

孔子於鄕黨, 恂恂如也, 似不能言者. 其在宗廟朝廷,
공 자 어 향 당   순 순 여 야   사 불 능 언 자   기 재 종 묘 조 정
便便言, 唯謹爾.
변 변 언   유 근 이

예나 지금이나, 아무리 외지에 나가서 출세한 사람이더라도 고향 마을에 내려가면 그저 '감나무 집 셋째 아들' 정도가 되기 마련입니다. 거기에는 집안의 형이나 아버지, 친척 어른들도 있고, 마을의 친구나 어르신들도 있는 법이니까요. 공자는 그런 곳에서는 그저 착실한 마을 사람으로, 마치 말을 잘 못하는 사람처럼 있

었다고 했습니다. 그러나 나라 제사를 지내는 종묘나 나랏일을 보는 조정에서는 말을 분명하고 절도 있게 해서 상반된 모습을 보였습니다.

똑똑하고 말 잘하는 사람이 많기로야 마을보다 조정이 훨씬 더 하겠지요. 그러나 공자는 도리어 마을에서 말을 잘 못하는 사람처럼 행세했습니다. 마을에 가면 그 또한 손아래의 자연인이기 때문입니다. 자기가 조금 많이 안다고 해서 고향 어른들 앞에서 뻐겨 댄다면 그 사람됨이 매우 떨어지는 것입니다. 그런데 현실에서 보면 자기보다 못한 사람들 앞에서 잘난 척 떠벌리는 사람들이 의외로 많습니다. 조금만 돈을 벌면 자기보다 더 큰 부자 앞에서는 숨소리도 못 내다가 가난한 고향에 가서는 재벌이라도 되는 양 큰소리치는 일이 잦은 것이지요.

다수의 사람들이 모인 곳에서는 모두가 편하게 대화할 수 있도록 이끌어 가야 합니다. 영어를 모르는 사람이 있는 곳에 가서 영어로 대화를 나눈다거나, 골프를 치지 않는 사람이 있는 곳에서 골프 이야기를 늘어놓으면 결과적으로 누군가를 소외시키는 게 되니까요. 실수로 그런 일이 있는 것도 문제인데, 어떤 경우에는 그런 자리에서 도리어 더 과시하려 들기도 합니다. 그런데 공자는 정반대로 했습니다. 거짓으로 꾸미는 게 아니라 자신의 식견을 제대로 써야 할 곳을 잘 파악했기 때문입니다.

불이 나도 말에 대해서는 묻지 않으셨다

공자가 보인 그런 자세는 인간에 대한 존중과 배려심이 기본임을 드러내는데, 다음은 그 단적인 예입니다.

마구간에 불이 났다. 스승님께서 조정에서 퇴근하여 말씀 하셨다.
"사람이 상했는가?"
말에 대해서는 묻지 않으셨다. - 「향당鄕黨」

廐焚. 子退朝曰, "傷人乎?" 不問馬.
구 분   자 퇴 조 왈   상 인 호   불 문 마

예나 지금이나 말은 귀한 동물입니다. 요즘처럼 교통수단이 발달하지 않은 때라면 더 그랬을 것입니다. 그런데 공자는 마구간에 불이 난 걸 알고도 말에 대해서는 묻지 않았습니다. 사람이 다치지 않았는지만 물을 뿐이었지요. 말을 아끼지 않아서가 아니라 사람을 귀하게 여기기 때문입니다. 이런 정신이라면 이삿짐센터 직원이 이삿짐을 옮기다가 물건을 떨어뜨렸다고 할 때, 우선 사람이 다치지 않았는지 물어야 합니다.

지위 고하를 막론하고 사람이라는 사실만으로 동물보다 우선시하는 그 당연한 마음이 공자에게서 드러난 것인데, 이는 결국

역지사지易地思之하는 마음입니다. 내가 나 자신이 귀한 줄 안다면, 저 사람도 귀한 존재라는 그 생각 말입니다. 그런데 이 대목을 보고, 너무 당연한 일이 아니냐고 반문하시는 분이 있을 것 같습니다. 당연한 이야기입니다. 지금으로서는 말이 사람보다 귀할 수 없습니다. 어떤 경우든 말보다 사람의 안위를 먼저 묻는 게 순리입니다.

그러나 이 이야기는 지금부터 무려 2,500년 전의 일임을 감안해야 합니다. 마구간 불로 상하는 사람이라면 말을 보살피는 일을 하는 사람일 테고, 그런 사람은 아무래도 낮은 신분이었을 테니 관심 두기가 쉽지 않았겠지요. 더구나 말이 상하기라도 했다면, 그 일에 대한 책임은 꼼짝없이 마구간을 관리하는 사람에게 돌아갈 겁니다. 그러니 그런 사람은 무사하다 하더라도 문책을 당할까 몹시 두려워하겠지요. 그럴 때 사람에 대해서만 묻는다면, 입으로 다하지 않은 말들이 또렷해지지요. "사람만 다치지 않았으면 괜찮아. 걱정들 말게나."

보이지 않는 사람도 불편함이 없도록

사람을 만나 감동할 때는 언제인가요? 경우에 따라 다르겠지만, 저 같은 경우는 인간 대 인간으로 대해 줄 때입니다. '계급장 떼

고' 그저 사람이 사람을 대하는, 사람으로 사람을 대하는 느낌이
들 때, 그때 큰 울림이 있곤 합니다.

악사 면이 스승님을 뵈러 왔는데 계단에 이르자 스승님께
서 말씀하셨다.
"계단입니다."
자리에 이르자 스승님께서 말씀하셨다.
"자리입니다."
모두 앉자 스승님께서 일러주셨다.
"아무개는 여기 있고, 아무개는 여기 있습니다."
악사 면이 나가자 자장이 물었다.
"악사와 함께 말하는 방법입니까?"
스승님께서 말씀하셨다.
"그렇다. 진실로 악사를 돕는 방법이다." - 「위령공衛靈公」

師冕見, 及階, 子曰, "階也." 及席, 子曰, "席也."
사 면 현　급 계　자 왈　계 야　급 석　자 왈　　석 야
皆坐, 子告之曰, "某在斯, 某在斯." 師冕出. 子張問曰,
개 좌　자 고 지 왈　　모 재 사　모 재 사　　사 면 출　자 장 문 왈
"與師言之道與?" 子曰, "然. 固相師之道也."
여 사 언 지 도 여　　자 왈　연　고 상 사 지 도 야

옛날의 악사는 통상 맹인이 맡았습니다. 맹인은 시각을 잃은
대신 청각이 예민한 까닭입니다. 그런데 악사가 앞이 보이지 않

然. 固相師之道也
연 고 상 사 지 도 야

그렇다. 진실로 악사를 돕는 방법이다

상대를 나와 똑같은 인간으로 대하려 한다면 나와 똑같이
대할 것이 아니라, 나와 똑같이 있을 수 있도록 해 주는 것이
중요합니다.

으니까 곁에서 도와줄 사람이 필요했고, 공자가 친히 그 일을 맡았다는 것이 이 대목의 골자입니다. 공자는 상대가 맹인임을 고려하여 아무 문제가 없도록 최대한 배려하고 있습니다.

그런데 좀 더 살펴보면 쉽게 드러나지 않는 내용이 있습니다. 이 자리에는 공자만 있던 것이 아니라 그의 제자들이 함께 있었습니다. 대화 내용으로 보면 적어도 두 명 이상이 있었던 것 같습니다. 게다가 한 사람은 자장子張으로, 그는 과유불급過猶不及 고사에도 등장하는 '지나침〔過〕'의 대명사입니다. 나이도 아주 어려서 공자와 무려 48세나 차이가 났다고 합니다. 적극적인 데다 어리기까지 했다면, 손님을 안내하는 일쯤은 연로한 공자가 하기보다는 자장이 하는 게 당연해 보입니다.

그런데 자장은 손님이 가고 난 후에 그것이 올바른 방법인가에 대해 묻습니다. 자장이 그때까지 그런 예법이 있는지 몰랐다는 말입니다. 그러나 이런 일에 '예법'이나 '도리'를 따지는 것이 어찌 보면 어리석은 일입니다. 서 있기 불편한 사람은 부축해 주고, 귀가 어두운 사람에게는 큰 소리로 말해 주는 것은 사람이라면 당연히 행해야 할 도리이기 때문이지요.

상대를 나와 똑같은 인간으로 대하려 한다면 나와 똑같이 대할 것이 아니라, 나와 똑같이 있을 수 있도록 해 주는 것이 중요합니다. 앞이 안 보이는 사람에게 손을 이끌어 자리로 안내하는 일을 하면 그도 내가 앉듯 앉아 있을 수는 있겠지만, 내가 주변 상황을 다 아는 것처럼 상대가 알 수는 없습니다. 그러니까 일일이 주변에 어떤 사람들이 앉아 있는지를 일러 주어야 비로소 똑같이 됩니다.

또 하나, 공자가 소문난 음악 애호가였음을 감안한다면 악사가 그냥 방문했을 것 같지는 않습니다. 설령 그랬더라도 온 김에 한 곡쯤은 연주를 하고 갔을 겁니다. 그랬다면 위의 대목이 더더욱 이해가 됩니다. 지금도 연주자들은 연주를 하기 전에 연주 장소에 가서 '사운드체크soundcheck'라는 걸 하곤 합니다. 연주 홀의 구조는 어떠하며, 크기는 어느 정도이고, 관중의 방향에 따라 내 악기의 위치는 어디가 좋고 소리를 어떻게 내는 게 적절할지 점검하는 것이지요. 그렇다면 공자가 일일이 안내하는 것 또한 상대를 음악 전문가로 제대로 예우하는 처사일 겁니다.

요즘 평등이 강조되면서 어느 한쪽으로 기울지 않게 기계적으로 똑같이 하는 데 필요 이상으로 골몰하는 느낌이 듭니다. 그러나 자로 잰 듯 똑같이 하기보다는 잘났지만 자신보다 못한 사람들 앞에서 겸손한 모습도 보이고, 걱정 많은 사람들 앞에서는 응원의 침묵도 보내며, 어떤 경우든 인간 대 인간으로의 만남이 손상되지 않도록 조율하고 배려하는 자세가 더 요긴할 듯합니다.

공자를 연구하여 멋진 평전을 남긴 크릴H.G.Creel은 책의 맨 마지막 문장을 이렇게 장식하였습니다.

"공자는 인류를 신뢰하였다."[2]

3

내용과 형식

고등학교 2학년 때이던가, 국어 시험에 "'빛 좋은 개살구'와 반대되는 속담을 쓰시오.(3음절)"라는 문제가 나왔습니다. 다른 친구들은 당황했던 것 같은데, 그래도 국어 성적은 좀 나은 편이었던 저는 '겉 볼 안'이라고 써냈었지요. 사람들이 이 속담을 잘 모르는 이유는 아마도 '빛 좋은 개살구'보다 쓸 일이 많지 않아서일 것 같습니다. 겉은 번질번질하지만 속은 보잘것없는 것이 많은 데 비해, 겉이 대단하더니 속도 훌륭한 것을 별로 많이 접하지 못한 까닭이라는 말입니다.

그러나 세상을 좀 살아 본 사람이라면 느끼겠지만, 앞의 속담보다 뒤의 속담이 더 현실적입니다. 가령, 로비에서부터 으리으리한 호텔이라면 보나 마나 고급 호텔이며, 액자값이 웬만한 그림값을 넘어가는 그림이라면 명작일 가능성이 높지요. 오래된 동시 가운데 〈감자꽃〉이란 시도 있지요. "자주 꽃 핀 건 자주 감자, / 파 보나 마나 자주 감자. / 하얀 꽃 핀 건 하얀 감자, / 파 보나 마나 하얀 감자."(권태웅, 〈감자꽃〉 전문).³ 감자는 자줏빛 감자와 흰 감자가 있는데 그것은 그냥 밖으로 드러난 꽃만 보아도 금세 알 수 있다는 겁니다. 일제강점기에 창씨개명創氏改名하는 데 대해 반발한 노래라고 하지만, 언제 어디서나 통할 법한 시이지요.

그렇다면 공자의 경우는 어떠할까요? 아무래도 내용을 중시했을 것만 같습니다. 정말 그럴까요?

문질빈빈文質彬彬

스승님께서 말씀하셨다.
"바탕이 외양보다 나으면 촌스럽고, 외양이 바탕보다 나으면 문서담당관 티가 난다. 외양과 바탕이 조화를 이루어야 군자이다." - 「옹야雍也」

子曰, "質勝文則野, 文勝質則史. 文質彬彬, 然後君子."
자 왈   질 승 문 즉 야   문 승 질 즉 사   문 질 빈 빈   연 후 군 자

"바깥 모양이 중요합니까, 안의 내용이 중요합니까?" 그렇게

文質彬彬
문 질 빈 빈

"바깥 모양이 중요합니까, 안의 내용이 중요합니까?" 그렇
게 물으면 백이면 백, 내용이 중요하다고 답할 것입니다. 그
러나 공자는 그 둘이 모두 좋아야 군자라 했습니다. 이를
"문질빈빈文質彬彬"이라고 합니다. 나무와 풀들이 어우러져
아름다운 숲을 이루듯, 본래 좋은 바탕이 자연스럽게 밖으
로 드러날 때 내 삶이 조화롭게 됩니다.

물으면 백이면 백, 내용이 중요하다고 답할 것입니다. 그러나 내용이 좋더라도 드러나는 모습이 형편없다면 아무도 세련되었다고 여기지 않습니다. 미슐랭급 요리를 일회용 그릇에 담아내거나, 국제학술대회에 운동복으로 나선다면 일단 믿음이 가질 않습니다. 거꾸로 호텔용 고급 그릇에 학교 앞 분식을 담아내거나, 휴일에 동네 산책을 하는데 멋진 슈트발을 자랑한다면, 도리어 조롱감이 되기 십상입니다.

그러나 오해해서는 안 됩니다. 공자가 말하는 '바탕'과 '외양'은 우리가 흔히 쓰는 내용과 형식을 말하는 것이 아닙니다. 한자 원문으로는 '질質'과 '문文'인데, 앞의 '질'이 안에 담긴 내용만을 말하는 것도 아니며, 뒤의 '문'이 겉으로 꾸며진 수식만을 말하는 것도 아닙니다. '질'은 흔히 '질박하다'고 말하는 소박함, 순박함을 말하는데, 외적인 영향을 받지 않아서 타고난 본성을 그대로 간직하고 있는 상태를 말합니다. '문'은 흔히 '문채'라고 하는데, 지금은 '문자'라는 뜻으로 통용되지만 맨 처음에는 모든 사물이 가지고 있는 무늬와 광채를 뜻했습니다.

공자는 질質이 문文을 이기면 촌스럽다〔野〕고 했습니다. 물론 소박함이나 순박함은 그 자체로 매우 좋은 것이지만, 그것은 가공하지 않은 원석 같은 겁니다. 좋은 자질이나 바탕이 있다 하더라도 그것이 제대로 구현되지 않으면 차라리 없느니만도 못할 경우도 많지요. 가령, 다이아몬드는 아주 단단한 재질이어서 어지간한 공법으로는 도무지 가공할 수가 없었어요. 17세기 말에야 겨우 가공법을 찾아냈으니 그 이전까지는 그저 단단한 돌에 불과했습니다.

좋은 바탕이 곧 좋은 모양을 보장하지도 못합니다. 제대로 된 과정을 거치지 못하면 그냥 바탕만 좋은 재료에 불과하니까요. 반대로, 비록 좋은 모양으로 드러난 것이라도 그 바탕까지 그런지는 알 수 없습니다. 눈속임으로 겉만 그럴듯하게 보일 수 있기 때문입니다. 그러니까 "질이 문을 이긴다."는 말은 내용이 형식보다 낫다는 뜻이 아닙니다. 분명 그런 부분이 없는 것은 아니지만, 그보다는 본래 좋은 바탕을 지녔지만 그것을 제대로 구현해내지 못해서 자연스럽게 그 무늬가 드러나지 않은 경우를 말합니다. 머리가 좋지만 독학만 해서 학문적 완성도나 세련미가 부족한 학자나, 소질을 타고났으나 붓질이 아마추어에 머물러 거친 그림밖에 못 그리는 화가가 그런 경우이겠습니다.

그 반대의 경우를 보면 더 심각합니다. 소박함을 바탕으로 덕을 쌓다 보면 저절로 무늬가 생겨 그럴듯하게 되는 법인데 덕이 없이도 그럴듯한 무늬만 덧댄다면 어떻게 될까요? 그야말로 상대방을 속이는 행위인데, 이런 상태를 문서담당관에 빗대고 있습니다. 문서를 담당하는 사람은 늘 정해진 틀에 맞게 작성하는 데 익숙합니다. 문서의 형식은 어떻게 하고, 글자의 크기는 얼마로 할 것인지를 미리 정하고 거기에 맞춥니다. 지금도 결재할 때 그런 것만 주로 보는 상사들이 있다고 하는데, 그런 사람이 많은 회사는 곧 문 닫을 준비를 해야 할 겁니다.

공자는 그 둘을 모두 경계했습니다. 당연히 그 둘이 모두 좋아야 군자君子라 했는데, 이걸 "문질빈빈文質彬彬"이라고 합니다. '彬(빈)'이라는 글자를 보세요. 수풀(林)에 터럭(彡)이 붙어 있습니다. 그렇다면 수풀에 있는 온갖 나무와 풀들이 어우러져 내는 풍경과 무늬가 바로 '빈빈彬彬'이겠습니다. 어느 숲이나 그렇겠지만 생태계의 조화가 잘 이루어져서 어느 하나가 다른 하나를 압도하지 않을 때, 서로들 잘 자라서 아름다운 숲, 아름다운 모양을 연출하지요. 역시 고르게 잘 되어 서로 조화를 이루는 게 중요합니다.

본本과 말末에 선후가 있을까?

『논어』에 '문/질' 같은 대립은 매우 많은데, 그 비슷한 것에 '본/말本/末'이 있습니다.

자유가 말했다.
"자하의 어린 제자들이 청소하고 인사하며 나가고 들어가는 예절에 있어서는 제법이지만 말단의 일이다. 근본이 없으니 어떻겠는가?"

자하가 그 말을 듣고서 말했다.

"아, 자유의 말이 지나치다! 군자의 도에 있어 어느 것이 먼저라서 전수할 것인가? 어느 것이 나중이라서 게을리할 것인가? 초목에 비유하자면 그 종류가 각기 구별되는 것이다. 군자의 도가 어찌 속이겠는가? 처음이 있고 끝이 있는 사람은 오직 성인뿐이실 것이다!"-「자장子張」

子游曰, "子夏之門人小子, 當洒掃應對進退則可矣,
자유왈   자하지문인소자 당쇄소응대진퇴즉가의
抑末也. 本之則無如之何?"子夏聞之, 曰, "噫! 言游過矣!
억말야 본지즉무여지하   자하문지왈   희 언유과의
君子之道, 孰先傳焉? 孰後倦焉? 譬諸草木, 區以別矣.
군자지도 숙선전언   숙후권언   비저초목 구이별의
君子之道, 焉可誣也? 有始有卒者, 其唯聖人乎!"
군자지도 언가무야   유시유졸자 기유성인호

먼저, 공자의 제자가 아니라 공자의 '제자의 제자' 이야기입니다. 내용으로 보면 아직 어린 나이겠고 배울 게 많은 사람들일 겁니다. 그런데 자유子游는 자하子夏의 제자들이 근본적인 큰 공부를 하지 않고 청소하고 인사하는 정도의 지엽적인 작은 공부만 한다고 지적했습니다. 뭐, 자하의 제자들이 실제 그러기도 했겠지만, 자유와 자하가 한 살밖에 차이가 나지 않는 데다 친한 사이여서 살짝 장난삼아 말한 것일 가능성이 높습니다. 그러나 옛날 초학자들의 교본인 『소학小學』에 보면 맨 처음 나오는 말이 바로 "쇄소응대灑掃應對", 곧 마당에 물 뿌리고 비질하며 어른께 인사를 잘

하는 일입니다.

그런데, 자하는 자유의 말을 가볍게 받아넘기지 않고 이 기회에 자신의 뜻을 피력하면서 제자들의 공부를 독려하고 있습니다. 어떤 일에서든 근본과 말단이 있는 법이어서 근본이 중요하기는 해도, 그 둘을 다 제대로 갖춘 사람은 성인밖에 없을 것이라고 했습니다. 그렇지 못한 사람들은 근본을 갖춘답시고 지엽적인 것을 쉽게 보아 넘겨서도 안 되고, 그렇다고 지엽적인 것에만 빠져서 근본으로 파고들지 못해도 안 됩니다. 초목에도 여러 종류가 있듯이 사람에게도 그 크기나 성장 단계가 다를 테니 일단 할 수 있는 것부터 차근차근 공부해 나가는 게 바른 도리임을 선언했던 것입니다.

좋은 바탕을 가지고 잘 닦아서 좋은 모양을 내고, 좋은 근본에서 시작하여 말단까지 좋게 만들어 내면 그 이상이 없습니다. 좋은 모양이 좋은 바탕에서 절로 생겨난 것이면 더 바랄 것이 없고, 하기 쉬운 말단의 일부터 착실히 닦아 근본까지 파고든다면 칭찬할 만합니다. 그러나 바탕은 좋았으나 이룬 일이 없어 드러난 모양이 형편없고, 말단에만 치중하느라 근본으로 들어가 보지도 못한다면 그런 비극이 또 없을 겁니다. 대들보가 중요하다고 해서 서까래를 방치하면 이내 대들보도 못 쓰게 됩니다. 반대로, 대들보가 튼튼하지 않은데 좋은 기와를 얹어 봤자 금세 무너지고, 죽어 가는 뿌리 위로 난 가지는 이내 죽을 것입니다.

네덜란드의 화가 에셔M.C.Escher는 〈천국과 지옥〉이라는 작품에서, 천사와 악마가 서로 떨어져 있지 않다는 것을 아름다운 기하학적 무늬로 멋지게 표현했지요. 이 그림은 대립하는 둘이 꼭 붙어 있어서 어느 한쪽을 없애는 순간, 사실은 양쪽이 다 사라지고 만다는 것을 보여 줍니다. 또, 원 가운데의 천사와 악마가 크고 가장자리의 천사와 악마가 작게 보입니다만, 그건 원근법에 의한 것일 뿐 실제가 그런 것이 아니지요. 그 가장자리로 가서 다시 본다면 지금 정면에 크게 보이는 것들이 반대로 아주 작게 보일 겁니다.

문득, 어떤 분이 제게 하신 당부가 생각납니다. "교수님, 인품에 맞는 걸음걸이를 하십시오!" 하, 저도 걸음걸이를 멋지고 당당하게 하고 싶습니다만, 인품이 그렇지 못해서 걸음걸이가 그렇다면….

―――――― 4 ――――――

포기할 수 없는 즐거움

가끔 인생 고민을 들고 저를 찾아오는 제자들이 있습니다. 십중
팔구 진로 문제이거나 이성교제 문제인데, 참 난감합니다. 그 방
면에 대해 본래 잘 모르기도 하지만, 제가 아는 진로나 이성교제
는 요즘 젊은이들에게 더 이상 통할 것 같지 않으니까 말이지요.

그래도 선생 자리를 방패 삼아 한 가지만은 확실하게 해 줍니
다. "다른 문제는 없지?", "예. 없습니다. 그 문제만 해결되면 날
아갈 것 같습니다.", "그래. 그러면 됐다." 학생은 어이가 없다는
표정으로 저를 쳐다봅니다. 그러나 사실이 그렇습니다. 그런 고
민에 푹 빠져 있다는 것은 그것 이외에는 전혀 문제가 없다는 뜻
입니다. 가령 이성교제 문제에 그렇게 고민이 된다는 것은 그 밖
의 건강, 가정, 진로 등등이 다 괜찮다는 뜻이니까요.

그런데 그 반대의 경우도 있습니다. 예를 들어, 나이가 들어 건강도 나쁘고, 경제 사정도 안 좋고, 삶이 무료하기만 할 때, 흔히 하는 말이 있지요. "낙이 없어." 그러다가 겨우 즐거움을 하나 찾으면, "그냥 손주들 보는 낙으로 살아."라는 식으로 말이지요. 이는 반대로 그 즐거움 외에는 모두 고통스럽다는 뜻입니다. 이때의 낙은 매우 소극적인 것입니다. 그럴 바에야 차라리 그런 낙을 의식하지 않고도 편안히 잘 지내는 게 훨씬 더 잘 사는 것 같습니다.

그래서 진짜 즐거움이 절실합니다. 그것 하나에 집중하다 보면 다른 무엇도 필요 없을 것 같은 그런 즐거움 말입니다.

석 달 동안 고기 맛을 잊었다

그렇다면 공자와 그 제자들의 즐거움은 어떠했을까요?

스승님께서 제나라에 계실 때 소 음악을 들으시고는 배우는 석 달 동안 고기 맛을 잊으셨다. 말씀하셨다.
"소 음악이 이 정도까지라고는 생각지 못했다!"

- 「술이述而」

子在齊聞韶, 三月不知肉味. 曰, "不圖爲樂之至於斯也!"
자 재 제 문 소 삼 월 부 지 육 미 왈   부 도 위 악 지 지 어 사 야

- 44 -

공자는 자신이 출생한 노魯나라에서 주周 왕실의 전통이 잘 계승되기를 바랐습니다. 그러나 나라가 혼란에 빠져 희망이 없자, 제齊나라로 가서 그 가느다란 희망의 끈을 잇고자 했습니다. 결과적으로는 잘되지 않았지만, 제나라에 갔을 때, 노나라에서도 들어 보지 못한 옛 음악이 잘 보존되어 있는 것을 알았습니다. 그것이 바로 '소韶'라는 음악으로 전설적인 태평성대를 이끌었던 순舜임금의 음악으로 알려진 것입니다. 당시에도 대중음악 같은 것들이 성행했던 듯한데, 공자는 제나라에 가서 이성과 감성의 조화를 이루며 잘 절제된 모범적인 고전음악을 발견했던 셈입니다.

물론 여기에서의 '석 달'이라는 말은 꼭 90일의 시간 개념을 나타낸 것은 아니겠습니다. 그 정도로 긴 시간을 음악에 심취해서 아무런 생각이 들지 않았다는 것입니다. 우리는 여기에서 공자와 반대되는 경우도 생각해 볼 수 있겠습니다. 맛있는 고기를 먹느라고 음악 같은 걸 들어도 좋은 줄 몰랐다고 말이지요. 그런데 이렇게 되면 사람이 왠지 천박해 보입니다. 고작 먹는 데 빠져서 예술을 모르는 무식쟁이가 되는 것 같을 테니까요.

그러나 이는 단순히 어떤 분야의 차등을 말하는 것이 아닙니다. 일반적이지는 않아도, 실제로 예술 경지에 이른 요리 실력과 미각을 갖춘 사람이라면 세계 최고의 고기 요리를 맛보면 이와 똑같이 할 수 있으리라 생각합니다. 문제는 바로 그 '예술'에 있습니다. 우리가 무언가를 하면 다 일이라고 생각하지만, 거기에는 크게 '노동labor'과 '작업work'이 있습니다. (아렌트H. Arendt는 『인간의 조건』에서 인간의 활동activity을 크게 셋, 즉, '노동labor', '작업work, 행위action'로 보았는데, 앞의 둘을 가리킨다.)[4] 노동은 단순반복 행위를 통하여 동일한 제품이나 용역을 생산하는 것입니다. 물론 노동의 질에 따라 그 결과물의 차이가 있기는 하지만 생산물에 불과합니다. 그러나 작업은 꾸준한 연마를 통하여 수준을 향상시키는 것을 말하며, 궁극적으로는 작품works이 산출됩니다. 거기에는 작가의 고유성이 부여되는 예술품의 경지가 있어서 그 수준을 향상시켜 나가는 데 한계가 없습니다. 고기 요리든, 음악 연주든 예술의 경지에 이른 것 앞에서 매료되는 일, 그것이 어쩌면 인간이 누릴 수 있는 최고의 즐거움이 아닐까 합니다.

즐거움을 고치지 않았다

이 즐거움과 관련하여서는 안회顔回(안연顔淵)를 빼놓을 수 없습니다. 그로 말하자면 수제자라는 말로는 부족할 만큼 공자가 아꼈으며, 지금도 성균관에 가면 공자 다음 자리에 앉은 인물이지요. 그가 이렇게 공자의 사랑을 받게 된 것은 그가 남달리 공부를 좋아한 데다 덕성이 뛰어난 까닭입니다.

不改其樂
불 개 기 락

즐거움을 고치지 않았다

되지도 않는 일에 속이나 끓이면서 정작 자신이 좋아하는
일까지 못한다면 그것처럼 어리석은 일이 또 없습니다. 안
회는 밥 한 그릇과 물 한 바가지로 연명할 만큼 가난했지만,
공부에 푹 빠져 살았습니다. 그 어떤 상황에서도 공부하는
즐거움을 고치지 않았습니다. 세상에서 제일 부자라 해도
자신이 진실되게 추구하는 세계가 없다면, 그 인생이 즐거
울까요?

스승님께서 말씀하셨다.

"어질구나, 회는! 밥 한 그릇과 물 한 바가지로 누추한 곳에 살고 있어서 다른 사람들이라면 그 걱정을 견디지 못할 텐데, 회는 그 즐거움을 고치지 않았다. 어질구나, 회는!" - 「옹야雍也」

子曰, "賢哉, 回也! 一簞食, 一瓢飮, 在陋巷, 人不堪其憂,
자왈   현재 회야   일단사   일표음   재누항   인불감기우
回也不改其樂. 賢哉, 回也!"
회야불개기락   현재   회야

"어질구나, 회는!"이라는 감탄을 앞뒤로 두 번이나 반복하고 있습니다. 간결함을 좋아하던 공자가 그렇게 앞뒤로 붙여 두었다는 것은 엄청나게 강조한다는 뜻입니다. 그런데 그가 어질다고 하는 이유를 가만 보면, 가난한데도 공부하는 즐거움, 곧 도道를 즐기는 것만큼은 '고치지' 않았다는 것입니다. 이 '고치다'에 해당하는 원문의 한자는 '改(개)'인데요, 이 글자는 본래 '己(사)'로 씌어 있던 어린아이를 매로 쳐서〔攵(복)〕바로잡는 것을 말합니다. 그 이전의 것이 잘못되어 고쳐서 바로잡아 나가는 시간적인 과정을 의미합니다. 그런데 안회는 어떤 일이 있어도 그러지 않았다는 것입니다.

즉, '이렇게 공부해도 어렵게 지내니 공부 대신 다른 것을 해볼까?', '공부를 제대로 하려면 생계 해결이 시급하니까 일단은 잠깐 공부를 접고 생활 기반을 닦아 보자.' 같은 생각을 하지 않

았습니다. 다른 사람들 같으면 그런 생각이 밀려들어 조금도 견디기 어려웠겠지만, 안회는 그러거나 말거나 공부하는 즐거움을 버리지 않았던 것입니다. 가난이 좋아서가 아니라, 가난의 멍에를 지더라도 공부하는 것이 훨씬 더 좋았기 때문입니다. 뒤집어 생각하면, 만약 공부를 포기하고 부유하게 되더라도 그것이 자기 삶에서 별 의미가 없다고 여겼다 하겠습니다.

그러므로 안회에게 있어서 고칠 수 없는 즐거움은 타협 불가능한 절대적 즐거움을 말합니다. 아무리 공부를 좋아하더라도 가난하여 먹고살기도 어려우면 그 즐거움은 잠시 접어 두고 먹고살 궁리를 하든가 원망하는 마음이 생기기 마련이지만, 그는 그러지 않았습니다. 그가 먹는 것이라고는 고작 밥 한 그릇에 맹물일 뿐인데도 공부를 하며 편안히 여겼다는 것이지요. 그래서 안회는 지금까지도 '안빈낙도安貧樂道', 곧 가난함을 편안히 여기면서 도道를 즐기는 고고한 삶의 태도를 보이는 인물의 표상으로 여겨집니다. 이 대목에 등장하는 "밥 한 그릇, 물 한 바가지"는 아예 '일단사일표음一簞食一瓢飮', 줄여서 '단사표음簞食瓢飮'이라는 고사성어로 자리 잡았습니다.

내가 좋아하는 대로 따를 것이다

어려움에 처해서도 뜻을 바꾸지 않기란 쉽지 않습니다. 요즘이 더 심하기는 해도, 물질적 풍요에 대한 갈망은 예나 지금이나 크게 다르지 않습니다. 공자 시대에도 가난한 사람은 부유한 사람들을 부러워했는데, 공자는 그에 대한 대처를 조금 달리했습니다.

스승님께서 말씀하셨다.
"부유함이 구해서 얻어질 수 있다면 채찍 잡는 일이라도 나 또한 하겠지만, 구해서 얻어질 수 없다면 내가 좋아하는 바를 따를 것이다." - 「술이述而」

子曰, "富而可求也, 雖執鞭之士, 吾亦爲之, 如不可求,
자왈   부이가구야   수집편지사   오역위지   여불가구
從吾所好."
종오소호

채찍을 잡는 일은 높은 사람이 행차하는 데 주위 사람들이 방해하지 않도록 길을 터 주는 역할을 말합니다. 만약 구해서 얻어질 수만 있다면 그 정도의 하찮은 일이라도 서슴없이 하겠다는 말인데, 이 대목의 핵심은 그 뒤에 있습니다. 그것이 어차피 구한다고 될 일이 아닌 것을 아는 까닭에, 쓸데없이 그런 데 신경 쓰지 않고 자신이 좋아하는 일을 계속하며 살겠다는 뜻입니다. 공자가 좋아했던 일은 공부하고 가르치는 일이었으므로, 부유하게 되고자 애쓰지 않고 공부나 하겠다는 속내를 비친 것이지요.

무엇이든 분명한 목표를 세워 두고 그것을 달성하기 위해 최선을 다하며 그 결과 목표에 다다랐을 때 성공으로 여기는 현대의 시선으로는 좀 이상한 대목입니다. 그러나 되지도 않는 일에 속이나 끓이면서 정작 자신이 좋아하는 일까지 못하게 된다면, 그것처럼 어리석은 일이 또 없습니다. 결국, 정작 중요한 문제는 너나 없이 좋아하는 부유함이나 출세 같은 것 말고도, 자신이 진실되게 추구하는 세계가 정말 있느냐 하는 것이 되겠습니다. 프랑스의 저명한 문예비평가 지라르R.Girard가 말했듯이, 욕망이 자신에게서 나오며, 마지막까지 애를 써 그것을 만족시키려는 사람은 고귀합니다. 고귀함은 정신적 의미에서 정열과 완전히 동의어이니까요.[5]

그래요. 무엇보다도 정열을 갖추는 것이 급선무입니다. 그 일만 하게 된다면, 다른 어려움들은 기꺼이 감수하겠다고 할 만큼 매료된 일이 필요합니다. 그리고 그 일이 가능한 한, 자신의 노력과 독창성이 잘 드러날 만한 예술에 가까운 일이면 더욱 좋겠습니다. 저의 제자 하나가 학교 교사를 하면서 동영상 만들기에 푹 빠져 있다고 하더군요. 그래서 제가 그랬습니다. "그 동영상을 누가 보더라도 '아, 그것 아무개가 했지.'라는 말이 나올 때까지만 해 봐." 정말 그렇게만 된다면 그 제자는 동영상으로 모든 것을 말할 수 있을 겁니다. 그것이 돈이 될 것 같으니까 하라는 말을 해서도 안 되고 또 장담도 못하겠지만, 만일 그만의 동영상 세계가 확실히 구축된다면 돈도 되고 명예도 되고, 그 이전에 아주 감동적인 예술이 되겠지요.

천재적 수학자이자 철학자로, 노벨 문학상을 수상하기까지 한 러셀B. Russell은 어릴 때부터 남달랐던 것 같습니다. 일찍이 삶에 대해 회의를 하여 초등학교 시절쯤에는 자살을 할까 고민했다고 하니까요. 더 놀라운 것은 자살하지 않아야겠다고 생각한 이유입니다. 그는 "청년 시절에는 삶을 증오했고 늘 자살의 유혹에 시달렸지만 수학을 좀 더 알고 싶다는 욕구 때문에 그 위험을 면할 수 있었다."6고 고백했습니다.

우리 아이들이 고등학교에 다닐 때 수학을 좋아하면서도 가끔씩 힘겨워했고, 저는 러셀의 이야기를 들려주었습니다. 수학이 얼마나 재미있는 것인가를 알았으면 한다는 것이었지요. 그러자 큰애가 제게 한 말이 걸작입니다. "아빠, 수학을 못하게 될까 봐 자살을 포기한 아이하고, 수학 때문에 괴로워서 자살한 아이하고 어느 쪽이 더 많을 것 같아요?" 저는 그만 말문이 막혔습니다. 공자나, 안회, 러셀만큼은 아니더라도, 그저 절대로 포기할 수 없는 즐거움 하나를 키워 주지 못한 것이 못내 미안합니다.

더 늦기 전에 우리네 삶에도 그런 즐거움을 하나 들여놓기를 소망합니다. 공자나 안회처럼 대단한 공부가 아니어도 됩니다. 그 일 하나면 다른 괴로움을 단번에 날려 버릴 만한 것이면 족합니다.

─────── 5 ───────

네 포부를 말해 보아라

대학 시절, 정치학 수업을 들을 때였습니다. 교수님께서는 평소와 달리 매우 확신에 찬 어조로 이렇게 말씀하셨습니다.

"힘이 세다고 다 좋은 게 아닙니다. 몸에 맞는 힘이 있는 게 제일 좋습니다. 몸에 넘치는 힘이 있으면 사고를 치게 됩니다."

그때 저는 그 말이 독재 정권에 대한 비판이라고만 여겼습니다. 그때의 대학 시절이라는 게 "은백양의 숲은 깊고 아름다웠지만 / 그곳에서는 나뭇잎조차도 무기로 사용되었다"(기형도, 〈대학 시절〉 중에서)던 때이니 무리는 아닙니다. 어쩌면 그 교수님도 그런 뜻으로 말씀하셨는지도 모릅니다. 그러나 세월이 흐르면서 그 말이 무슨 뜻인지를 절감하게 되었습니다. 힘만 그런 게 아닙니다. 머리도, 외모도, 재산도 다 그랬습니다.

如或知爾, 則何以哉?
여 혹 지 이 즉 하 이 재

만일 너희들을 알아준다면 무엇을 하겠느냐?

어떤 제자는 포부는 큰데 역량이 부족하고, 어떤 제자는 역량에 비해 지나치게 꿈이 소박합니다. 공자는 제자들의 문제를 파악하여 적절하게 조언을 했습니다. 공자의 말이 아니어도, 각자의 포부가 중요합니다. 최소한 무엇인지는 드러나야 그걸 펼치든 말든 할 테니까요. 그러나 꼭 한 가지 유념해야 할 것은, 몸에 맞는 힘이 있어야 하듯, 포부에 맞는 역량이 필요하다는 것입니다.

인품은 형편없는데 머리가 좋은 사람이거나, 머리는 나쁜데 지나치게 재산이 많은 사람들이 다들 헛발질을 하기 일쑤입니다. '다다익선多多益善'은 한신韓信 같은 명장이 써야 어울리지, 졸장부라면 수십만은 고사하고 수 명의 부하도 거느리기 어렵습니다. 그러나 천하의 한신도 결국은 유방劉邦보다 못했으니, 겉으로 드러난 능력만으로 사람을 재단할 수도 없습니다.

만일 너희들을 알아준다면 무엇을 하겠느냐?

어느 날 공자는 제자들을 데리고 각자의 포부를 말해 보게 했습니다. 이 대목은 『논어』 전체에서 가장 긴 대목으로 한 편의 멋진 이야기인데요, 편의상 세 대목으로 끊어서 보겠습니다.

자로와 증석, 염유, 공서화가 공자를 모시고 앉아 있었다.
스승님께서 말씀하셨다.
"내가 너희보다 하루라도 나이가 많다 하여 어려워 말거라.
평소에 '나를 알아주지 않는다!'고들 했는데, 만일 너희들
을 알아준다면 무엇을 하겠느냐?" - 「선진先進」

子路·曾晳·冉有·公西華侍坐. 子曰, "以吾一日長乎爾,
자로 증석 염유 공서화시좌 자왈 이오일일장호이

毋吾以也. 居則曰, '不吾知也!' 如或知爾, 則何以哉?"
무 오 이 야　거 즉 왈　불 오 지 야　　여 혹 지 이　즉 하 이 재

　선생님을 모시고 앉은 자리는 언제나 어렵습니다. 선생님이 나
이도 많고 학식도 풍부할 테니까 아무래도 조심스러울 겁니다.
그러나 그것만으로는 충분히 설명되지 않는 사정이 있습니다. 얼
른 이해가 안 되시면 친척 어른이 대단한 학자라고 생각해 보세
요. 그분이 집안 아랫사람들에게 아무리 근엄하게 이야기해도 그
냥 친척일 뿐입니다. 아랫사람들이 더 모르는 것은 당연한 이야
기이고 그걸 가지고 무어라 할 수 없는 거지요.
　. 그런데 사제 간의 모임은 사정이 다릅니다. 누구의 문하에 들
어가서 제자가 된다고 다 똑같은 제자가 아닙니다. 제자들 가운
데도 학식과 인품이 특히 뛰어난 제자를 '고제高弟'라고 하고, 여
러 제자 가운데 으뜸가는 제자를 '수제자首弟子'라고 합니다. 누구
나 고제나 수제자가 되고 싶어 하고, 그래서 함께 모인 자리에서
는 은근한 견제와 경쟁이 심한 법입니다. 그렇다고 다 그렇게 되
는 것은 아니고, 사람에 따라 차이가 있습니다. 기회가 닿으면 튀
고 싶어 하는 사람도 있지만, 드물기는 해도 그런 데 아주 초연한
사람들도 있지요. 공자의 제자들이라고 예외는 아닐 겁니다.

봄날, 목욕하고 바람 쐬며

자로가 경솔하게 대답했다.

"전차 천 대를 낼 수 있는 나라가 큰 나라들 간의 위협 속에 기근까지 이어진다 해도, 제가 다스린다면 한 삼 년이면 그 나라 백성들을 용맹하게 하는 것은 물론 반듯하게까지 만들 수 있습니다."

스승님께서 빙긋이 웃으셨다.

"구(염유의 이름)야, 너는 어떠냐?"

구가 대답했다.

"사방 육칠십 내지 오륙십 리쯤 되는 지역을 제가 다스린다면, 한 삼 년이면 민생을 풍요롭게 할 수 있습니다. 그러나 예악 같은 것은 잘해 낼 군자를 기다릴 것입니다."

"적(공서화의 이름)아, 너는 어떠냐?"

적이 대답했다.

"제가 잘할 수 있다고 드리는 말씀이 아니라, 그저 배우기를 원합니다. 종묘의 제사나 제후들의 회합에서 예복과 예관을 갖추고 의전을 돕는 자잘한 보좌관 노릇을 원합니다."

"점(증석의 이름)아, 너는 어떠냐?"

점은 거문고를 타다 멈추고 '딩~' 소리를 내며 거문고를 내려놓고 일어나서 대답했다.

"세 사람의 것과는 다릅니다."

스승님께서 말씀하셨다.

"무엇이 문제이겠느냐? 또한 각자의 생각을 말해 본 것이다."

점이 대답했다.

"늦은 봄, 봄옷이 잘 마련되면 갓 쓴 어른 대여섯, 아이들 예닐곱과 함께 기수沂水에서 목욕하고 무우舞雩(하늘에 제사를 지내는 곳)에서 바람을 쐰 후 노래하며 돌아오겠습니다."

스승님께서 크게 찬탄하며 말씀하셨다.

"나도 점의 생각에 동의한다!" -「선진先進」

子路率爾而對曰, "千乘之國, 攝乎大國之間,
자로솔이이대왈   천승지국 섭호대국지간

加之以師旅, 因之以饑饉, 由也爲之, 比及三年, 可使有勇,
가지이사려 인지이기근 유야위지 비급삼년 가사유용

且知方也." 夫子哂之. "求! 爾何如?" 對曰, "方六七十,
차지방야   부자신지   구 이하여   대왈 방육칠십

如五六十, 求也爲之, 比及三年, 可使足民. 如其禮樂,
여오륙십 구야위지 비급삼년 가사족민 여기예악

以俟君子.", "赤! 爾何如?" 對曰, "非曰能之, 願學焉.
이사군자   적 이하여   대왈 비왈능지 원학언

宗廟之事, 如會同, 端章甫, 願爲小相焉." "點! 爾何如?"
종묘지사 여회동 단장보 원위소상언   점 이하여

鼓瑟希, 鏗爾, 舍瑟而作, 對曰, "異乎三子者之撰."
고슬희 갱이 사슬이작 대왈   이호삼자자지찬

子曰, "何傷乎? 亦各言其志也." 曰, "莫春者, 春服旣成,
자왈   하상호 역각언기지야   왈 모춘자 춘복기성

冠者五六人, 童子六七人, 浴乎沂, 風乎舞雩, 詠而歸."
관자오륙인 동자육칠인 욕호기 풍호무우 영이귀

夫子喟然歎曰, "吾與點也!"
부자위연탄왈   오여점야

- 58 -

공자는 체구도 큰 데다 학식도 대단했으니 누구나 어려워할 듯
하고 실제로도 그랬던 것 같습니다. 그래서 공자가 제자들을 만
난 자리에서 자기 나이가 많다고 해도 개의치 말고 각자의 뜻을
말해 보라고 했습니다.

우선 자로子路는 공자가 시키지 않았는데도 제일 먼저 나서서
크게 떠벌렸습니다. 공자가 말을 해 보라고 했어도 누가 먼저 할
지는 고민이 되는 부분입니다. 자로가 공자보다 아홉 살 아래로
제자들 가운데 나이가 많은 편이기는 합니다만, 증점曾點은 불과
여섯 살 차이밖에 안 되고, 증삼曾參의 아버지이기도 합니다. 만
일 연장자부터 말하는 게 예의라고 한다면 사실은 증점이 제일
먼저 말하는 게 올바른 순서였을 겁니다. 그런데 자로가 먼저 나
섰고, 원문에서도 '경솔하게' 치고 나간 점을 강조하고 있습니다.
게다가, 전차를 천 대나 낼 수 있는 나라를 호령할 기세로 떠벌리
고 있습니다.

염유冉有는 자로보다는 조금 통이 작아서 육칠십 리 정도의 작
은 나라나 다스리겠다고 했으나, 그래도 예악과 같은 일은 자신
의 능력이 미칠 수 없으니 그것을 잘해 낼 수 있는 군자를 기다려
서 맡기겠다는 겸손함을 보였습니다. 공서화公西華는 더 통을 좁
혀서 그렇게 직접 다스리는 것은 아니지만 국가의 의전 같은 것
을 맡는 보좌관 정도의 역할이면 만족하겠다고 했습니다.

맨 마지막으로 마지못해 나선 증석은 그저 봄바람이나 쐬며 노

래하겠노라는 소박한 바람을 털어놓습니다. 넷의 생각을 다 들어
본 후, 공자는 증석의 생각에 동조한다고 했습니다. 공자가 평소
이상적인 목표로 잡던, 세상을 다스리는 일과는 제일 거리가 멀
어 보이는 것이 증석의 의견이고 보면 참으로 이상한 일입니다.
그것도 제자들이 다 나간 다음에 조용히 말한 것이 아니라 다들
있는 자리에서 공식적인 선포를 했습니다.

나라를 다스리는 것은 예로써 하는 것인데

앞의 세 제자가 정치에 참여하고 싶어 했다면, 증석은 달랐습니
다. 그가 다른 사람들이 대화하는 가운데 거문고를 타고 있었던
정황을 보더라도 예악에 조예가 깊은 인물이고, 그것이 공자와
잘 맞는 부분일 듯합니다. 그렇더라도 제자들이 저마다의 포부를
내놓는 데 있어 좀 박하게 대한 것이 아닌가 하는 의심이 들 법합
니다.

세 사람이 나가자 증석이 뒤에 남았다. 증석이 말했다.
"저 세 사람 말이 어떻습니까?"
스승님께서 말씀하셨다.
"또한 각자의 생각을 말해 본 것이다."

"스승님께서는 왜 유(자로의 이름)의 말에 빙긋이 웃으셨습니까?"

스승님께서 말씀하셨다.

"나라를 다스리는 것은 예로써 하는 것인데 그의 말이 겸손하지 않았기 때문에 빙긋이 웃었다."

"오직 구(염유의 이름)가 이야기한 것은 나라를 다스리는 일이 아닙니까?"

"사방 육칠십 리나 오륙십 리가 되면서 나라가 아닌 것을 보았느냐?"

"오직 적(공서화의 이름)이 이야기한 것은 나라를 다스리는 일이 아닙니까?"

"종묘의 제사와 제후의 회동이 제후의 일이 아니고 무엇이겠느냐? 적이 작은 것이 된다면 누가 큰 것이 될 수 있겠느냐?" - 「선진先進」

三子者出, 曾晳後. 曾晳曰, "夫三子者之言何如?"子曰,
삼 자 자 출   증 석 후   증 석 왈   부 삼 자 자 지 언 하 여   자 왈
"亦各言其志也已矣." 曰, "夫子何哂由也?"曰, "爲國以禮,
역 각 언 기 지 야 이 의   왈   부 자 하 신 유 야   왈   위 국 이 례
其言不讓, 是故哂之." "唯求則非邦也與?" "安見方六七十,
기 언 불 양   시 고 신 지   유 구 즉 비 방 야 여   안 견 방 육 칠 십
如五六十而非邦也者?" "唯赤則非邦也與?" "宗廟會同,
여 오 륙 십 이 비 방 야 자   유 적 즉 비 방 야 여   종 묘 회 동
非諸侯而何? 赤也爲之小, 孰能爲之大?"
비 제 후 이 하   적 야 위 지 소   숙 능 위 지 대

자로는 크게 떠벌린 게 문제입니다. 전차를 천 대나 낼 수 있는 나라는 규모가 큰 걸 말합니다. 당시에는 보통 전차 만 대를 낼 수 있는 나라가 바로 천자가 다스리는 중국 전체를 말하며, 그 일부를 제후가 나누어 받아 다스릴 때 전차 천 대를 낼 수 있는 나라, 곧 '천승지국千乘之國'이라고 합니다. 공자는 자로가 그 정도를 다스릴 만한 역량이 있는 점은 인정했지만 나라를 다스리는 근본이 예의인데 겸손을 모르는 점을 지적했습니다.

염유는 자로보다는 스케일을 좁혔을 뿐만 아니라 예악 같은 일은 자신보다 나은 적임자를 찾아보겠다며 물러섰습니다. 겸손하긴 하지만 예악을 연마하겠다는 적극적인 의지가 부족합니다. 공서화는 스케일을 더 좁혀서 직접 다스리기보다는 보좌관 정도의 작은 직책에 만족하겠다고 했습니다. 공자가 보기에 그 역시 나라를 다스리는 일이며, 공서화 같은 사람이 작은 직책을 맡겠다면 대체 누가 큰 직책을 맡겠느냐며 북돋아 주고 있습니다.

어떤 제자는 포부는 큰데 그에 맞는 역량이 부족하고, 어떤 제자는 역량에 비해 지나치게 꿈이 소박합니다. 공자는 그런 제자들의 문제를 파악하여 적절한 대책을 강구하는 중입니다. 그 가운데 지금의 아무것도 갖추어지지 않은 현실을 편안히 여기며 지내는 증석에게 공자의 마음이 꽂혔습니다. 이는 공자가 세상에 직접 드러나지 않는 순간에서도 잃지 않은 올곧은 마음과 유연한 태도, 부단한 수양의 한 면을 잘 보여 줍니다. 물론, 세 제자의 포부와 증석의 초연한 태도가 한데 어우러져야 완성된 인간에 가깝게 됨은 새삼 강조할 게 없겠지요.

그러나 여기에서 유념할 사실이 있습니다. 이 대목은 공자와 그의 제자 다섯이 함께 모여 이야기한 것이기는 하나, 같은 세대의 이야기가 아닙니다. 공서화와 공자는 무려 마흔두 살이나 차이가 납니다만, 증석과는 겨우 여섯 살 차이입니다. 자로와는 아홉 살, 염구冉求와는 스물아홉 살 차이였지요. 공자 말년의 이야기로 본다면, 당시 증석 또한 이미 노인이었겠고, 자로도 중년을 지나 초로初老, 염구는 마흔 어름의 중년, 공서화는 이십 대의 청년이었을 겁니다.

증석은 본래 기질도 그랬지만 나이로 보아도 벼슬에 나갈 꿈을 꾸지 않을 만하고, 자로는 활달한 사람으로서 더 늦기 전에 큰 나라를 다스리는 꿈을 꾸었을 겁니다. 또, 염구는 늘 쭈뼛대던 태도로 공자의 걱정을 샀던 제자이니 당연히 작은 나라에나마 참여할 수 있으면 다행이라 여겼겠고, 자신이 없는 예악에 대해서는 더 나은 사람을 기다렸다 맡기겠다는 마음가짐 역시 나쁘지 않아 보입니다. 공서화는 아주 어린 사람으로서 충분한 역량을 갖추지 못한 터, 당연히 몸을 최대한 낮추어 작은 역할이라도 충실히 하고 싶어 하였습니다.

공자의 말이 아니어도, 각자의 포부가 중요합니다. 최소한 무엇인지는 드러나야 그걸 펼치든 말든 할 테니까요. 그러나 꼭 한 가지 유념해야 할 것은, 몸에 맞는 힘이 있어야 하듯, 포부에 맞는 역량이 필요하다는 것입니다. "게으른 사람이 포부만 키운다."는 말이 있습니다. 무얼 하다 보면 미처 몰랐던 한계도 알게 되고 새롭게 진척된 점도 있어서 본래의 포부에 현실성이 더해지면서 실현 가능한 쪽으로 수정되기 마련입니다. 그러나 아무것도 안 하고 빈둥대는 사람은 공허한 마음을 달래느라 점점 더 헛된 포부만 키우게 되니까요. 그래서 그 말을 뒤집으면 이렇게 됩니다.

"포부만 키우는 사람은 게으른 사람이다."

둘째 묶음

삶의 중심

1

이름값을 한다는 것

"내가 그의 이름을 불러 주었을 때, / 그는 나에게로 와서 / 꽃이 되었다."(김춘수, 〈꽃〉 중에서)[1] 이 시를 배울 때, 공교롭게도 사춘기였습니다. 시에 대한 깊이 있는 해석은 할 깜냥도 못 되었지만, 애초에 그런 데는 별 관심이 없었지요. 그때 가슴 아팠던 것은 그렇게 불러 댈 이름이 없었다는 사실과, 억지로 불러 대도 꽃이 되지 않는 현실이었습니다.

그래도 고전문학을 공부한 덕에 한자 '名(이름 명)'을 풀면서 그 '이름'에 대한 궁금증이 다소 풀렸습니다. 이 글자는 '저녁 석夕'에 '입 구口'가 붙어 있습니다. 결국, 저녁에 입으로 부르는 것이겠습니다. 해가 떠서 날이 훤할 때는 사람의 얼굴이 곧 식별 표지였을 것이니 누가 누구인지 분간이 갈 테고 구별에 아무런 문제

名^명

저녁 석夕에 입 구口, 즉 '저녁에 입으로 부르는 것'입니다. 얼굴도 보이지 않는 캄캄한 밤에 서로를 식별하기 위해 만든 것이 바로 이름입니다. 이름은 나와 남을 구분하는 표시이자, 내가 남과 다르다는 것을 일러 주는 행위입니다.

正名^{정명}

이름을 바르게 하다

名分^{명분}

제 이름 찾기, 혹은 제자리

가 없었을 겁니다. 그러나 날이 저물면 사정이 180도 다릅니다. 특히 외부의 침입에 취약한 인간이 동굴 생활을 하던 처지에서라면, 캄캄한 곳에서 서로를 식별할 방법이 궁했을 것입니다.

그래서 만든 것이 이름이며, 이름은 나와 남을 구분하는 표시입니다. 거꾸로 생각해 보면 이름을 부른다는 것은, 마치 얼굴이나 몸매가 그러하듯이, 내가 남과 다르다는 것을 일러 주는 행위이지요. 칠흑 같은 어둠 속에서 누군가의 이름을 불렀는데 엉뚱한 사람이 대답을 하고 나선다면 얼마나 혼란스럽겠어요.

임금은 임금답고 신하는 신하답고

제나라 경공이 공자에게 정치가 무엇인가 물었다. 공자께서 대답하셨다.

"임금이 임금 노릇을 하고, 신하가 신하 노릇을 하고, 아비가 아비 노릇을 하고, 자식이 자식 노릇을 하는 것입니다."

경공이 말했다.

"좋습니다! 임금이 임금 노릇을 못하고, 신하가 신하 노릇을 못하고, 아비가 아비 노릇을 못하고, 자식이 자식 노릇을 못한다면, 비록 곡식을 얻는다 해도 제가 먹을 수 있겠습니까?" - 「안연顔淵」

齊景公問政於孔子. 孔子對曰, "君君, 臣臣, 父父, 子子."
제 경 공 문 정 어 공 자　공 자 대 왈　군 군　신 신　부 부　자 자

公曰, "善哉! 信如君不君, 臣不臣, 父不父, 子不子,
공 왈　선 재　신 여 군 불 군　신 불 신　부 불 부　자 부 자

雖有粟, 吾得而食諸?"
수 유 속　오 득 이 식 저

여기에서 한 가지 흥미로운 것은 지금까지 공자가 말하는 대목
은 모두 "스승님께서 말씀하셨다."인데, 여기에서는 "공자께서
대답하셨다."인 점입니다. 제자들 앞에서 제자들에게 말할 때는,
'子曰(자왈)'이지만, 이렇게 제자들이 아닌 외부 사람, 그것도 임
금처럼 지체 높은 사람과의 대화에서는 스승으로서 말한 것이 아
니어서 '자왈'이 아니라 '공자왈'이 됩니다. 그것도 "대답하여 말
했다."는 뜻의 '孔子對曰(공자대왈)'입니다. 대답이니까 그렇게
쓴 것이기는 하지만, 사람을 대하여 보면서 공손하게 말하는 상
황입니다.

이제 내용을 살피면, 이 대목의 원문 "君君臣臣父父子子(군
군신신부부자자)"는 동일한 글자를 두 번 반복하여 "A가 A하며"의
꼴을 유지하고 있습니다. 똑같은 단어가 반복되지만, 앞의 단어
가 주어라면 뒤의 단어는 술어입니다. A가 A의 자리에서 A의 역
할을 제대로 하는 것, 그것이 바로 정치라는 뜻이 되겠습니다. 당
시 제나라의 경공景公은 정치를 잘하지 못한 인물이었습니다. 여
자를 여럿 거느리느라 누구에게서 낳은 자식을 태자로 세울지 정
하지 못해 쩔쩔맬 정도였지요.

공자의 대답은 그런 경공에 대한 맞춤형 대답입니다. 경공 또한 자신의 문제를 잘 알고 있어서 전적으로 공감했습니다. 당시 제나라는 작은 나라가 아니었습니다. '춘추오패春秋五霸'라고 일컫던 춘추시대의 다섯 강국 가운데 하나였습니다. 그런 나라의 제후라면 먹고살 걱정이 있을 리가 없습니다. 그러나 사람들이 제 위치에서 제 역할을 못하면 곡식이 넘쳐도 편하게 먹을 수 없는 법입니다. 아마 경공 본인의 실제 삶이 그랬을 겁니다. 그러나 애석하게도 경공은 공자의 말대로 행하지 못하고 태자를 정하지 못하여 나라를 빼앗기는 화를 입고 말았습니다.

이 대목에서 "A가 A한다."는 것은 A의 이름이 붙은 이름값을 한다는 말입니다. 그래서 어떤 번역에서는 "임금이 임금답고~" 같은 식으로 풀이하는데, 이는 임금이 '임금'의 이름에 걸맞은 행동을 해야 한다는 뜻입니다. 영역본을 보면 "There is government, when the prince is prince, and minister is minister; when the father is father, and the son is son."[2]으로 풀어놓았는데, 도리어 공자가 말한 원문의 느낌을 더 잘 살리는 것 같습니다. 영문 번역대로, "그 임금이 임금이고 그 신하가 신하이며, 그 아버지가 아버지이고 그 아들이 아들일 때" 비로소 제대로 된 정치가 있습니다.

이처럼 주어진 역할, 곧 이름에 합당한 행동을 해야 한다고 역설하는 것을 "이름(명분)을 바르게 한다."는 뜻의 '정명正名'이라고

하고, 그런 논의나 사상을 좀 거창하게 '정명론正名論', '정명사상正
名思想'이라고 합니다.

정명正名이 처음과 끝이다

자로가 물었다.

"위나라 임금이 스승님을 기다려 정사를 펼치려 하는데 스
승님께서는 무엇을 먼저 하시겠습니까?"

스승님께서 말씀하셨다.

"반드시 이름을 바르게 할 것이다!"

자로가 말했다.

"이러시다니요? 스승님께서 물정에 어두우십니다! 어찌하
여 바르게 하는 것입니까?"

스승님께서 말씀하셨다.

"속되구나, 유야! 군자는 자신이 알지 못하는 것은 빼두고
말하지 않는 법이다. 이름이 바르지 못하면 말이 순리에 맞
지 못하고, 말이 순리에 맞지 못하면 일이 이루어지 않고,
일이 이루어지지 않으면 예악이 흥성하지 않고, 예악이 흥
성하지 않으면 형벌이 들어맞지 않고, 형벌이 들어맞지 않
으면 백성들이 손발 둘 곳이 없게 된다. 그러므로 군자는 이

름을 제대로 한 후 말을 순리에 맞게 하며, 말을 순리에 맞

게 한 후에는 반드시 실천한다. 군자는 말하는 데 있어서 구

차함이 없다! -「자로子路」

子路曰, "衛君待子而爲政, 子將奚先?" 子曰,
자 로 왈   위 군 대 자 이 위 정   자 장 해 선   자 왈

"必也正名乎!" 子路曰, "有是哉? 子之迂也! 奚其正?"
필 야 정 명 호   자 로 왈   유 시 재   자 지 우 야   해 기 정

子曰, "野哉, 由也! 君子於其所不知, 蓋闕如也. 名不正,
자 왈   야 재   유 야   군 자 어 기 소 부 지   개 궐 여 야   명 부 정

則言不順, 言不順, 則事不成, 事不成, 則禮樂不興,
즉 언 불 순   언 불 순   즉 사 불 성   사 불 성   즉 예 악 불 흥

禮樂不興, 則刑罰不中, 刑罰不中, 則民無所措手足.
예 악 불 흥   즉 형 벌 부 중   형 벌 부 중   즉 민 무 소 조 수 족

故君子名之必可言也, 言之必可行也. 君子於其言,
고 군 자 명 지 필 가 언 야   언 지 필 가 행 야   군 자 어 기 언

無所苟而已矣!"
무 소 구 이 이 의

공자가 위衛나라에 갔을 당시, 임금인 영공靈公이 죽자 그의 아

들 괴외蒯聵가 다른 나라에 망명 중이었고 그 대신 손자인 첩輒이

왕위에 있었습니다. 세자인 아들을 제쳐 두고 손자가 왕위를 이

은 이상한 꼴이었지요. 첩은 공자를 모셔와 민심을 모으려던 중

이었고, 공자를 모시던 자로가 공자에게 그런 기회가 주어지면

무엇을 먼저 하겠느냐고 물은 것입니다. 당연히 혼란한 상황을

수습할 특단의 대책을 원했을 텐데, 공자의 대답은 "이름을 바르

게 한다."는 추상적인 내용이었습니다.

대단한 걸 기대하던 자로로서는 실망이 컸을 겁니다. 그래서

"지금 이 위급한 시점에 한가하게 정명을 말씀하십니까?" 하고 따져 물었지요. 공자로서는 불의의 일격을 당한 셈인데, 그 대답은 상식을 뒤집은 것이었습니다. 도리어 "이 위급한 시점이 바로 정명을 중시할 때이다!"라고 말이지요. 또, 정명이 그릇되면 예악禮樂이 흥성할 수 없고 그 때문에 범죄를 저지른 사람에 대한 형벌의 역할이 과도하게 늘어납니다. 그렇게 된다면 백성들은 어떻게 행동해야 좋을지 종잡을 수가 없어서 손발 하나 편하게 두지 못하는 불행에 빠지고 만다고 했습니다. 그래서 맨 마지막 구절에 보듯이 '구차함[所苟]'이 없음을 강조했습니다. 아버지가 세자인데 아들이 왕으로 있는 뒤엉킨 관계를 그냥 두어서는 안 된다는 것이지요.

공자가 이렇게까지 신랄하게 이야기한 것은 당시의 위나라 상황이 몹시 안 좋은데 자로가 계속 위나라의 정치에 관심을 기울였기 때문일 것입니다. 공자는 정 그래야겠으면 그 기초부터 다지도록 자로를 다그친 것인데, 애석하게도 그는 그 뜻을 제대로 따르지 못했습니다. 위나라 정치에 몸을 담갔다가 부자간에 벌어진 왕권 다툼 사이에서 불행히 죽고 말았으며, 그것은 스승인 공자에게 크나큰 불행이었습니다.

'정직'의 바른 뜻

그런데 문제는 정명正名을 내세우면서 경직되는 경우입니다.

섭공이 공자에게 말했다.

"우리 고을에 몸가짐을 정직하게 하는 사람이 있으니, 아버

지가 양을 훔쳤는데 아들이 증언하였습니다."

공자께서 말씀하셨다.

"우리 고을의 정직한 사람은 이와는 다르니, 아버지는 자식

을 위해 숨겨 주고, 자식은 아버지를 위해 숨겨 줍니다. 정

직함은 그 가운데 있습니다." - 「자로子路」

葉公語孔子曰, "吾黨有直躬者, 其父攘羊, 而子證之."
섭 공 어 공 자 왈   오 당 유 직 궁 자   기 부 양 양   이 자 증 지

孔子曰, "吾黨之直者異於是, 父爲子隱, 子爲父隱.
공 자 왈   오 당 지 직 자 이 어 시   부 위 자 은   자 위 부 은

直在其中矣."
직 재 기 중 의

위 상황이 왜 정명에 위배되는지 의아해하는 분이 계실 것 같

습니다. 아버지가 양을 훔쳤으니 범죄를 저지른 것이 분명하지

요. 그렇다고 해서 다른 사람도 아닌 그 자식이 아버지를 관가에

고발한다면, "아버지가 아버지 노릇을 하고 자식이 자식 노릇을

해야 한다."는 정명에 위배됩니다. 세상 모든 사람들이 태어나는 순간 부모/자식 관계에서 시작되므로, 그것은 모든 사회 구성원의 가장 근원적인 관계입니다. 그러므로 정직을 내세우며 그 근원적인 관계에 손상을 가한다면 어찌 될까요? 아버지라는 점을 고려하면 고발하지 않아야겠고, 잘못을 바로잡으려 한다면 고발하는 게 맞습니다. 공자는 전자를 택하는 게 맞다고 보았습니다.

그 근원에서는 서로의 잘못을 품어 낼 수 있는, 서로가 서로에게 무한한 신뢰를 보일 수 있는 관계여야만 합니다. 그런 믿음조차 깨진다면 어떠한 인간관계에서도 편하게 지내기 어렵게 되는 불상사가 발생합니다. 결국, 정직을 내세워 그 밑바탕을 흔드는 일이 일어날 수 있는데, 그런 상황을 용납할 수 없었던 것입니다. 그래서 지금도 범죄자를 숨겨 주는 행위는 범죄로 처벌하지만, 친족이나 가족의 경우는 예외로 합니다.

공자가 생각하는 바른 정치, 바른 삶이란 어쩌면 이름을 바르게 하는 것이 다일지도 모르겠습니다. 그러나 그 일은 여전히 말처럼 쉽지 않습니다. 오죽하면 공자 이후 2,500년이 넘도록 그 일이 제대로 이루어지지 않았겠습니까? 또, 공자는 도둑질한 아버지를 고발해서는 안 된다고 했고 그것이 인정에 부합할 것 같지만, 그러다가는 세상의 큰 도둑들을 그냥 놓아둘 여지도 큽니다.

그래서 똑같은 정명론을 펼치는 것 같아도 맹자孟子로 내려오면 조금 다른 양상을 보입니다. 임금이 임금답지 않을 때, 곧 정명을 어졌을 때 그런 임금을 임금으로 여기지 않는 겁니다. 은殷나라 탕湯왕이 하夏나라의 걸桀왕을 내쫓고, 주周나라 무武왕이 은나라의 주紂왕을 토벌했는데 신하로서 임금을 죽이는 게 옳은 일인가 하는 질문을 받았을 때, 맹자는 인의仁義를 해친 사람은 필부일 뿐이니, "필부 주紂를 죽였다는 말을 들어보았지만, 임금을 시해弑害했다는 말은 듣지 못했습니다."[3]라고 명쾌하게 풀어냈습니다.

결과적으로 정명론은 혁명의 원동력이 되기도 합니다. 임금이 그 역할을 제대로 하지 못하면 그 임금을 폐하고 새로운 임금을 세웁니다. 아예 새로운 나라를 만들 수도 있지요. 꼭 그렇게 심하게 나가지는 않더라도 어떤 대립되는 사안이 벌어질 때마다 이른바 '명분名分'을 놓고 다투는 일이 많았는데, 그럴 때마다 정명론이 부각되곤 했습니다. 명분을 내세워 원칙을 고수하려는 측과 그때그때의 상황에 따라 적절한 변용을 꾀하려는 측이 맞서는 겁니다.

제가 아주 좋아하는, 좀 오래된 노래를 하나 들어보시지요. 긴 말이 필요 없습니다.

세상 풍경 중에서 제일 아름다운 풍경
모든 것들이 제자리로 돌아가는 풍경
세상 풍경 중에서 제일 아름다운 풍경
모든 것들이 제자리로 돌아오는 풍경 — 하덕규, 〈풍경〉[4] 중에서

2

치우치지 않으려면

'꼰대' 논쟁이 한창입니다. 본래 이 말은 아버지나 선생님 등 나이 많은 어른들을 지칭하던 은어였습니다. 그런데 요사이는 남을 훈계하거나 가르치려 드는 사람들을 두루 가리키는 속어로 쓰입니다. 지위나 나이에 관계없이 누구든 제 생각을 강요하려 들면 '꼰대'라는 겁니다. 하물며 공자는 2,500년 전 사람인데 그런 오래된 사람의 말을 이렇게 쓰고 있으니, 저야말로 꼰대 중의 꼰대일 수 있겠지요.

　벌써 근 이십 년 전쯤, 『공자가 죽어야 나라가 산다』라는 제목의 책이 출간되었습니다. 책의 저자는 "유교는 윗사람으로서 아랫사람을 '가르치겠다'는 오만을 버려야 한다."[5]고 했습니다. IMF 사태가 일어나고 사회가 뒤숭숭할 때 그 문제의 근원 가운데 하나로 유교의 폐해를 들었던 것이겠지요. 그러나 공자가 그렇게 일방적으로 가르치는 데 매몰되었던 사람인가에 대해서는 선뜻 동의하기 어렵습니다. 공자는 일방통행이나 일삼는 꽉 막힌 사람이 아니었으니까요.

인간관계에서의 불만 가운데 가장 큰 것은 아마도 나는 저 사람에게 잘 대해 주는데 저 사람은 그만 못할 때인 것 같습니다. 특히 힘의 우위나 세대의 선후처럼 처음부터 불평등함이 전제되는 경우에 더욱 그러합니다.

임금은 신하를, 신하는 임금을

정공이 물었다.

"임금이 신하를 부리며 신하가 임금을 섬기는 데는 어떠해야 합니까?"

공자께서 대답하셨다.

"임금은 신하를 예로써 부리고, 신하는 임금을 충성으로써 섬겨야 합니다. - 「팔일八佾」

定公問, "君使臣, 臣事君, 如之何?" 孔子對曰, "君使臣以禮,
정공문   군사신 신사군 여지하   공자대왈   군사신이례
臣事君以忠."
신 사 군 이 충

공자가 살던 노나라는 주나라의 제후국이었고 정공定公은 당시 노나라를 다스리던 제후입니다. 그러나 정공이 등극하기 이전에 이미 나라의 위세는 크게 떨어져 몇몇 세력에 의해 좌지우지되었습니다. 그래서 공자에게 자문을 구한 것입니다. 여기서 유념해야 할 것은 정공이 신하를 어떻게 부릴 것인가, 혹은 신하가 임금을 어떻게 섬길 것인가를 묻지 않았다는 사실입니다.

한 나라의 임금으로서 지금 당장 신하들을 부리는 것에만 골몰한다거나, 신하들이 자신을 잘 섬기도록 할 것인지를 묻지 않고, 그 양자가 어떻게 함께해 나갈 수 있을지를 물었습니다. 만일 어떤 학생이 "저 친구가 어떻게 하면 나에게 잘할까요?"라고 상담했다면, 거기에는 자신은 잘하고 있는데 상대만이 문제라는 시각이 깔려 있습니다. 마찬가지로 임금과 신하의 관계에서 일방적인 태도를 문제 삼지 않고, 둘이 어떻게 하면 서로 존중하고 공생할지에 대해 물었다면 일단 좋은 자세입니다.

그에 대한 공자의 해법은, 임금은 예의를 다해 신하를 부리고 신하는 충성을 다해 임금을 섬기라는, 쌍방의 도리였습니다. 이 말은 신하가 충성을 다하지 않을 때 신하를 탓하기 전에 임금으로서 신하를 대하면서 예의를 다하지 못한 부분이 있는가 반성하라는 말입니다. 반대로 임금이 신하에게 무례하게 대할 때 신하 입장에서는 혹시 임금에게 충성을 다하지 않았는지 되돌아보라는 말이지요. 이는 부모-자식, 남편-아내, 형-동생, 스승-제자,

친구-친구, 주인-손님 등등 모든 관계에 통용됩니다.

마치 양면의 동전처럼 어느 한 면을 무시한다면 입체적인 동전은 사라지고 그냥 한 면만 있는 그림 속의 평면이 되고 말지요. 3차원의 입체를 2차원의 평면으로 내려다볼 때 왜곡이 생기고 쓸데없는 갈등을 빚기 쉽습니다. 이러한 의미에서의 균형은 『논어』전편에서 일관되게 기술되는 것으로, "백성을 부릴 때는 때에 맞춰 하라."(使民以時.「학이學而」)는 말도 있습니다. 옛날 임금들은 시도 때도 없이 백성들을 부렸을 것 같은데, 그러면 안 된다고 못을 박았습니다.

배움과 생각의 균형

이런 양방성은 공부에서도 드러납니다. '학문學問'이라는 말에서 알 수 있듯이 '배우고/묻는' 일이 함께 일어나지 않으면 제대로 공부하는 것이 아닙니다. 남의 생각을 배우는 것 못지않게 자기 생각을 내세우는 것이 중요하다는 말이지요.

스승님께서 말씀하셨다.

"배우되 생각하지 않으면 어둡고, 생각하되 배우지 않으면 위태롭다." -「위정爲政」

子曰, "學而不思則罔, 思而不學則殆."
자 왈   학 이 불 사 즉 망   사 이 불 학 즉 태

여기에서는 '남에게 배우는 것(學)'과 '스스로 생각하는 것(思)'
이 대립되어 있습니다. 남에게 열심히 배우기는 하지만 자기 것
으로 만들기 위한 생각이 부족하면, 도리어 어둡게 된다고 했습
니다. '어둡다'에 해당하는 한자 '罔(망)'은 해석이 간단하지 않습
니다. 사정에 밝지 않다는 의미에서 일단 '어둡다'로 번역했지만,
'까먹는다', '잊는다'로 풀기도 하고 '속는다'로 풀기도 합니다. 어
느 뜻이 정확한가 궁금할 테지만, 사실은 그 모든 뜻을 포함한 말
입니다.

배운 그대로를 생각 없이 쓰기로 들면 배운 그대로의 상황이
전제되어야만 하는데 세상에 변하지 않는 것은 없습니다. 미국
의 사회학 이론이 한국 사회에 그대로 맞을 리가 없고, 조선 시대
의 국제 질서가 지금과 같을 리가 없습니다. 응용 능력이 없는 지
식은 죽은 지식이고, 때로는 없는 것보다 더 위험할 수 있습니다.
공부를 하는 사람이 '현재의 이곳에 있는 나'임을 잊는다면 공부
가 단단해질 수도 없고 그 쓰임이 날카로워질 수도 없습니다.

그렇다고 반대의 경우가 더 나은 것도 아닙니다. 제아무리 머
리가 좋다고 해도 인류 역사상의 모든 지성들이 풀어놓은 합보다
더 나을 수는 없습니다. 남들이 이미 체계적으로 세워 놓은 공부
가 밑바탕이 되어야 제 생각의 효험이 더욱 크다는 것이지요. '배

움'에 '생각'이 덧보태질 때, 제대로 된 공부가 이루어지고 그를 바탕으로 인간관계와 세상살이가 제대로 된다는 말입니다.

　말이 난 김에 덧붙이자면, 공부나 생각이나 그게 그거인 것 같지만, 생각을 뜻하는 '思(사)' 자에는 우리가 생각지 못한 뜻이 담겨 있습니다. '思(사)'의 윗부분에 있는 글자인 '田(전)'이 지금 우리가 쓰는 것처럼 '밭'에서 시작한 게 아니라, 사실은 뇌가 있는 머리 부분[囟(신), 정수리]의 모양을 형상화한 글자가 변한 겁니다. '腦(뇌)'라는 글자를 보면 그 모습이 분명히 남아 있지요. '田(전)' 아래에 있는 '心(심)'은 당연히 심장의 모양 그대로이고요. 그렇다면 이 글자는 머리와 심장이 한데 어우러질 때 제대로 된 생각이라는 걸 나타냅니다.

옛것과 새것 사이

이처럼 이쪽인가, 저쪽인가를 두고 다툴 때는 대체로 양쪽 모두에게 일정한 가치가 있는 경우가 많습니다. 그럴 때 가만 보면 어느 한쪽만 잘해서는 어긋나기 쉽고, 양쪽을 잘하려 든다고 다 잘되는 것도 아닙니다. 부족한 쪽이 어디인지를 잘 잡아내서 균형을 맞추려는 자세가 중요합니다.

스승님께서 말씀하셨다.

"옛것을 익히고 새것을 알면 스승이 될 만하다." -「위정爲政」

子曰, "溫故而知新, 可以爲師矣."
자왈   온 고 이 지 신   가 이 위 사 의

옛것을 공부하다 보면 옛것에 빠져 버리기 쉽고, 새것을 추구
하다 보면 옛것을 도외시하기 일쑤입니다. 공자는 그 둘을 단단
히 잡아맬 수 있는 사람에게 큰 가치를 부여했습니다. 그런데, 조
선의 큰선비인 정약용丁若鏞 선생 같은 경우는 이 대목을 조금 달
리 풀었습니다. '溫(온)'에 있는 따뜻하다는 의미를 십분 살려서
"지난날 배웠던 것이 이미 냉랭하게 되었는데, 오늘날 사람을 가
르치는 일 때문에 다시 옛것이 따뜻이 덥혀지고, 새로운 것을 알
게 되니 나에게 유익한 일이 아니겠는가?"[6]라는 식으로 말이지
요. 스승 된 보람에 초점이 주어지기는 했지만, 어떻게 풀든 스승
이란 그 둘 사이를 붙들어 매서 서로 벌어지지 않게 하는 사람임
이 분명하지요.

옛것을 제대로 익히기만 한다면 그 지식이 나왔던 당시의 상황
을 속속들이 알 것이고, 그렇다면 현재 상황과 같거나 다른 지점
또한 파악할 수 있게 됩니다. 그 이후에 활용하는 것은 식은 죽
먹기이고, 정말 그렇게 제대로 아는 사람이라면 현재에 그 지식
을 새롭게 활용하지 않는 것이 더 이상할 것입니다. 이렇게 되면

자연스럽게 새것을 가장 잘 쓰는 사람이 옛것을 가장 잘 아는 사람이라는 말도 성립됩니다.

대학 시절, 방학마다 되풀이해 보던 책들 가운데 『초발심자경문初發心自警文』이 있었습니다. 승려가 되기 위한 입문서인데, 거기에 보면 절에 들어가서 선배 승려들이 어긋나는 행동을 할 때 어떻게 해야 할까 하는 문제가 진지하게 다루어집니다. 승려나 승려가 되려는 사람들이라면 아무래도 보통 이상의 윤리 의식을 갖추었겠지만, 역시 사람이어서 문제가 없지 않았겠지요. 그 책에서는 "어떤 사람이 어두운 밤길을 갈 때, 죄인이 횃불을 들고 길을 밝힌다 하여 그 불빛을 뿌리치고 의지하지 않는다면 깊고 험한 구덩이에 떨어지게 될 것이다."[7]고 했습니다. 앞사람이 문제가 있다 해도, 그가 들고 있는 등불의 효용까지 무시할 필요는 없다는 것입니다. 인간관계도, 공부도, 교육도 다 그렇습니다. 무조건 따를 것도 무조건 배척할 것도 없습니다.

요즘 들어, 나이 든 사람의 자격지심인지는 모르겠지만, 특히 연장자가 어린 사람들에게 무슨 말을 하려고만 들면 고깝게 보는 시선이 부쩍 늘었습니다. 그런 문제로 불편한 마음이 일 때, 자신에게 돌아온 '꼰대'라는 말에 역정을 내거나, 남들을 '꼰대'라며 매도하기 전에 앞에서 읽은 세 구절을 참고하여 다음과 같이 질문을 해 보면 어떨까 합니다.

學而不思則罔, 思而不學則殆

학 이 불 사 즉 망   사 이 불 학 즉 태

배우되 생각하지 않으면 어둡고, 생각하되 배우지 않

으면 위태롭다

"아랫사람에게나 윗사람에게나 상호 존중의 예의를 갖추고 있는가?"

"남에게 배운 것과 자신의 생각이 적절히 융화되고 있는가?"

"과거의 지식이 현재의 상황에 잘 응용되고 있는가?"

3

중심 잡기

사진을 찍어 보면 마음처럼 안 나올 때가 많습니다. 그나마 풍경이나 정물은 괜찮은데 인물은 영 어렵지요. 사진이 한순간의 멈춤을 기록하는 것이라 하더라도 그 안에 많은 움직임을 담아내야 하니까요. 그러나 사진이 찍히는 것을 인식하는 순간, 동작은 부자연스러워지고 표정 또한 굳어지거나 어색한 웃음이기 십상입니다. 거기에다가 찍는 사람 역시 저 사람이 움직이기 전에 빨리 찍어야 한다는 생각에 손이 떨리니 더 엉망이 됩니다.

그러다가 전문가의 사진을 보면 기겁을 합니다. 가만히 있기는 커녕 전속력으로 달리는 사람까지도 멋지게 잡아내니까요. 사진뿐만이 아닙니다. 무슨 일을 하려 하든 몸은 고사하고 마음속 깊은 곳에서부터 흔들림이 일어나서는 본래의 의도대로 되기 어렵습니다. 물론 흔들리는 것이 어쩌면 인생의 본모습이어서, "흔들리지 않고 피는 꽃이 어디 있으랴"(도종환, 〈흔들리며 피는 꽃〉 중에서)는 탄식에 귀가 쫑긋해지지요.

그러나 흔들리고 싶어 흔들리는 사람이 어디 있겠습니까? 꼭 질풍노도의 시대를 지나는 사춘기 청소년만 그런 것이 아닙니다. 이십 대의 열혈 청년에서 백발이 성성한 노인까지 모두들 그 흔들림 앞에서 쩔쩔매곤 하는데요, 이 점에서 공자는 참 예외적인 사람이었습니다. 남다른 중심추를 하나 가지고 있었으니까요.

북극성처럼

스승님께서 말씀하셨다.

"정치를 덕으로 하는 것은 비유하자면 북극성이 제자리를 지키면 모든 별들이 그것을 향해 도는 것과 같다." - 「위정爲政」

子曰, "爲政以德, 譬如北辰居其所, 而衆星共之."
자 왈 　위 정 이 덕 　비 여 북 신 거 기 소 　이 중 성 공 지

'정치'의 '政(정)'이라는 한자에 본디 '무언가를 바르게 한다', '바로잡다'라는 뜻이 있음을 안다면 공자의 본뜻을 쉽게 이해할 수 있습니다. 지금은 '정치'라고 하면 국가 질서와 연관하여 나랏

德^덕
禮^예

도덕과 예의로 중심을 잡아야 합니다. 그러나 그것이 단순한 겉치레나 의무로 한다면 진실됨이 적습니다. 진실로 기쁘게 하지 않는다면 언제든 그만두거나 다른 쪽으로 방향을 틀게 마련입니다.

일에 관여하는 것으로 여기지만, 그 역시 국가의 권력을 기반으로 하여 국민들이 인간다운 삶을 살아갈 수 있게 바로잡는 일을 뜻합니다. 문제는 정치인이 국민들이 인간답게 살아가는 데보다 권력투쟁에 더 골몰한다는 점인데, 공자가 주의한 점도 바로 그 것입니다.

무엇을 바로잡으려는 주체는 먼저 제 스스로 바른 상태를 유지해야만 합니다. 일단 자기 자신이 바르면 주변 사람들이 그를 따라 바르게 되기 쉽지만, 자기도 바르지 못하면서 남들을 채근한다면 제대로 되기는 어려운 법입니다. 공자는 북극성을 들어 그런 상황을 비유했습니다. 하늘의 별자리는 늘 움직이지만, 북극성만큼은 늘 한자리를 지키고 있습니다. 그것을 중심으로 북두칠성이 움직이는 것인데, 이 때문에 사람들이 세상 어디에서 길을 잃어도 북극성을 기준으로 방향을 잡아 나갈 수 있습니다.

그런 북극성 같은 자리를 차지하는 것이 바로 '덕德'이라고 했습니다. 그런데 이 '덕'은 물건 사면 적립되는 마일리지처럼 살아가면 그냥 쌓이는 것이 아닙니다. 착한 마음으로 열심히 살면 될 것 같지만 그도 그렇게 쉽지 않습니다. 착한 뜻으로 누군가를 열심히 도왔는데 그로 인해 그 사람이 자립심을 잃을 수도 있고, 누군가를 열심히 돕느라 자신이 꼭 힘을 써야 할 곳을 놓칠 수도 있으니까요. 그래서 '덕'이라는 말과 함께 붙어 다니는 말에 '도道'가 있고 그 둘을 합치면 '도덕道德'이 됩니다. '도', 곧 도리에 맞게 행동하여 나온 것이 바로 '덕'인 것입니다.

'도덕적'이라는 말이 단순히 외부에서 정해 놓은 행동 준칙을 따르는 것을 의미하지 않는 것은 바로 그런 이유입니다. 어떤 일이 세상 전체가 공명정대하게 움직여 가는 데 도움이 되지 않는 다면 그것은 도덕적인 일이 아닙니다. 전체 사회를 좀 더 바르게 이끌어 가는 데 도움이 될 때만이 도덕적이라 할 수 있으며, 그런 정치가 바른 정치입니다. 그렇게 하려면 북극성이 제자리를 지키면서 북두칠성이 그 둘레를 제대로 돌아가듯이, 흔들림 없는 중심이 필요한 법입니다.

어기지 않는 것

덕이나 정치로 풀이하느라 선뜻 이해가 안 된다면, 보통 사람들에게 조금 더 가까운 효도〔孝〕를 가지고 생각해 보지요.

　맹의자가 효도가 무엇인지 물었다.
　스승님께서 말씀하셨다.
　"어기지 않는 것이다."
　번지가 공자의 수레를 몰 때, 스승님께서 일러 주었다.
　"맹의자가 내게 효도가 무엇인지 묻길래 '어기지 않는 것이다.'라고 대답했다."

번지가 물었다.

"무슨 말씀이십니까?"

스승님께서 말씀하셨다.

"살아 계셔서 섬기기를 예로써 하며, 돌아가셔서 장사 지내기를 예로써 하며, 제사 지내기를 예로써 한다는 것이다."

- 「위정爲政」

孟懿子問孝. 子曰, "無違." 樊遲御, 子告之曰,
맹의자문효　자왈　무위　번지어　자고지왈
"孟孫問孝於我, 我對曰, '無違.'" 樊遲曰, "何謂也?"
맹손문효어아, 아대왈　무위　번지왈　하위야
子曰, "生事之以禮, 死葬之以禮, 祭之以禮."
자왈　생사지이례　사장지이례　제지이례

　맹의자孟懿子(중손하기仲孫何忌, 맹손孟孫)는 노나라의 벼슬아치였는데, 그의 아버지가 죽을 때 유언으로 공자를 찾아가서 예의를 배우라고 했습니다. 그래서 이렇게 효도에 대해 물은 것입니다. 여러 예의 가운데 효도가 가장 중요하다고 생각했을 것입니다. 일설에는 공자에게 가서 배우라고 한 아버지의 유훈을 어기고 즉각 찾아와 배우지 않은 것을 깨치기 위해 "어기지 않는 것이다."라고 했다고도 합니다. 그러나 그럴 경우, 공자가 너무 속이 좁은 사람처럼 느껴지고 이 이야기에서 크게 얻을 게 없습니다. 물론, 이 기회에 부모님 뜻을 어기지 않아야겠다고 다짐했다는 정도의 의미는 있겠지요.

그러나 맹의자가 돌아가고 난 뒷이야기를 보면 공자의 대답이 간단하기는 했어도 남다른 깊이가 있어 보입니다. 처음에는 그저 "어기지 않는 것"이라고만 했지만, 공자 입장에서는 그런 대답이 도리어 효도의 본뜻을 어길 수 있는 것을 걱정했다고 했으니까요. 공자를 수행하며 수레를 몰곤 하던 제자 번지樊遲에게 그에 대해 조곤조곤 풀어 준 것이지요. 효도란 다름이 아니라 살아서나 돌아가셔서나 한결같이 예를 따르는 것이라고 말입니다.

물론 자식이 잘못되기를 바라는 부모는 없겠지만, 자식이 잘되는 길이라면 정당하지 않은 방법을 쓰기도 하는 것이 부모이기도 합니다. 또 부모라고 해서 모두 어른 된 도리를 제대로 지킬 수 있는 것도 아니기에 때로는 도리에 어긋난 행위나 요구를 할 수도 있지요. 가령, 자식의 대학 입시를 위해 하지도 않은 봉사 실적을 만들어 내는 부모도 있고, 고작 제 유흥비를 쓰겠다고 아직 공부해야 할 자식을 일자리로 내모는 부모도 있습니다.

그런 가능성을 차단하는 데 꼭 필요한 것이 바로 예禮입니다. 부모님의 생신이 있다고 합시다. 자식들로서는 선물을 사고 함께 식사를 하는 등의 축하 행사를 마련하는 게 당연합니다. 그러나 거기에 너무 많은 비용과 시간을 써서 정상적인 생활에 지장을 줄 정도라면 그것은 '과례過禮', 곧 지나친 예절이며 지나친 예절은 이미 예절이 아닙니다. 도리에도 합당하고 자신의 능력에도 맞는 일, 그것이 바로 제대로 어기지 않는 것이며, 또한 세상을 바로잡는 일의 시작입니다.

몇 해 전, 어느 행사에 초청을 받아서 학술 논문을 발표했습니다. 공교롭게도 효도를 주제로 한 논문이었는데, 식전 행사로 지역 가수가 초청되어 노래를 했습니다. 마침 김광석의 〈너무 아픈 사랑은 사랑이 아니었음을〉이었습니다. 하도 애절한 노래라 그 뒤로 이어진 저의 발표가 조금 어색했는데, 저는 발표를 이렇게 시작했습니다. "오늘 발표할 논문이 바로 지금 들으신 노래와 같습니다. '너무 아픈 효도는 효도가 아니었음을'입니다." 정말 그랬습니다. 우리나라 효행 설화에서는 병든 아버지를 위해 자기 아들을 솥에 삶고, 배고픈 어머니를 위해 자식을 땅에 묻는 황당한 일이 많이 있고, 그날 제 논문은 거기에 대한 비판이었습니다.

『천자문千字文』에는 '효당갈력孝當竭力'이 있습니다. "효는 마땅히 힘을 다해야 한다."는 뜻인데, 이 '竭(갈)'의 풀이가 만만치 않습니다. '있는 힘껏 다한다'는 뜻이지만, '등에 지다'는 뜻도 있습니다. 이 글자에 있는 '立(립)'에서 보듯이 짊어지고 서는 의미가 있습니다. 문제는 사람이 짊어질 수 있는 한계가 있다는 점이고, 힘껏 한다 함은 제힘이 미치는 범위에서 한껏 한다는 것입니다.[9] 공자가 말하는 예禮가 바로 그런 절제의 기준을 일러 주지요. 어떤 학자는 우리말의 '효孝'를 'HYO'로 표기하고 'Harmony of Young and Old'의 약자로 여기자고 했는데[10] 장난스럽기는 하지만 그 의도만은 매우 진지합니다.

행위, 동기, 즐김

공자처럼 덕을 기준 삼고, 또 예로 절제하며 잘 살아가면 참 좋을 것입니다. 그러나 현실에서는 그리하기도 쉽지 않지만, 그렇게 하는 사람들이라고 해서 다 좋은 사람인지 속단할 수 없습니다.

스승님께서 말씀하셨다.
"그 행위를 보며, 그 동기를 살피며, 그 즐김을 헤아려 보면, 그 사람이 어떻게 숨길 것인가! 그 사람이 어떻게 숨길 것인가! - 「위정爲政」

子曰, "視其所以, 觀其所由, 察其所安, 人焉廋哉!
자왈　　시기소이　관기소유　찰기소안　인언수재
人焉廋哉!"
인언수재

'보고', '살펴보고', '헤아려 보고'의 원문은 '시視, 관觀, 찰察'인데, 차례로 보는 깊이가 점점 더 깊어지는 것이라고 보면 됩니다. 어떤 사람의 진짜 모습을 보려면, 우선 그가 하는 행위를 보아야 하지만 그것만으로는 부족하여, 그 행위를 하게 된 동기나 이유까지 파고들어야 하고, 마침내 그렇게 하면서 보이는 그 사람의 마음까지 헤아려 볼 수 있어야 한다고 했습니다. 거기까지 가면 누구도 속일 수 없고, 또 속을 수도 없다는 뜻입니다.

가끔씩 저를 찾아와 학습 상담을 하는 학생들이 있습니다. 공부를 하고 싶은데 어떻게 할지 모르겠다고 하소연하곤 합니다. 그럴 때 저는 지금 읽고 있는, 가방 속에 있는 책을 한 권 일러 달라고 합니다. 그런데 가방 속에 현재 읽고 있는 책 한 권이 없다면, 그 학생이 정말 공부를 좋아한다고 보기 어렵겠지요. 피아노 연주가 취미라면 현재 연습 중인 곡이 있을 것이며, 그림 그리기가 취미라면 현재 그리고 있는 그림이 있어야 마땅합니다.

공자가 사람을 살펴보는 방식은 상당한 보편성을 띠는 것 같습니다. 가령, 칸트J. Kant는 윤리에서 '의무(Pflicht)'를 중시했습니다. 다른 어떤 외부 요인도 개입하지 않고, 순수한 본연의 의무에서 행하는 행위를 선한 행위로 본 것입니다. 장사를 예로 들자면, 주인이 손님을 속이지 않는다고 할 때 이것은 분명 '의무에 맞는' 일입니다. 그러나 그것이 본래 상인이 가져야 할 '의무에서' 한 것이 아니라면 판단은 달라집니다. 가령 그렇게 하는 것이 그저 자신의 이익에 맞기 때문에 한 것이라면 그것이 '의무에 일치하는' 것일 뿐이어서, 벤담J. Bentham의 공리주의功利主義 같은 데에서는 충분히 선한 행위이겠지만, 칸트의 입장에서는 그렇지 않습니다. "행위의 동기가 그 행위의 도덕적 가치를 판가름하는 것이지 행위의 결과가 그 도덕적 가치를 판가름하는 것이 아니"[11]기 때문입니다.

'행위(所以), 동기(所由), 즐김(所安)'의 기준은 그렇게 중요합니다. 도덕과 예의로 중심을 잡는 일이 우선이겠으나, 그것이 단순한 겉치레나 의무로만 남아서는 진실됨이 적으며, 그렇게 하는 일이 정말 기쁘게 행할 수준이 되지 않는다면 언제든 그만두거나 다른 쪽으로 방향을 틀게 마련입니다. 그렇게 된다면 북극성이 하늘의 중심에서 뭇별들을 따르게 할 수는 없을 것입니다. 덕으로써 정치를 하는 일이 북극성이 제자리를 지키는 것처럼 하려면 그렇게 여러 단계의 어려움을 딛고 굳건하게 서야만 합니다.

오늘 밤 옥상에 올라가 밤하늘의 별을 보세요. 북극성과 북두칠성을 찾아보세요. 북극성은 늘 그 자리에 있을 것이고, 북두칠성은 계절마다 자리를 옮길 것입니다. 그러나 북극성에서 북두칠성까지의 거리는 늘 같고, 북두칠성도 매일 조금씩 자리를 옮겨서 그렇지 계절별로 보자면 늘 같은 자리에 있지요.

꽃대가 흔들리고 사람도 흔들립니다. 그러나 중심은 뿌리에 있고, 한 곳에서 떨어진 꽃씨는 멀리멀리 날아갑니다. 사진을 찍는 사람도 흔들리고, 찍히는 사람도 움직입니다. 그러나 잘 찍은 사진에서는 모든 움직임들이 자연스럽게 살아납니다. 사람들의 제자리를 잘 포착했기 때문입니다.

― 4 ―

어짊에 대하여

'앙꼬 없는 찐빵'이라는 말이 유행했던 적이 있습니다. 찐빵은 재료도 비교적 간단해서 밀가루를 반죽한 데에다 팥으로 만든 소를 넣어서 찌면 그만입니다. 반죽에 특별한 것이 들어가지 않다 보니 찐빵을 먹는 맛은 흔히 일본어 '앙꼬あんこ'라고 하던 팥소에 달려 있습니다.

찐빵만 그런 게 아니라, 무엇에든 그것이 빠지면 그 존재 자체가 의심스러운 핵심 요소가 있습니다. 가령 사람이 진화 과정에서 두 발로 서는 직립보행을 하지 않았다면 지금의 사람과는 아주 달라졌을 겁니다. 한자의 '人(인)'이나 '大(대)'가 사람이 서 있는 모양을 그려 낸 것이고 보면, 그것이 사람다움을 드러내는 것이라는 데 별다른 이견이 없을 겁니다. 그러나 그것이 전부는 아

仁^인

사람을 뜻하는 '亻인'에, 둘을 뜻하는 '二이'가 붙어서 생긴 글자로, 곧, '두 사람 사이의 관계'를 드러냅니다. 사람이 하는 일은 언제나 자기 이외의 다른 사람과의 관계 속에서 이루어지기에 자기 안에 있는 욕망 때문에 그 관계를 해치는 일을 해서는 안 됩니다. 그래서 공자는 굳이 '극기克己'라는 말까지 써 가며 '눌러 이겨야 할 무언가가 있다.'고 강조한 것입니다.

니겠지요. 그보다 더 중요한 내면의 무언가가 있다는 사실 또한 의심하기 어렵습니다. 우리말 가운데 '어질다'고 하는 것이 어쩌면 그 하나가 아닐까 합니다.

이는 공자의 가르침을 한마디로 정리한 '인仁'에 해당하는 특성입니다. 이 글자는 사람을 뜻하는 '亻(인)'에, 둘을 뜻하는 '二(이)'가 붙어서 생긴 글자로, 곧, '두 사람 사이의 관계'를 드러낸 것입니다. '仁'을 자전에서 찾아보면, '어질다, 사랑, 만물을 낳다, 가엾게 여기다, 동정' 등등 숱한 뜻이 나옵니다. 특히 '어질다'는 뜻을 설명하면서 인의예지신仁義禮智信의 다섯 가지 덕德을 아우르는 것으로도 설명합니다.

즉, 인간이라면 꼭 갖추어야 할 덕목을 대표하는 것인데요, 결국 '인仁'은 의롭고, 예의 있고, 지혜롭고, 미더움을 잘 갖춘 상태를 말합니다. 또한, '인仁'이 과일의 '씨앗' 같은 뜻으로도 쓰이는 걸 보면 어떤 대상의 핵심을 드러내는 것이겠습니다.

어질지 않으면 예악이 무슨 소용이냐

'인仁'이 그렇게 사람의 핵심 요소라면 인이 없으면 사람이 아니라고 보아도 무방합니다. 적어도 사람다운 사람은 아니겠지요.

스승님께서 말씀하셨다.

"사람으로서 어질지 않으면 예는 무슨 소용인가? 사람으로
서 어질지 않으면 악은 무슨 소용인가?" - 「팔일八佾」

子曰, "人而不仁, 如禮何? 人而不仁, 如樂何?"
자 왈   인 이 불 인 여 례 하   인 이 불 인 여 악 하

'예禮'와 '악樂'은 전통문화의 핵심 개념입니다. 위와 아래를 잘
구분하여 수직적인 질서를 세우는 것이 '예'이며, 위아래 구분 없
이 서로 조화를 이루며 수평적인 화합을 도모하는 것이 '악'입니
다. 현대어로는 '예의'와 '음악' 정도로 정리되겠지만, 실제로는
그보다 훨씬 더 복잡하고 포괄적인 개념이지요. 수직적으로 구분
하여 반듯한 질서를 세우고, 수평적으로 서로 동등하게 어우러지
도록 균형을 잡는 것을 합쳐 '예악'이라고 하는데, 이는 요즘 말로
'문화'로 번역해도 손색이 없습니다. 만약 인간에게 문화가 없으
면 어찌 될까요? 힘과 힘이 겨루는 야만의 세계만 남을 겁니다.

그런데 공자는 그보다 더 중요한 바탕으로 어짊, 곧 인仁을 꼽
았습니다. 사람에게만 있는 정신세계를 대표하는 것이 인이라면,
그것이 없으면 사람의 정신을 잃는 것입니다. 그런 데에서 문화
를 이룬다 한들 본래의 뜻을 유지할 수는 없을 것입니다. 가령 그
런 알맹이가 없는 상태에서 문화를 갖춘다고 칩시다. 어른을 만
났는데 그를 존경하기는커녕 인간으로서의 존중심마저 없이 그

저 환한 낯으로 머리 숙여 인사만 한다면 그것은 예의가 아니라 겉치레일 뿐입니다. 사이 나쁜 동료들과 합창을 하며 화음을 맞추어 본들 사람을 속이는 음악일 뿐이지요. 또, 예를 강조하면서도 일방적인 예의만 강요한다면 반쪽짜리 질서이고, 높은 수준의 음악이지만 특권층에게만 허용된다면 함께 화합하게 하는 음악의 본령에서 벗어납니다.

공자는 그런 허울뿐인 문화를 배격하였습니다. 실제 역사에서도 공자가 등장하기 이전에는 인보다는 예를 더욱 강조했었는데, 공자에 이르러서 예의 바탕이 되는 인을 크게 강조했습니다. 방향을 크게 틀었던 겁니다.

극기복례克己復禮

그렇다면 그렇게 사람에게 있어서 꼭 필요하다는 인은 무엇일까요?

안연이 인仁이 무엇인가 여쭙자, 스승님께서 대답하셨다.
"사사로운 욕심을 이겨 내서 예로 돌아가는 것이 인仁이다. 하루라도 사사로운 욕심을 이겨 내 예禮로 돌아간다면 천하가 다 어짊을 인정할 것이다. 인을 행하는 것은 자기 자신

으로부터 비롯되는 것이지 어찌 다른 사람에게서 비롯되는

것이겠느냐?"

안연이 말했다.

"그 실천의 세부 항목을 청합니다."

스승님께서 말씀하셨다.

"예가 아니면 보지 말고, 예가 아니면 듣지 말며, 예가 아니

면 말하지 말고, 예가 아니면 행동하지 말라."

안연이 말했다.

"제가 비록 똑똑하지는 못하지만 이 말씀을 받들어 실천하

겠습니다." -「안연顔淵」

顏淵問仁. 子曰, "克己復禮爲仁. 一日克己復禮,
안 연 문 인 자 왈 극 기 복 례 위 인 일 일 극 기 복 례
天下歸仁焉. 爲仁由己, 而由人乎哉?" 顏淵曰,
천 하 귀 인 언 위 인 유 기 이 유 인 호 재 안 연 왈
"請問其目." 子曰, "非禮勿視, 非禮勿聽, 非禮勿言,
청 문 기 목 자 왈 비 례 물 시 비 례 물 청 비 례 물 언
非禮勿動." 顏淵曰, "回雖不敏, 請事斯語矣."
비 례 물 동 안 연 왈 회 수 불 민 청 사 사 어 의

이 대목을 읽으면 바로 앞 대목과 반대되는 것 같아 헷갈립니

다. 위에서는 어질지 않으면 예 같은 것으로 무엇하겠느냐고 했

는데, 여기에서는 예로 돌아가는 것이 인이라고 했기 때문입니

다. 그러나 예가 본래 헛된 규정을 만들어서 거기에 맹목적으로

따르게 하려는 것이 아니라 세상의 질서를 가장 바르게 할 수 있

는 실천 방안으로 만들어진 것임을 알면 이해가 쉽습니다. 사사로운 욕심이 드러난다는 것은 자기 욕심만을 우선하기 때문에 전체의 이익을 해칠 수 있다는 말이니까요.

이 "사사로운 욕심을 이겨 내 예로 돌아간다."는 말은 한문 원문으로 '극기복례克己復禮'라고 하며, 이는 유학에서 매우 중요하게 생각하는 개념입니다. 그런데 공자는 구태여 '하루라도'라는 단서를 들어서 그 정도만 해도 '천하'가 인정할 것이라고 했습니다. 과장으로 들리지만, 그 효과가 얼마나 빨리 얼마나 넓게 미칠 것인지를 강조한 것입니다. 거꾸로 생각하면, 온 세상이 어질지 못한 까닭은 단 하루를 그렇게 못한 까닭인데, 바로 그 뒤로 이어지는 내용에서는 스스로의 실천을 강조함으로써 그 책임이 모든 사람들에게 있음을 말해 줍니다. 인仁의 시작은 그렇게 바로 '오늘부터 즉각' '자기 자신에게서부터' 이루어져야 함을 역설한 것이지요.

보고, 듣고, 말하고, 행동하는 것은 사실 인간 삶의 거의 모든 것입니다. 보고, 듣고, 말하고, 행동하지 않는다면 죽은 사람과 다르지 않을 것이며, 그런 사람은 지금도 '식물인간'이라고 하여 생명만 있을 뿐 인간됨은커녕 동물적인 특성도 제대로 발휘하지 못하는 것으로 간주합니다. 공자는 인을 행하는 실천 덕목으로 그 넷을 들어, 모든 행위에서 자신의 사사로운 이익을 버리고 더 크고 공적인 범주에서 합당하게 정해진 준칙대로 행동할 것을 촉

구했습니다.

이렇게 보면 인과 예는 사실상 한 몸이라고 보아도 무방합니다. 인이 안에 있다면 자연스럽게 예에 합당하게 행동하며, 매사에 예에 합당하게 행동하다 보면 인을 실천하는 셈이기 때문입니다. 문제는 그 둘이 그렇게 한 치의 틈 없이 맞붙는 게 아니라, 자기 안에 인이 없으면서도 그저 남들에게 보이기 위한 예를 행하거나, 예를 행함이 없이 자신이 마음속으로 인을 가지고 있으니까 어진 사람이라고 착각하는 것입니다. 그래서 그에 대한 대책이 필요합니다.

어진 사람은 말하기를 어려워한다

다시 실천의 문제가 중요하게 떠오르는데요, 사마우司馬牛라는 제자가 공자에게 인에 대해 물은 대목을 참조할 수 있습니다.

사마우가 인仁에 대해 물었다. 스승님께서 말씀하셨다.
"어진 사람은 말하는 것을 어려워하여 참는다."
사마우가 말했다.
"말하는 것을 어려워하여 참으면 인仁이라고 합니까?"
스승님께서 말씀하셨다.

"실천하는 것이 어려우니 말하는 것을 어려워하여 참지 않
을 수 있겠느냐?" - 「안연顏淵」

司馬牛問仁. 子曰, "仁者, 其言也訒." 曰, "其言也訒,
사 마 우 문 인   자 왈   인 자 기 언 야 인   왈   기 언 야 인
斯謂之仁已乎?" 子曰, "爲之難, 言之得無訒乎?"
사 위 지 인 이 호   자 왈   위 지 난 언 지 득 무 인 호

　사마우는 말은 많은데 참을성은 적은 인물이었나 봅니다. 그래
서 공자가 특별히 말을 참는 법에 대해 가르쳤던 것 같은데, 찬찬
히 살피면 단순히 말조심에 그치는 게 아닙니다. 말은 쉽지만 행
실은 어려움을 알라는 말이지요. "어려워하여 참는다."로 번역한
한자 '訒(인)'은 '말을 더듬는다, 함부로 하지 않는다, 할 말을 참
고 안 한다' 정도의 뜻입니다. 말을 못해서가 아니라 신중하게 처
신한 결과입니다.

　세상에 말처럼 쉬운 게 없어서 "착하게 살아야 한다.", "어질게
지내라.", "공부를 열심히 하자." 같은 말들은 누구나 쉽게 하고,
흔히 들을 수 있는 말입니다. 그러나 그렇게 말하는 사람이 정작
본인의 문제에 이르러서 그렇게 실천하는 예는 그다지 많지 않습
니다. 만약 사람들이 스스로 말하는 대로 다 실천하고 살았더라
면 세상이 지금처럼 어지럽지는 않을 것입니다. 이 글을 쓰는 저
또한 거기에서 예외가 아니겠고요. 만약 그런 것을 잘 알아서 말
을 아끼고, 참고, 신중하게 하는 사람이라면 자신의 말대로 실천

이 따르도록 애쓰는 삶일 것입니다.

그런데, 바로 위의 대목에서도 사마우의 성격이 여과 없이 드러납니다. 말을 참아서 신중하게 하라는 스승의 가르침을 받았으면, 다른 제자들에게는 이런 말이 없었는데 왜 내게만 말조심을 당부했을까 되짚어 보는 게 순서이겠습니다. 그러나 사마우는 공자가 한 말을 똑같이 반복하면서 즉각 되물었습니다. 공자는 사마우의 그런 행태를 보고 나무라거나 그냥 넘긴 것이 아니라, "누가 말을 못해서 참는 것이 아니라 말한 만큼 실천이 어려워서 신중한 것이다."라고 친절하게 일러 주었습니다.

지금까지 살핀 대로, 인仁은 사람의 특성을 가늠하는 핵심입니다. 그러나 어질지 못한 사람조차도 예와 악으로 포장하여 자신을 드러내면 사람들은 헷갈립니다. 이럴 때, 인의 본령을 생각하는 자세가 중요합니다. 가령, 유달리 서열을 따지는 조직에서 아무리 회의를 해도 제대로 된 해결책이 나오지 않을 때, 예정에 없던 회식이나 단합 대회를 통해 허심탄회하게 소통할 수 있는 기회를 마련해야 합니다. '악'이 부족함을 벗어나려는 것이지요. 또, 뜻밖의 사고로 아버지를 여의고 비통해하는 상주에게 상례喪禮를 제대로 못 지킨다며 지적하는 사람이 있다면, 그런 사람에게 예禮란 없느니만 못합니다. 그럴 때는 복잡한 예법은 나중이고, 그저 상주의 손이라도 한번 따뜻하게 잡아 주는 마음이 더 필요한 겁니다.

이 점에서, '仁'에 있는 '二' 자가 본래의 자형字形에서는 사람의 엉덩이 아래에 있는 것이어서, 둘이라는 표시가 아니라 "따뜻한 방석 위에 앉은 모습이며, 온화롭고 따뜻한 사람의 모습"[12]이라는 풀이는 그럴듯해 보입니다. 사람에게 따뜻한 마음이 있다면, 그렇게 '하는' 게 옳아서가 아니라, 그렇게 '되는' 게 자연스러운 법이니까요. 그게 바로 두 사람을 단단히 연결해 주는 '仁'의 힘입니다.

그러나 세상일이 다 그렇듯이 자연스럽게만 이루어지는 것도 아닙니다. 그래서 공자는 굳이 '극기克己'라는 말까지 써 가며 눌러 이겨야 할 무언가가 있다고 강조한 것입니다. 사람이 하는 일은 언제나 자기 이외의 다른 사람과의 관계 속에서 이루어지기에 자기 안에 있는 욕망 때문에 그 관계를 해치는 일을 해서는 안 됩니다. 그렇다고 이를 무조건적인 희생으로 오해해서는 곤란합니다.

신화학자 캠벨J. Campbell은 그런 말을 했습니다. "한 사람이 결혼했다면 — 참으로 결혼한 것이라면 — 이제 관심의 중심을 자신에게서 둘의 관계로 옮긴 것이다. 그리고 나 자신이 희생하거나 무엇인가를 포기한다고 생각할 때, 나는 다른 인물을 위해서가 아니라 관계를 위해서 포기하는 것이다."[13] 부부 관계란 모름지기 배우자가 최우선시되는 관계이며, 그렇지 않다면 함께 살더라도 부부가 아니라는 겁니다. 이때 부부 중에 어느 한쪽이 다른 한쪽을 위해 희생한다고 생각하면 안 되며, 부득이하게 희생한다 해도 '관계'를 위해 희생하는 것입니다. 그것이 극기克己를 통해 복례復禮로 가는 과정일 것입니다.

저희 조카들이 어릴 때, 학교행사로 '극기 훈련'을 간다고 하면 제가 묻곤 했습니다. "네가 너를 이기면 너는 이긴 거냐, 진 거냐?" 이 장난기 많은 삼촌의 물음에 어린 조카들은 어쩔 줄 몰라 했었습니다. 그러나 사실 그 대답은 너무도 쉽습니다. 자기 자신을 이기지 못하면 아무도 이길 수도 품을 수도 없고, 인仁으로 한 발짝도 다가설 수 없으니까요.

내가 싫은 것은 남도 싫다

'일관'이라는 말은 대체로 긍정적으로 쓰입니다. 일관되게 무언
가를 하는 사람은 이랬다저랬다 하는 사람보다 성취 가능성이 높
습니다. 대인 관계에서도 대하기가 좀 편하지요. 아무래도 쉽게
예측이 가능하니까요.

그런데 이 말이 그저 늘 한결같다는 의미로만 사용되지 않고
하나의 이치로 모든 것을 꿰뚫는다는 의미로 쓰일 때, 보통 사람
은 경험하기 어려운 경지를 가리킵니다. 공자가 말한 '일이관지
一以貫之'가 바로 그것입니다. 공자가 스스로에 대해 이 말을 해서
그런지 웬만큼 똑똑하다는 사람들도 제 입으로 본인이 그러하다
고 말하기가 어렵습니다. '하나로 꿰뚫는다'는 게 말처럼 쉽지 않
기 때문입니다.

예를 들어 누군가 지구의 온실가스를 줄이기 위해 애를 쓴다고 칩시다. 그를 위해 에너지 낭비를 줄이는 실천 방안으로 TV를 보지 않을 때, 플러그를 빼놓을 수 있을 겁니다. 그러나 "대기 전력 소비의 주범인 TV 플러그를 일 년 내내 꽂아 두는 것보다 자동차로 두 시간 달리는 편이 온실가스를 더 많이 배출한다."[14]는 사실을 모른다면 실생활에서 더 큰 관심을 가져야 할 쪽을 놓치게 됩니다.

하나로 꿴다는 것은 그렇게 모든 가능성을 열어 두고 검토하여 어느 쪽이 더 나은지 판단할 수 있고, 또 그 판단대로 실천할 때 이를 수 있는 경지입니다.

나의 도는 하나로 꿰어졌다

공자가 인仁을 중시한 만큼, 인에 대한 설명은 매우 많아서 정리하기가 쉽지 않습니다. 공자를 가장 잘 이해했던 제자 중 한 사람인 증자曾子를 통해 알아보지요.

스승님께서 말씀하셨다.
"삼(증자의 이름)아! 나의 도는 하나로 꿰어졌다."
증자가 말했다.

忠恕^{충서}

'忠'은 자기가 할 수 있는 최대한을 다하는 것이며, '恕'는
자신에게 비추어서 남을 살펴 똑같은 마음으로 대하는 것
입니다.

"예."

스승님께서 나가시자 제자들이 물었다.

"무슨 말씀입니까?"

증자가 말했다.

"스승님의 도는 오직 충실과 용서뿐이라는 말씀입니다."

─「이인里仁」

子曰, "參乎! 吾道一以貫之." 曾子曰, "唯." 子出,
자왈   삼호   오도일이관지   증자왈   유   자출
門人問曰, "何謂也?" 曾子曰, "夫子之道, 忠恕而已矣."
문인문왈   하위야   증자왈   부자지도   충서이이의

공자는 평생 올바른 길, 곧 도道를 깨치기 위해 애쓴 사람입니다. 요즘도 어떤 일을 오래 해서 거기에 훤하게 되면 "도가 텄다."고 말하는데, 공자가 바로 그리되었다는 말입니다. 그러나 대체 그렇게 되었다는 것이 구체적으로 무슨 말인지 알기가 어려운데, 증자는 똑똑한 사람이라 대번에 알아차렸습니다. 그래서 고개를 갸우뚱하고 있던 다른 제자들에게 친절하게 설명해 줍니다. '충서忠恕'가 바로 그것입니다. '충'은 자기가 할 수 있는 최대치를 다하는 것이며 '서'는 자신에게 비추어서 남을 살펴 똑같은 마음으로 대하는 것입니다.

앞의 것이 '충실, 충직'의 뜻이라면, 뒤의 것은 '용서, 배려'의 뜻입니다. 그런데 공자는 그 둘이 '하나'로 꿰어졌다고 말하였으므로 사실상 하나라 보는 편이 맞습니다. 자신이 할 수 있는 최대

한의 힘을 기울이는 사람이라면 그것이 얼마나 어려운 줄 알기에 자기 자신에 비추어 다른 사람의 마음도 잘 헤아릴 수 있습니다. '충'하는 사람이 '서'하고, '서'의 바탕에는 자연스럽게 '충'이 다져져 있다는 말이겠지요. 이 둘 가운데 '서'가 더 인仁에 가까웠던 듯한데, 실제로 자공子貢이 공자에게 평생 동안 행할 한마디 말씀을 구했을 때 공자는 서슴없이 '서'라고 말하기도 했습니다. '恕(서)'는 글자 그대로 '같은[如] 마음[心]'이라는 뜻이니 나나 남을 구분 말고 한마음으로 생각하면 거기에 바로 답이 있겠습니다. 물론, '忠(충)' 또한 어느 치우침이 없이 '적중하는[中] 마음[心]'일 테니 결국은 통하는 것입니다.

그러므로 공자가 말한 인仁은 온정 같은 문제가 아닙니다. 세상을 제대로 볼 수 있는 역량을 길러서 냉철하게 판단하고, 힘껏 자기 수양을 하고, 그것을 바탕으로 사람을 돕고 다스리며, 자신의 행실과 경험에 비추어 다른 사람들을 너그러이 수용함으로써 궁극적으로 올바른 세계를 만들어 가는 종합적인 덕목입니다.

자기가 하고 싶지 않은 일은 남에게 시키지 마라

공자에게 인仁에 대해 물은 사람이 안연顔淵만은 아니었습니다.

중궁이 인仁에 대해 묻자, 스승님께서 말씀하셨다.

"문을 나서면 큰손님 대하듯 하고, 백성을 부릴 때는 큰제사 모시듯 하라. 자기가 하고 싶지 않은 일은 남에게 시키지 마라. 그러면 나라에도 원망이 없고 집안에도 원망이 없을 것이다."

중궁이 말했다.

"제가 비록 똑똑하지는 못하지만 이 말씀을 받들어 실천하겠습니다." -「안연顔淵」

仲弓問仁. 子曰, "出門如見大賓, 使民如承大祭.
중 궁 문 인   자 왈   출 문 여 견 대 빈   사 민 여 승 대 제
己所不欲, 勿施於人. 在邦無怨, 在家無怨." 仲弓曰,
기 소 불 욕   물 시 어 인   재 방 무 원   재 가 무 원   중 궁 왈
"雍雖不敏, 請事斯語矣."
옹 수 불 민   청 사 사 어 의

중궁仲弓은 공자의 제자 염옹冉雍을 말하는데, 공자가 인정하는 수제자급이었습니다. 말을 그리 잘하지 못하는 등 세상에서 말하는 똑똑하다는 사람과는 좀 거리가 있었던 것 같지만, 덕성에 대해서는 이구동성으로 칭찬을 받았던 인물이지요. 출신도 미천하고 아버지가 저지른 잘못으로 마음고생도 심했던 인물임에도 공자가 극구 칭찬을 했으니 그 수양이 어느 정도였는지 짐작할 만합니다.

문밖을 나서서 만나는 사람은 불특정 다수의 보통 사람들입니

다. 편안하게 목례나 하고 지나가면 될 뿐인 사람들일 텐데, 그런 사람들조차도 귀빈을 대하듯 하라고 했습니다. 또 벼슬자리에 올라 부리는 백성이라 하더라도 조상신을 섬기는 제사 모시듯 극진히 하라고 하여, 지위 고하에 따라 사람을 차등하는 마음을 버리라고 일렀습니다. 끝으로, 자신이 하기 싫은 일을 남에게 시키지 말라고 했는데, 이는 대개 자기가 하기 싫은 일은 남에게 떠넘기고 자기는 저 하고 싶은 일만 하며 지내고 싶어 하는 이기심을 경계한 것입니다.

이렇게 보면, 제 몸가짐을 최대한 공손하고 경건하게 행하면서, 내가 힘든 것은 남들도 힘들 것이니 잘 살펴보는 것, 그것이 이 대목에서 공자가 말하는 인仁입니다. 그러나 그 둘을 함께 잘 하기는 쉽지 않습니다. 자기가 공손하고 경건하게 몸가짐을 하게 되면 그렇게 못하는 남들을 못마땅하게 여기거나 낮춰 보기 쉽습니다. 반대로 남들이 하기 싫어하는 일을 마다하지 않고 잘해 나가는 경우에도, 그것이 심해지면 자신은 그렇게 희생정신을 발휘하는데 남들은 이기적이라고 여겨서 오만함에 빠질 수도 있습니다. 이렇게, 깨치기도 어렵지만 깨친 상태의 균형감을 취하기도 어려운 법이어서 공자의 가르침이 특별하게 다가옵니다.

어질지 못한 것을 너무 미워해도 안 된다

인仁에 대한 공자의 가르침 가운데 용서와 관련된 내용은 제법 있습니다. 잘못에 대한 대처가 과하게 되면 역효과가 나지요.

스승님께서 말씀하셨다.
"용기를 좋아하고 가난을 싫어하는 것도 난亂을 초래하는 것이요, 사람으로서 어질지 못한 것을 미워하는 게 너무 심한 것도 난을 초래하는 것이다." - 「태백泰伯」

子曰, "好勇疾貧, 亂也. 人而不仁, 疾之已甚, 亂也."
자 왈   호 용 질 빈   난 야   인 이 불 인   질 지 이 심   난 야

용기가 있는 것은 좋은 일입니다. 용기가 없다면 어려움을 헤쳐 나가기 어렵고, 불의에 굴복할 위험이 있으니까요. 그런데 공자는 '용기를 좋아함'과 '가난을 싫어함'을 한 짝으로 붙여 놓았습니다. 가난하게 살아 본 사람은 알 것입니다. 가난은 그저 불편한 정도만이 아닙니다. 어떤 경우에는 인간이 지닌 최소한의 존엄성마저 짓밟아 놓으니까요. 그럼에도 불구하고 가난을 편안하게 받아들인다면 다행이지만, 용기가 넘치는 경우는 조금 다릅니다. 어떻게든 가난을 해결해 보려 애를 쓰다 정도를 벗어나기 쉽지요.

  그래서는 안 되지만, 부당한 방법을 거침없이 사용할 수도 있고, 정의를 빙자하여 남의 몫을 가로챌 수도 있습니다. 그런데 그런 방법은 근본적인 문제 해결이 못 됩니다. 질서를 교란하여 더 어려워지는 사람이 생기기도 하고, 정당하게 재산을 모은 부자들까지 죄악시하기도 하니까요. 결과적으로 세상살이가 더 어려워지는데, 그것을 '난亂'으로 표현했습니다. 실제 난을 일으키지는 않았다 하더라도 결과적으로 난을 일으킨 셈이겠지요.

  이어서, 어질지 못한 사람에 대한 미워함을 설명하고 있습니다. 어질지 못한 인간은 비판받아 마땅하고 반드시 교정해야 할 대상입니다. 그런데 공자는 달랐습니다. 그런 사람을 미워하더라도 '너무 심한' 것은 잘못이라는 겁니다. 모든 징벌에는 '비례 원칙'이라는 게 있어서 잘못에 상응하는 징벌이어야 합니다.

  그런데 그 잘못에 상응하는 정도를 훨씬 넘어서 미워한다면 어떻게 될까요? 당사자가 억울해할 뿐만 아니라, 겁에 질려 이상한 데로 튈 공산이 있습니다. 공자는 그런 경우, 역시 난을 초래하는 것이라고 했습니다. 쥐를 몰 때도 달아날 구멍을 보고 몰아야 한다고 하지요. 아무리 어질지 못한 사람이라 하더라도 그가 반성하거나 개선될 여지가 없이 몰아붙이기만 하면, 세상 어느 곳에도 용납될 수 없다는 좌절감에서 적반하장으로 달려들거나 엉뚱한 곳에서 소란을 일으킬 수 있습니다.

  이렇게 보면 참 어렵습니다. 공자가 말한 도道를 하나로 설명하기가 쉽지 않습니다. 공자가 말한 '일이관지'를 '충서忠恕'로 풀더라도 그것만으로는 온전치 않습니다. 그래서 설령 잘못한 사람이 있다 하더라도 지나치게 미워하여 오히려 역효과를 내서는 안 된다는 점까지 일러주었습니다. 이런 것들을 생각하면, "나는 누구에게나 잘 대해야지.", "내가 해야 할 도리만 다하면 돼.", "불의를 보면 꼭 응징해야 해." 같은 생각도 완전히 옳은 것만은 아니겠습니다.

공자가 매우 엄격한 원리주의자일 것 같지만 『논어』에서 관용에 대한 구절을 찾기란 그리 어렵지 않습니다. "백이와 숙제는 오래된 남의 악을 염두에 두지 않아 원망이 적었다."(伯夷叔齊不念舊惡, 怨是用希. -「공야장公冶長」)라거나, "너그러우면 사람들을 얻는다."(寬則得衆. -「양화陽貨」) 같은 예가 그렇습니다. 멀리 갈 것 없고, 자식을 키워 보면 더 쉽지요. 자식이 하는 짓을 보면 이상하게도 자신의 전철을 밟고 있습니다. 야단치는 것이 능사도 아니고, 나도 그랬으니까 그냥 두고 보는 것도 잘하는 일이 아닙니다.

어제보다 오늘이, 나보다 나의 뒷사람이 조금 더 편하고 행복해질 수 있도록 손을 뻗어 보세요. 따뜻한 손을 길게 내밀어 보세요.

셋째 묶음

배움의 길

—————————— 1 ——————————

진짜 안다는 것

부끄러운 이야기부터 해야겠습니다.

한 삼십여 년 전쯤, 어떤 시험을 치렀던 일이 있습니다. 지금 생각하면 별 게 아닌 듯한데 그때는 제 인생에 퍽이나 중요하다 여겼던 시험입니다. 합격을 확신한 것은 아니었지만, 고배를 마시고 말았지요. 그래서 풀이 죽어 있었는데 어머니께서 왜 그러냐시는 겁니다. 시험을 친다고 말씀드린 적도 없었으니 그러시는 게 당연했지요. 저는 무슨 시험에 떨어졌다고 했습니다.

그때 어머니 말씀이 아주 간명했습니다.

"공부는 열심히 했니?"

"네."

그러자 어머니께서는 조금도 쉬지 않으시고 이내 이렇게 답을 하셨습니다.

"됐다, 그러면. 공부한 게 어디로 가는 것도 아니고."

참 아득한 기분이었습니다. 아들이 합격을 목표로 시험을 쳤는데 불합격했습니다. 그런데 자식의 아픈 마음을 어루만져 주지는 못할망정 공부한 게 남아 있기만 하다면 그게 무슨 문제겠냐니요. 거꾸로 생각하면 합격했다 하더라도 공부를 안 했거나 덜 했다면 또 좋아할 일이 아니라는 말입니다.

배우고 때로 익히면

『논어』를 펼치면 처음 만나는 대목이 바로 그런 이야기입니다.

스승님께서 말씀하셨다.
"배우고 때로 익히면 또한 기쁘지 아니한가? 벗이 있어 먼 곳으로부터 오면 또한 즐겁지 아니한가? 남들이 알아주지 않아도 성내지 않으면 또한 군자가 아닌가?" - 「학이學而」

子曰, "學而時習之, 不亦說乎? 有朋自遠方來,
자왈　학이시습지　불역열호　유붕자원방래
不亦樂乎? 人不知而不慍, 不亦君子乎?"
불역락호　인부지이불온　불역군자호

공자는 제자들도 많았고 오래도 살았던 인물입니다. 당연히 남긴 말도 많았을 것인데, 책의 첫머리에 하필 이 세 구절을 뽑은 것은 이유가 있을 겁니다. 어떤 의미에서 『논어』의 핵심이라 보아도 무방하겠고요.

첫 구절을 봅시다. 다 알려진 대로 '배우고/익히는' 공부의 기본을 담고 있습니다. 배운다는 것은 나보다 먼저 깨친 이에게 가르침을 전해 받는 것이고, 익힌다는 것은 그 전해 받은 내용을 익숙하도록 반복하여 공부한다는 것입니다. '배운다'는 뜻의 學(학)이라는 글자를 보세요. 집 안[宀]에서 두 손[臼]으로 매듭[爻] 짓는 법을 아이[子]에게 가르치는 뜻입니다. 농경 생활에서 새끼줄 등의 매듭을 짓는 것은 아주 기초적인 일이었습니다. 또, 지금 같은 문자가 생기기 이전에는 결승結繩문자라는 게 있었다고 하는데, 이 또한 매듭으로 이루어진 것이지요.

그러니까 '배운다' 함은 살아가면서 꼭 필요한 무언가를 먼저 깨우친 사람에게서 가르침을 받는다는 뜻입니다. 이에 비해 '익힌다'는 뜻의 習(습)은 본래 새의 깃털[羽]과 해[日]가 합쳐져서 만들어진 것인데 나중에 日(날 일)이 白(흰 백)으로 바뀌었습니다. 새가 날마다 많은 시간을 들여 나는 연습을 하는 것을 뜻합니다. 새들의 비행은 그렇게 숱한 연습이 필요한 것이지요.

공부와 실천

이렇게 보면 이 구절은 배운 내용을 반복 학습하면 기쁘다는 소박한 뜻입니다. 그러나 원문 내용을 살피면 그렇게 간단하지 않습니다. '익히면習'이 아니라 '때로 익히면時習'이라는 전제를 달았기 때문입니다. 한자의 '時(시)'는 그 뜻이 대략 둘입니다. 하나는 '때때로, 수시로, 자주'이며, 또 하나는 '제때에'입니다. 혹시 '시우時雨'라는 말을 아실지 모르겠습니다. 제때에 내리는 비를 말하는데, 이럴 때의 時(시)가 바로 그런 용례입니다. 그러니까 '때로 익히면'을 앞의 뜻으로 보면 부지런히 반복하여 복습한다는 의미이지만, 뒤의 뜻으로 보면 적절한 때에 실습하는, 곧 실생활에서 응용한다는 의미가 됩니다.

예를 들어, "어려운 사람들을 보면 도와주어야 한다."는 내용을 배웠다고 합시다. '때로 익힌다'는 의미를 그 내용을 반복하여 읽으며 외우는 것으로 풀이한다면 앞의 뜻이고, 실제로 어려운 사람을 만나면 도와주어야 하는 것으로 풀이한다면 뒤의 뜻이 됩니다. 간단하게는 '배운 것의 복습'과 '아는 것의 실천'으로 갈리는데요, 한문 원문으로 볼 때 어떻게 풀든 관계없습니다.

이 대목을 수업하면서 학생들에게 어떤 쪽 해석을 따르고 싶은가 물어보면 열이며 열 다 '아는 것의 실천'이 낫다고 합니다. 아는 데 그치기보다는 실천하는 게 중요하다고 여기기 때문입니다.

그러나 저는 거기에 기꺼이 동의하지 않습니다. 실천이 중요하지 않아서가 아니라, 몸에 밸 정도로 숙달되어 아는 것이 아니면 제때 실천하기 어렵기 때문입니다. 어지간히 연습하지 않으면, 날기는커녕 공연히 둥지 아래로 떨어져 죽을 수도 있으니까요. 어쨌거나 우리가 '안다'고 하는 것은 그저 잠깐 공부한 정도이거나, 평소에는 별생각이 없다가 누군가가 이야기하면 그때서야 떠올릴 만한 정도를 의미해서는 곤란합니다. 그런 것은 진짜로 아는 것이 아니니까요.

예전에 교양 국어 수업을 할 때, 의예과 학생들을 많이 가르쳐 보았습니다. 대체로 머리도 좋고 발랄했습니다. 그런데 그 학생들이 본과에만 들어가면 영감님처럼 되는 겁니다. 친한 학생에게 그 이유를 물어보았더니 "한 강좌를 마치려면 빨간 벽돌 두께의 영어 원서를 다 외워야 합니다."라고 했습니다. 기가 막혔지만 가만 생각하면 그럴 것 같습니다. 뼈를 다쳐서 응급실로 들어온 환자를 보며 어느 뼈인지 확인하느라 책을 들춘다면 어떻게 되겠습니까? 그러니 달달달 외우는 수밖에요. 모르긴 해도 법조인들이 법전을 외우는 까닭도 그렇겠지요. 법정에서 원고와 피고의 공방이 오가는데 잠깐 멈춘 채 법전을 살필 틈이 없을 테니까요.

의학이나 법학만 그런 것이 아닙니다. 정도의 차이는 있어도 모든 공부가 어느 정도는 그렇습니다. 교육학에서는 그런 것을 '자동화'라고 합니다. 수영을 처음 배울 때, '음-파-'하면서 '어떻게 호흡을 해야 한다.'고 외우지만 여러 번 연습하다 보면 저절로 그렇게 되듯이 어려운 개념들도 몸에 익어 자기도 모르게 저절로 나오는 수준이 있지요. 또 그런 수준이 되어 실전에서도 머뭇거림이 없이 실천할 수 있을 때, 앎이 비로소 완성되는 것입니다.

요사이 디지털 독서와 검색이 힘을 발휘하면서 그런 부분의 의미가 많이 퇴색한 것 같지만, 전혀 그렇지 않습니다. 나보다 나은 사람에게 배우고, 배운 것을 반복하여 익혀 제때 실천하는 것, 그것이 공자가 강조하는 첫 번째 지침이며, 그것을 잘 해냈을 때 제 안에서 기쁨〔說, 기쁠 열〕이 일어난다고 했습니다. '說'의 오른쪽에 붙은 '兌(기쁠 태)' 자를 보세요. 사람〔儿〕의 입〔口〕에서 웃음〔八〕이 퍼져 나가는 기쁜 모습이 그대로 있잖아요.

알아주어도, 알아주지 않아도

누구나 느끼겠지만 정말 기쁜 일이 있다면 조금도 가만있기가 어렵습니다. 몸이 저절로 움직여지고 입꼬리가 올라가지요. 사랑과 가난과 기침은 숨길 수 없다는 말처럼, 기쁨이 넘쳐나면 그 기쁨을 함께할 누군가를 찾게 되지요.

문득 아름다운 것과 마주쳤을 때

지금 곁에 있으면 얼마나 좋을까 하고

떠오르는 얼굴이 있다면 그대는

사랑하고 있는 것이다 - 이문재, 〈농담〉[1] 중에서

 기쁜 일이 있다면 그걸 좋아해 줄 친구를 찾는 건 너무도 당연
합니다. 기쁨을 누군가와 함께할 때 그 즐거움이 배가 되기 때문
입니다. 그런데 첫 구절에서는 공부하는 기쁨에 대해 말했으니,
"벗이 있어 먼 곳으로부터 오면 또한 즐겁지 아니한가?有朋自遠方
來,不亦樂乎?"의 둘째 구절 역시 그 기쁨과 연관되는 즐거움일 겁니
다. 벗 역시 그런 공부의 기쁨을 아는 사람일 것이 분명하니, 공
부를 열심히 하는 사람이 되겠지요. 벗이란 서로를 알아주는 사
람인데, 나에 대해 알려면 내가 하는 일을 함께하는 사람이어야
만 하니까요.

 그런데 여기에서 나를 찾아오는 벗이 가까이에서가 아니라 '먼
곳'으로부터 오는 것임을 굳이 강조하고 있습니다. 중국처럼 큰
나라에서 아주 멀리까지 소문이 나서 나를 찾아온다는 것은 그만
큼 학업의 완성도가 커진 것을 뜻합니다. 또, 내가 깨친 것을 그
사람에게 말하고, 그 사람으로부터 부족함을 보완할 기회를 얻을
수도 있습니다. 그렇게 되면 얼마나 기쁘겠는가를 강조하는 게
이 둘째 구절이고, 첫째 구절의 공부와 연결 지을 때 자연스럽게
해석됩니다.

여기에 마지막 셋째 구절, "남들이 알아주지 않아도 성내지 않으면 또한 군자가 아닌가?人不知而不慍, 不亦君子乎?"가 덧보태져서 『논어』의 진면목이 발휘됩니다. 다행스럽게도 내가 열심히 공부하여 남다른 실력이 있는 것을 누군가가 알아준다면 즐거운 일이지만, 세상에 그런 행운이 늘 따를 수는 없습니다. 도리어 알아주는 사람이 없거나, 남들이 못 깨친 것을 안다는 이유로 배척될 수도 있으니까요. 어려운 세상일수록 그런 일이 많은 법인데, 공자는 바로 그런 현실을 놓치지 않고 있습니다. 만에 하나 불운하여 나를 알아주는 사람이 없다 하더라도, 그것을 지나치게 슬퍼하여 성을 내지 않는다면 그 사람이야말로 인격이 닦인 군자라고 했습니다.

'군자'는 흔히 덕이 있는 사람을 가리키는 말로 쓰이는데, 그 판별 기준 가운데 하나로 자신을 알아주지 않더라도 크게 개의치 않는 사람을 꼽았다는 점이 특별합니다. 이는 『논어』의 다른 데서도 "남들이 나를 알아주지 않는 것을 근심 말고, 남들을 알지 못하는 것을 근심하라."(不患人之不己知, 患不知人也. 「학이學而」)는 식으로 언급되는 내용입니다. 내 실력을 남들이 몰라준다고 한탄하는 사람은 많아도 남의 실력을 내가 몰라볼까 걱정하는 사람이 드문 걸 보면, 공자가 말한 군자의 덕목이 잘 이해됩니다.

이는 동서고금 크게 다르지 않았던 것 같아요. 일례로, 미국의 사상가이자 작가인 소로H. D. Thoreau는 자신의 저서 『콩코드 강과

不患人之不己知, 患不知人也
불 환 인 지 불 기 지　　환 부 지 인 야

남들이 나를 알아주지 않는 것을 근심 말고, 남들을 알
지 못하는 것을 근심하라

메리맥 강에서 보낸 일주일』을 1,000권 찍었으나 고작 200권 남짓만 팔렸고 나머지는 다 자신에게 반품되고 말았습니다. 그러나 그가 되돌아온 자신의 책들 옆에서 남긴 기록은 이렇습니다.

그럼에도 불구하고 오늘 밤 나는 움직이지 못하는 내 작품덩이 옆에 앉아 내가 겪은 경험과 생각을 적기 위해 펜을 든다. 내가 느끼는 만족은 전과 다름없이 크기만 하다. 실제로 나는 1,000권이 다 상품으로 팔려 나간 것보다 이 결과가 더 좋고 마음에 든다. 이 결과가 나의 은둔에 해를 덜 끼쳤고 나를 더 자유롭게 해 주었다.[2]

이왕 책을 냈으니 많은 사람들이 알아주었으면 더욱 좋았을 겁니다. 그러나 불과 20퍼센트밖에 팔리지 않았지만 그 결과 은둔이 지속될 수 있었고 그 때문에 자유로운 측면이 있다며 스스로를 다독이고 있습니다. 보기에 따라서는 이런 걸 '여우의 신포도'라 매도할 수도 있겠지만, 소로는 실제 그런 어려움을 겪은 후에 더욱더 강인하고 멋진 인물이 되었으며 더 좋은 글을 쓸 수 있었으니 공자가 말하는 군자이겠습니다.

이렇게 쓰다 보니 공자님보다 어머니께 더 죄송해지는 밤입니다. 여전히 부족한 공부이고, 여전히 모자란 나날이니까요.

2

배워서 남 주자?

오래전, 재기가 넘치는 분이 계셨습니다. 세상에 본인이 최고인 줄 알았고, 세상 공부는 매우 시시해 보였다지요. 다른 사람들이 성공하겠다고 목을 매며 세상일에 달려들 때, 그분은 거꾸로 가셨지요. 어느 유명한 절이 있는 산 아래, 그야말로 똬리를 틀고 앉아 폼을 잡았던 모양입니다. 절 밑에까지 갔으니 절 공부를 좀 했던가 봅니다.

그 소문이 산속에까지 났던지 절에 계신 고승께 전갈이 왔답니다. 이제 그만 절에 들어와서 머리 깎으라고 말이지요. 그런데 그분은 아주 기고만장하여 심부름 온 스님에게 이렇게 전해 달라 했습니다. "승속일여僧俗一如." 승僧이나 속俗이 한가지라는 말이니, 꼭 절에 들어가지 않고 공부를 해도 마찬가지일 거라는 뜻입니다. 그러고는 얼마 후에 고승께 다시 이런 전갈이 왔다고 하네요. "이른 봄에 곡식을 거두는 격이니라!"

그렇습니다. 이쪽이나 저쪽이나 매한가지라는 말쯤은 아무나 할 수 있지만, 그것을 체득하여 깨치려면 충분히 공부할 시간이 필요한 법입니다. 공부에는 단계가 있는데 단번에 건너뛰어 보려는 섣부른 생각에 일침을 놓은 것입니다. 가깝고 쉬운 데서 출발하여 멀고 어려운 데로 나아가는 방식은 『논어』 전반에 줄기차게 나옵니다.

자타공인 최고의 호학자, 공자

공자는 소문난 호학자였습니다. 공자 스스로 "나만큼 배우기를 좋아하는 사람은 없다."(不如丘之好學也. 「공야장公冶長」)고 단언했을 정도이니까요. 호학好學은 어쩌면 공자의 모든 것일지 모릅니다. 대체 어떻게 해야 공자가 말하는 호학일까요?

스승님께서 말씀하셨다.

"군자가 먹는 데 배부름을 구하지 않고 거처하는 데 안락함을 구하지 않으며, 일에는 민첩하고 말에는 신중하며, 도가 있는 곳에 나아가 자기를 바로잡는다면 배우기를 좋아한다할 것이다." - 「학이學而」

子曰, "君子食無求飽, 居無求安, 敏於事而慎於言,
자 왈   군 자 식 무 구 포   거 무 구 안   민 어 사 이 신 어 언
就有道而正焉, 可謂好學也已."
취 유 도 이 정 언   가 위 호 학 야 이

　군자도 사람인데 당연히 배부름이나 편안함이 좋은 걸 모를 리
가 없습니다. 그러나 그런 줄을 몰라서가 아니라 배부르고 편안
한 데 뜻을 둔 것이 아니어서 거기에만 연연하지 않고 열심히 공
부한다는 말입니다. 그것이 첫 단계입니다. 또 남과 무엇을 할
때, 일은 재빨리 하여 자기의 부족함을 염려하지만 반대로 말은
신중히 하여 자기에게 남는 것을 함부로 다 쓰지 않습니다. 그것
이 둘째 단계입니다.

　그러나 아무리 그렇게 해도 부족한 것이 있을 수 있으니 더 나
은 사람이 있는 데로 찾아가서 자신이 모자라고 잘못된 점을 보
완하고 바로잡아서 완전해지도록 노력한다면 그것이 바로 호학
이라는 것입니다. 맨 마지막 단계는 자신만 그러는 것이 아니라
남도 나를 보며 바로잡을 수 있을 테니 결국 온 세상이 함께 잘되
어 나가는 상생의 길이라 하겠습니다. 여기에서도 여전히 앞서
살핀 세 단계가 유효합니다. 스스로 열심히 하고, 남들과 어울리
며 좋은 관계를 맺고, 온 세상이 잘되도록 하는 것 말이지요.

안에서는 효도하고, 밖에서는 공경하고

공부를 좋아하고, 공부를 제대로 해 나가는 요령에 대해 알았다면, 이제 공부를 넓혀 가는 순서를 살핍시다.

스승님께서 말씀하셨다.

"젊은이는 집에 들어와서는 효도하며 나가서는 공경하고, 삼가고 미덥게 행동하며, 널리 사람들을 사랑하고, 어진 이를 친하게 해야 한다. 그렇게 행하고도 남는 힘이 있으면 글을 공부할 것이다." -「학이學而」

子曰, "弟子, 入則孝, 出則悌, 謹而信, 汎愛衆, 而親仁.
자왈 제자 입즉효 출즉제 근이신 범애중 이친인
行有餘力, 則以學文."
행유여력 즉이학문

여기에서도 대략 세 단계의 인간관계가 나옵니다. 제일 첫째는 집 안에서의 관계입니다. 이 행동 지침은 젊은이에게 주는 것으로 한문 원문으로 보면 '제자弟子'로 되어 있습니다. 이 제자는 요즘 쓰는 '스승·제자'의 그 제자가 아니라 글자 그대로 '동생과 아들'을 뜻합니다. '형과 아버지'를 뜻하는 부형父兄의 반의어로, 집안의 어른이 아닌 아랫사람들이라는 뜻이지요. 제가 어릴 때만 해도 '학부모'라는 말 대신 '학부형'이라는 말이 쓰였으니 '부형'

이 그냥 어른인 것이 분명하고, '제자'는 아직 어른이 못 되는 사람들을 뜻합니다. 우선, 아랫사람들은 당연히 윗사람을 공경하는 것으로 행실의 처음을 닦게 된다는 말입니다.

다음으로는, 이제 행동을 집 바깥으로 옮겨서 사람들과 관계를 맺을 때 매사에 무겁고 신중하게 하여 믿음을 잃어서는 안 됨을 강조합니다. 그런 기본이 닦인 후에는 최종적으로, 그 바깥에 있는 백성을 사랑할 줄 알고 어질고 존경할 만한 사람들을 가깝게 해야 한다고 했습니다. 가까운 데서 넓은 데로 나가는 점에서는 앞서 읽은 대목과 전혀 다르지 않습니다.

이런 방식은 조금만 생각이 있는 사람은 엇비슷하게 쓰는 것 같습니다. 소설 『연금술사』의 작가 코엘료P. Coelho는 자신의 삶이 3악장으로 이루어진 교향곡 같다고 했습니다. 각각 〈아무도 없이〉, 〈몇몇 사람들과〉, 〈많은 사람들과〉인데요, 혼자 틀어박혀 공부하고 글을 쓰는 악장, 몇몇 절친들과 끈끈한 교제를 하는 악장, 세상에 나가 공식적인 활동을 하는 악장, 그렇게 세 악장이라는 겁니다.[3] 코엘료는 그 셋이 순환하는 것을 아름다운 조화로 여깁니다.

그런데, 공자는 세 단계로 시야를 넓히고 나서는, 다시 맨 마지막에 글을 공부하는 내용을 적어 두었습니다. 앞에서 읽은 『논어』의 첫 대목에서는 공부하는 이야기로 시작하는데, 여기에서는 공부하는 내용이 맨 끝으로 배치되었습니다. 공부를 해서 행동 범위를 넓히라는 것인지, 행동 범위를 넓힌 후 공부를 하라는 것인지 조금 이상합니다. 그러나 이 대목을 가만 보면 공부가 중요하지 않아서가 아니라, 기본적인 행실을 닦지 않는 사람이라면 공부할 필요도, 자격도 없기 때문임을 알 수 있습니다.

이 대목의 '글을 공부'하는 것에 해당하는 원문은 '학문學文'으로 요즈음 쓰는 '학문學問'과는 다소 거리가 있습니다. 당시에 꼭 필요하다고 여겨졌던 경서經書 등의 글을 공부하는 것을 가리키는데, 그것이 물론 중요하기는 해도 인간적인 도리를 행하는 실천적인 덕목을 앞설 수는 없음을 강조했습니다. 만약 인간적인 도리까지 저버리면서 공부에 매진하는 사람이 있다면 공자는 결단코 막아섰을 것입니다. 그런 사람에게 공부란 약이 아니라 도리어 독이 될 수 있기 때문입니다.

제가 박사과정에 다닐 때의 일입니다. 그때 저는 대학원 학생이면서 집안 살림을 책임지는 가장이기도 했습니다. 직장 생활을 하며 겨우겨우 수업 시간을 낼 정도밖에 못 되었습니다. 마침 이웃 대학에서 연 공동 개설 과목을 하나 들었는데, 모교의 교수님들처럼 제 사정을 알아줄 수 있는 형편이 못 되었습니다. 저는 용기를 내어 교수님께 사정을 말씀드렸습니다.

그랬더니 그 교수님께서 이러시는 겁니다. "이 선생, 공자님께서도 '행유여력 즉이학문行有餘力, 則以學文'이라 했습니다. 형편대로 하고, 발표나 한 번 잘하세요." 아, "행하고도 남는 힘이 있으면

行有餘力, 則以學文
행 유 여 력   즉 이 학 문

행하고도 남는 힘이 있으면 글을 공부하라

제가 박사과정에 다닐 때의 일입니다. 학비에 생활비까지
대느라, 직장 생활을 하면서 겨우겨우 수업 시간을 낼 정도
밖에 못 되었습니다. 용기를 내어 교수님께 사정을 말씀드
렸을 때 교수님이 들려주신 말씀이었습니다. 공자의 그 말
씀이 교수님의 입을 건너, 무겁고 늘어진 제 어깨를 다독였
습니다. 그 순간, 공자의 이 구절은 행하지 못하는 사람은 공
부도 말라는 말이 아니라, 행하고 남는 그 적은 힘으로라도
부지런히 공부하라는 격려가 되었습니다.

글을 공부하라."는 공자의 그 말씀이 교수님의 입을 건너 그렇게 제 무겁고 늘어진 어깨를 다독였던 것입니다. 그 순간, 공자의 이 구절은 행하지 못하는 사람은 공부도 말라는 말이 아니라, 행하고 남는 그 적은 힘으로라도 부지런히 공부하라는 격려가 되었습니다.

백성에게 베풀고 사람들을 구제하다

여기까지 읽다 보면 공자가 말하는 공부에 회의가 들 법도 합니다. 공부의 효용이 너무 적어 보이기 때문인데, 이제 그걸 찾아보도록 하지요.

자공이 물었다.
"만약 백성들에게 널리 베풀고, 사람들을 구제할 수 있다면 어떻습니까? 그런 사람을 가리켜서 '어질다.'고 할 수 있습니까?"
스승님께서 말씀하셨다.
"어찌 어질다고만 할까. 반드시 성스러움의 경지에 들어선 것이다! 아마도 요임금과 순임금도 그렇게 못한 것을 병통으로 여겼을 것이다! 어진 사람은 자기가 입신하려고 할 때 남들을 입신하도록 하고, 자기가 통달하려고 할 때 남들을 통달하도록 한다. 가까이 자신의 입장으로 미루어 짐작하여 남의 입장까지 헤아리는 것은 인仁을 행하는 방법이라 할 만하다." -「옹야雍也」

子貢曰, "如有博施於民而能濟衆, 何如? 可謂仁乎?"
자 공 왈   여 유 박 시 어 민 이 능 제 중   하 여   가 위 인 호
子曰, "何事於仁! 必也聖乎! 堯舜其猶病諸! 夫仁者,
자 왈   하 사 어 인   필 야 성 호   요 순 기 유 병 저   부 인 자
己欲立而立人, 己欲達而達人. 能近取譬,
기 욕 립 이 립 인   기 욕 달 이 달 인   능 근 취 비
可謂仁之方也已."
가 위 인 지 방 야 이

공자에게 있어 자공은 특별한 제자였습니다. 말재간도 뛰어난 데다 제자들 가운데는 보기 드물게 경제적인 수완이 있었습니다. 또, 여기에서 보듯이 행실을 닦는 것이 다른 사람에게 끼치는 영향에 대해서도 민감했습니다. 그는 공부가 자기 수양에 그치지 않고 남들을 도울 수 있어야 한다고 믿었고, 그래서 공자에게 자신의 생각이 옳은지 물었습니다. 그런데 공자는 거기에 동의하는 정도가 아니라 그렇게 하는 일은 중국 고대의 태평성대를 이끌었던 요堯임금과 순舜임금도 제대로 하지 못해서 한스럽게 여겼을 만한 일이라고 했습니다. 그 정도라면 '어짊(仁)'이 아니라 '성스러움(聖)'이라는 것이지요. 유교에서 최종 공부 목표가 성인聖人의 경지를 따라가는 것이니 그렇게 된다면 최상의 목표점에 도달

한 셈입니다.

그렇다면 그런 일을 하려는 사람에게는 어떤 능력이 필요할까요? 당연한 말이지만, 힘이 있어야 합니다. 남을 일으켜 세우는 것은 혼자 일어서는 것보다 열 배, 백 배 더 어려운 법이니까요. 공자의 가르침에 따르자면, 자신에게 그런 능력이 구비된다면 저 혼자 그렇게 되는 데 만족하지 말고 남들이 그렇게 되도록 적극적으로 나서는 것, 그것이 바로 인간이 추구할 최고의 경지라는 뜻이 되겠습니다.

그런데 이렇게 되기까지가 너무도 어렵습니다. 그래서 공자가 애써 가르쳤고, 그 이후 사람들이 평생토록 그 내용을 잊지 않으려 애썼습니다. 그러나 거기에 이른 사람보다 이르지 못한 사람이 훨씬 더 많아서 세상살이가 어렵습니다. 이 점에서 공자의 가르침은 아직 완성되지 않은, 현재진행형의 지침이자 목표라고 할 수 있습니다. 득도자가 넘쳐 나면 나쁜 세상이고 구도자가 넘쳐 나면 좋은 세상이라고들 합니다. 스스로 깨쳤다고 오만하게 남을 깨우치려 들면 세상이 점점 힘들어집니다. 그러나 누구든 조금씩 나아가면서 더 넓고 크게 보려 할 때, 나도 남도 꼭 그만큼 더 좋아집니다.

봄에는 씨를 뿌려야 합니다. 누군가를 도우려 한다면 가까운 곳부터 시작해야 하고요. 목적지가 먼 곳이더라도 출발은 바로 지금 딛고 있는 땅에서부터이지요. 차츰차츰 넓혀 가다 보면, 내 공부 덕에 내가 나아지고, 주변이 나아지고, 또 온 세상이 아주 조금이라도 나아질 겁니다. 어느 여름, 선배 한 분이 책을 써서 보내오셨는데, 책의 첫 장에 이렇게 씌어 있었습니다. "여름처럼 씩씩하자!" 아직 한창 공부할 때이니 열심히 하자는 말씀이었습니다. 그래서 저도 책을 한 권 내면서 어느 후배에게 이렇게 써서 되돌렸습니다.

"여름처럼 씩씩하자! 씩씩대지 말고 씩씩하자!"

3

묻고 묻고 또 묻고

서양에서 유학을 한 사람들의 한결같은 이야기 중 하나는 우리나라 대학에서는 질문이 적다는 것입니다. 이걸 동서양의 문화 차이로 설명하는 사람들도 있습니다. 가령, 서양 문화의 원조인 그리스가 "자유무역을 통해 세상에 대한 인식이 매우 다른 사람들을 정기적으로 만났"지만, "이와는 대조적으로, 중국은 일찍부터 통일된 문화를 가지고 있었기 때문에 중국인들이 그들과 전적으로 다른 철학적 · 종교적 견해를 가진 사람들을 만나는 것은 상대적으로 드문 일"[4]이었고, 그 결과 아주 판이한 문화가 형성되었다는 것이지요.

문화가 어떠하든 질문이 없는 것은 바람직하지 않습니다. 그런데 『논어』에 등장하는 사제간의 대화는 대체로 질문이 적습니다.

가끔씩 있는 질문조차도 스승의 말씀에 대해 추가 설명을 요구하는 정도입니다. 이런 가운데 번지라는 제자는 좀 특별했습니다. 우선 그는 공자에 비해 매우 어린 제자였습니다. 공자보다 36세 혹은 46세 연하로 알려져 있는데, 공자가 아들을 낳은 게 스무 살이고 보면 자식보다 한참 어린 나이로 당시로서는 손주뻘이 됩니다.

그런데 이게 매우 재미있습니다. 아버지께는 어려워서 하지 못하는 말을 할아버지께는 스스럼없이 하기도 하듯이, 번지도 그랬던 것 같습니다. 잘 몰라서 묻는다 해도 너무 어려서 그렇겠거니 할 수도 있고, 공자도 나이가 든 만큼 너그러워졌을 것 같습니다.

오랑캐 땅에 가더라도 버려서는 안 될 것

번지는 공자의 '수행 기사'였습니다. 공자가 외출할 때 수레를 모는 일이 많았습니다. 그러다 보면 가까이에서 모시면서 듣는 말이 많았겠지요.

번지가 인仁에 대해 묻자 스승님께서 말씀하셨다.
"거처하는 데 공손하고, 일을 행하는 데 신중하며, 남들과 사귀는 데 충실해야 한다. 이는 오랑캐 땅에 가더라도 버려서는 안 된다." - 「자로子路」

樊遲問仁. 子曰, "居處恭, 執事敬, 與人忠. 雖之夷狄,·
번 지 문 인   자 왈   거 처 공   집 사 경   여 인 충   수 지 이 적
不可棄也."
불 가 기 야

인仁에 대해서, 가장 가까운 곳, 즉 자기 자신에서부터 시작하여 업무와 타인으로 확장하는 방식으로 설명하고 있습니다. 남들이 있든 없든 자신의 행동거지를 반듯하고 공손하게 하는 게 첫째라고 했습니다. 그렇게 몸가짐과 행실을 쌓은 후에는 업무를 처리하는 데 있어서 경거망동하는 일을 줄여 바르고 정확하게 하는 게 둘째이고요. 끝으로는 남들과 관계를 맺으면서 충실하라고 했습니다.

그런데 맨 마지막 말이 묘합니다. 공자가 굳이 "오랑캐 땅에 가더라도 버려서는 안 된다."고 했을까요? 당시 오랑캐 땅은 중국의 문화가 전파되지 못한 곳입니다. '문명/야만'의 이분법 체계에서 둘은 아주 딴 세상입니다. 실제로 그렇다기보다는 관념적으로 전혀 다른 세상으로 인식하는 것이지요. 얼마 전 제주도에 갔다가 〈믿거나 말거나 박물관〉이라는 게 있어서 들어갔더니 식인종 관련 자료가 눈에 띄었습니다. 문화인류학에서는 이미 허구로 치부하는 것들이 매우 진지하게 모아져 있는 걸 보고 놀랐습니다. 수집품 가운데 희한하게 생긴 칼이 있으면 '식인종이 쓰던 칼'이라고 설명을 덧보태는 방식입니다. 문명 세계와는 달리 야만 세계에서는 사람을 먹기도 한다는 식의 이분법적 분류입니다.

공자 시절에도 그런 이분법적 분류가 성행했습니다. 존주尊周를 내건 공자로서는 주周 문화와 멀어지려는 중국 내 여러 나라들에 대해서도 우려하는 마당에 그 바깥의 이민족들이야 말할 필요도 없었을 겁니다. 그런데 공자는 그런 데 가서도 자신이 말한 세 가지 준칙만은 버리지 않아야 한다고 했습니다. 이는 그것이 거기에서도 통한다는 말이면서, 거꾸로 그렇게 하지 않으면 오랑캐만도 못한 부류가 된다는 뜻입니다. 그렇게만 할 수 있다면 어디 가도 사람답게 살 수 있으며, 그렇게 못한다면 사람 축에도 못 든다는 단호함을 보인 것입니다.

어려운 일을 먼저 하고 얻는 것을 나중에

그런데 번지는 그런 풀이에도 만족하지 못했던 것 같습니다.

번지가 지혜에 대해 묻자 스승님께서 말씀하셨다.

"사람의 도의道義에 힘쓰고 귀신을 공경하되 멀리하면 지혜롭다고 할 만하다."

인仁에 대해 묻자 말씀하셨다.

"어진 자는 어려운 일을 먼저 하고 얻는 것을 나중에 하니, 그렇게 하면 어질다고 할 만하다." - 「옹야雍也」

樊遲問知. 子曰, "務民之義, 敬鬼神而遠之, 可謂知矣."
번지문지 자왈 무민지의 경귀신이원지 가위지의
問仁. 曰, "仁者先難而後獲, 可謂仁矣."
문인 왈 인자선난이후획 가위인의

보통 생각하는 인仁과는 상당한 거리가 있어 보입니다. 맨 먼저
물은 것은 지혜였는데 그 대답이 엉뚱하게도 귀신을 어떻게 대하
는가였지요. 귀신은 언제나 두려운 존재였습니다. 과학이 발달하
지 않았던 시기에는 더더욱 그랬을 것이고 그런 대상이라면 가볍
게 대해서는 안 되는 게 철칙입니다. 그러나 그걸 너무 중요하게
여겨 거기에만 잡혀 살면 정작 그보다 더 중요한 인간의 일을 내
팽개치기 쉽습니다. 그래서 멀리하라고 했던 것입니다.

여기에서 "공경하되 멀리한다."에 해당하는 한자어는 '경원敬
遠'입니다. 우리에게 큰 영향을 주는 존재지만 가까이하기에는 부
담스럽거나 할 때 쓰는 말입니다. 내 힘으로 이겨 내기 어려운 상
대라면 지혜롭게 피할 수도 있는 겁니다. 공자가 귀신의 대처법
으로 '경원'을 들고 온 까닭은 힘들면 피하라는 처세술을 가르치
려는 게 아니라, 우리 삶에서 정말 중요한 것이 무엇인가를 알아
차리게 하는 데 있습니다. 무언가에 홀려 있든, 두려워하든, 능력
밖의 것을 알려고 애를 쓰든, 그러느라 정작 가장 가까이에서 우
선해야 할 것을 놓치는 수가 많기 때문이지요.

이 연장선상에서 인仁에 대한 풀이도 똑같이 진행됩니다. 살다
보면 누구나 어려운 일을 겪습니다. 중병이 들거나 사회적 문제

로 고통을 받는 것 등이 그런 예인데, 자신이 고통스럽다고 하소연하기만 해서는 해결될 기미가 없습니다. 그럴 때 누구든 앞장서서 자신이 할 수 있는 범위에서부터 해결하려 애쓰는 자세가 요긴합니다. 그러나 그런 문제들은, 인류가 풀지 못한 난제라는 둥, 사회체제가 잘못된 것이라는 둥 이상적인 이론과 비판만 늘어놓아서는 아무것도 풀릴 것이 없습니다. 결과적으로는 아무것도 안 하는 것과 같은 경우가 많지요.

공자가 지적한 것은, 당장 해야 할 일은 그렇게 가까이 쌓여 있는데 멀리 있는 것들에만 빠져 지낸다면 어진 사람이 아니라는 사실입니다. 아울러, 그렇게 직접 나서서 문제를 해결했을 때 얻어지는 수확이 있다면 그 이익은 당장 가장 어려움에 처한 사람에게 먼저 돌아가게 하고 자신을 나중으로 한다면 어진 사람 중의 어진 사람이라 할 만하다고 했지요. 공자는 인仁이라는 것은 그렇게 높고 먼 데 있지 않고 낮고 가까운 데에 있으니 자기 주변에서부터 찾으라고 당부했습니다.

인仁, 사람을 사랑하는 것

공자가 그렇게 두 차례나 풀어 주었음에도 번지는 여전히 의문이 덜 풀렸던 것 같습니다. 선후를 속단하기는 어렵지만, 정황상 다

仁^인 [어짊] = 愛人 사람을 사랑하는 것
知^지 [지혜] = 知人 사람을 알아보는 것

제대로 된 사람을 잘 알아보고 등용을 하면 결국 모든 사람들이 어질게 되는 셈이니, 사람을 잘 알아보는 것이 사람을 어질게 만드는 비법이기도 합니다. 어질기 위해서는 지혜가 필요하고 지혜가 있어야 어질게 됩니다.

음이 맨 뒤일 것 같습니다.

　번지가 인仁에 대해 묻자 스승님께서 말씀하셨다.

"사람을 사랑하는 것이다."

　지혜知에 대해서 묻자 스승님께서 말씀하셨다.

"사람을 알아보는 것이다."

　번지가 그 뜻을 미처 알아채지 못했다.

　스승님께서 말씀하셨다.

"곧은 사람을 등용하고 곧지 못한 사람을 버리면 곧지 못한 사람을 곧게 할 수 있다."

　번지가 물러 나와서 자하를 보고 말했다.

"일전에 제가 스승님을 뵙고 지혜知에 대해 여쭈어보았는데 스승님께서 말씀하시기를 '곧은 사람을 등용하고 곧지 않은 사람을 버리면 곧지 않은 사람을 곧게 할 수 있다.'고 하셨는데 무슨 뜻입니까?"

　자하가 말했다.

"드넓구나, 그 말씀이여! 순임금이 천하를 차지하자 여럿 가운데 고요皐陶를 가려 뽑아 어질지 않은 사람들이 멀어졌으며, 탕임금이 천하를 차지하자 여럿 가운데 이윤伊尹을 가려 뽑아 어질지 않은 사람들이 멀어졌다오." - 「안연顔淵」

樊遲問仁. 子曰,"愛人." 問知. 子曰,"知人." 樊遲未達.
번지문인 자왈 애인 문지 자왈 지인 번지미달
子曰,"擧直錯諸枉, 能使枉者直." 樊遲退, 見子夏曰,
자왈 거직조저왕 능사왕자직 번지퇴 견자하왈
"鄕也, 吾見於夫子而問知, 子曰,'擧直錯諸枉,
향야 오현어부자이문지 자왈 거직조저왕
能使枉者直', 何謂也?" 子夏曰,"富哉言乎! 舜有天下,
능사왕자직 하위야 자하왈 부재언호 순유천하
選於衆, 擧臯陶, 不仁者遠矣. 湯有天下, 選於衆,
선어중 거고요 불인자원의 탕유천하 선어중
擧伊尹, 不仁者遠矣."
거이윤 불인자원의

번지는 이해력이 조금 떨어지는 제자였던 모양입니다. 공자가
나중에 풀어 준 게 지知[지혜]에만 해당하는 것인지 앞서 물어본
인仁까지 해당하는 것인지 헷갈렸습니다. 공자는 인仁이란 "사람
을 사랑하는 것"이라고 간단히 끊어서 말했으며, 지知 역시 "사람
을 알아보는 것"이라고 짧게 답했지요. 그런데 사람을 사랑하는
것은 대체로 어떤 사람의 장단점 같은 것을 가리지 않고 있는 그
대로 받아들이는 것인 반면, 사람을 알아본다는 것은 좋은 사람
과 나쁜 사람을 가려내는 것입니다. 그렇다면 인仁과 지知가 함께
하기 어려운 것이 아닌가 하는 의문이 들 수 있을 겁니다.

거기에 대해 공자가 친절하게 설명을 덧보태 주었지만 번지는
여전히 이해가 안 되었던 것 같습니다. 결국 자하를 통해 다시 한
번 풀어지게 되었는데요, 순舜임금이나 탕湯임금이 어진 사람을
등용하자 그때부터 어질지 못한 사람이 다 어질게 감화되어 어질
지 못한 사람이 사라졌다고 했습니다. 제대로 된 사람을 잘 알아

보고 등용을 하면 결국 모든 사람들이 어질게 되는 셈이니, 사람을 잘 알아보는 것이 사람을 어질게 만드는 비법이기도 하다는 것이지요. 이는 인仁과 지知가 한 짝을 이룬다는 말로, 공자는 어질기 위해서는 지혜가 필요하다 역설했다고 보아도 무방합니다.

결국, 어질다고 하는 것은 단순히 사사로운 욕심을 줄이고 사람들을 잘 품어 주는 정도의 마음가짐에 그치지 않습니다. 사람에게 공손함을 갖추고, 자신이 싫어하는 일을 남에게 시키지 않는 등의 구체적인 실천이 필요하지요. 또, 예를 갖추는 일을 잘해야 하고, 사람들을 잘 가려볼 수 있는 안목도 있어야 하는 등 다방면에 걸친 노력과 역량을 갖추어야만 합니다. 그 모든 것들이 완비될 때 개인의 수양이 이루어짐은 물론 그를 토대로 인간관계를 잘 맺고 훌륭한 정치로 이어져 더 좋은 세상이 되는 것입니다.

이렇게 보면, 번지가 참 고맙습니다. 자꾸 물어본 덕에 더 상세하게 알게 되었으니까요. 지금 당장, 여러분이 닿을 수 있는 가장 높은 위치에서 가장 많이 아는 분께 질문해 보세요. 그것도 한 번이 아니라, 묻고, 묻고, 또 물어보세요. 아마 여러분 가까이에도 공자님 한 분쯤은 계실 테고, 또 그 덕에 자하 같은 멋쟁이 선배도 찾아낼 수 있을 테지요. 어쩌면 여러분의 공자님께서는 지금 하품을 하고 계실지도 모르지요. "아, 심심해! 뭐 물어보러 오는 사람 없나?"

4

한 걸음 더

무슨 일이든 처음 할 때는 의욕이 넘치는 법입니다. 새로운 일인 만큼 재미있고, 재미있다 보니 시간 가는 줄 모르고 빠져들지요. 게다가 초보 수준의 과정은 대체로 쉬운 법이어서 금세 넘어서기 쉽습니다. 그래서 이렇게 진도를 나아가면 이내 그 분야의 대가가 되지 않을까 하는 망상을 하게 됩니다. 대학원에 입학하여 기말 보고서를 몇 편 쓴 정도에서도 이내 학계를 뒤집어 놓을 성과를 낼 수도 있을 듯한 착각이 드는 겁니다. 뭐, 그래도 좋습니다. 그래야 초심자가 뜻을 잃지 않고 앞으로 나아갈 수 있을 테니까요. '초심자의 행운'이 없다면 쉽게 좌절할 수밖에 없고 인류가 이렇게 발전하기 어려웠을 겁니다.

그러나 그 맛에 빠져서 방심하다가는 이내 큰코다치고 맙니다.

잠깐 우쭐대는 동안 그나마 쌓아 둔 것들이 한 번에 날아가기도 하고, 일손은 놓은 상태에서 포부만 키우는 동안 발전 가능성은 현저히 떨어지게 됩니다. 그래도 해 놓은 것이 있으니까 "이 정도면 되겠지."라며 잠시 쉬고 나면, 사방이 상전벽해桑田碧海라도 겪은 듯이 달라져 있습니다. 어느새 저만치 뒤떨어져 있는 자신을 발견하곤 한숨짓게 됩니다. 무엇이 잘못된 것일까요? 분명 시작은 그럴듯했는데 영 이 그림이 아닌 겁니다.

가난하여도 즐기느니만 못하다

자공이 말했다.

"가난해도 아첨함이 없고 부유해도 교만함이 없으면 어떻습니까?"

스승님께서 말씀하셨다.

"그도 괜찮지만, 가난하여도 즐기고 부유하여도 예를 좋아하는 사람만 못하다." - 「학이學而」

子貢曰, "貧而無諂, 富而無驕, 何如?"子曰, "可也,
자공왈 빈이무첨 부이무교 하여   자왈   가야
未若貧而樂, 富而好禮者也."
미약빈이락 부이호례자야

자공은 공자의 제자 가운데 재물을 많이 모은 인물입니다. 사마천司馬遷이 쓴 『사기열전史記列傳』에서 재물을 많이 모은 사람들을 모아놓은 〈화식열전貨殖列傳〉 가운데 그의 이름 석 자 '단목사端木賜'를 당당히 올렸습니다. 그에게 붙는 수식어는 '유상儒商'으로, 우리말로 풀면 '선비 출신 상인' 정도가 되겠습니다. 선비라 하면 입에 '돈' 소리를 내지 않으며 장사는 고사하고 물건 흥정도 하지 않는 것쯤으로 알던 우리네 상식과는 아주 동떨어진 것이지요. 『사기열전』에서 공자 제자들에 대해 기술한 〈중니제자열전仲尼弟子列傳〉에도 "자공은 시세를 보아 물건을 매매하여 이익을 챙기는 것을 좋아하여 때를 보아 그때그때에 재물을 굴리었다."고 적시되어 있고 "일찍이 위나라와 노나라에서 재상을 지냈으며 집안에 천금을 쌓아 두었다."5고 했으니, 그 삶을 짐작할 만합니다.

그런데 자공은 타고난 부자가 아니라 본래는 가난했으나 나중에 부유해진 경우인 듯합니다. 그 탓에 아무래도 오해를 좀 샀던 모양이고요. 공부한답시고 나서 놓고 뒤로는 돈 벌 궁리나 했다는 비난을 살 법했습니다. 그래서 자공이 이렇게 어렵게 물어본 것입니다. 자신은 가난했을 때도 남들에게 무엇을 구하려고 비굴하게 아첨하지 않았고, 부유하게 되어서도 자신이 많이 가졌다고 남들 앞에서 교만하게 굴지 않았다고 호소했습니다. 다소 억울한 마음도 섞고, 내심으로는 은근한 자부심까지 보태서 "이 정도면 어떻습니까?"라며 스승의 동의를 구했던 것일 테지요.

그러나 공자의 대답은 "괜찮다〔可〕." 정도였습니다. 자공의 기대에는 살짝 못 미쳤겠지요. 그 정도만 해도 썩 나쁘지는 않다는 제한적인 인정인 셈이니까요. 가난해도 아첨하지 않는 걸 대단하게 여길 게 아니라 가난해도 자신이 추구한 도道를 즐기는 게 좋겠고, 부유해도 남에게 뻐기지 않는 걸 자랑하지 말고 여유가 생겼으면 거기에 맞게 예의를 좋아하는 게 더 낫다고 일러주었습니다. 더 높은 수준의 덕목을 제시해 준 것입니다.

절차탁마切磋琢磨

자공은 똑똑한 제자여서 공자의 뜻을 알아 즉각 응수하였습니다.

자공이 말했다.
"『시경詩經』에 '자르듯 하고 다듬듯 하며, 쪼듯 하고 갈듯 하네.'라 한 것이 이를 두고 한 말입니까?"
스승님께서 말씀하셨다.
"사(자공의 이름)야, 이제 비로소 함께 시를 말할 만하구나! 지난 일을 말해 주니 다가올 일을 안다." - 「학이學而」

子貢曰, "詩云, '如切如磋, 如琢如磨.' 其斯之謂與?"
자 공 왈   시 운   여 절 여 차   여 탁 여 마   기 사 지 위 여

切^절

뼈를 '자르다'

磋^차

상아를 '다듬다'

琢^탁

옥을 '쪼다'

磨^마

돌을 '갈다'

귀한 것을 만들려면 쉼 없이 노력해야 한다는 뜻입니다. 자
공은 이 말을 현재에 만족하지 말고 더 열심히 공부해서 앞
으로 나아가라는 뜻으로 받아들였습니다.

子曰, "賜也, 始可與言詩已矣. 告諸往而知來者."
자 왈   사 야   시 가 여 언 시 이 의   고 저 왕 이 지 래 자

자공은 '절차탁마切磋琢磨'가 이를 두고 하는 말이냐고 공자에게 되물었습니다. 이 네 글자는 차례로 뼈나 상아 등을 '자르고', '다듬고', 옥이나 돌 등을 '쪼고', '가는' 것을 말합니다. 무엇인가 귀한 것을 만들려면 그렇게 쉼 없이 노력해야 함을 뜻하는데, 자공은 공자의 가르침을 지금에 만족하지 말고 더 열심히 공부해서 앞으로 나아가라는 뜻으로 받아들였던 것입니다. 공자는 마음이 흐뭇했습니다. 과거의 일에 대해 평가를 해 주었더니 미래의 일까지 알고 있으니, 이런 제자라면 반드시 한 걸음 더 나아갈 수 있을 것이기 때문입니다.

그런데 자공이 인용한 『시경』의 '절차탁마' 대목은 사실은 사랑하는 임의 아름다운 모양을 형용한 말이었습니다. 깎아 놓은 옥처럼 멋진 모습이라는 거지요. 물론 이 낭만적인 노랫가락에 또 어떤 임금의 덕을 붙여서 해석하곤 하는 것이 관례였지만, 자공은 거기에서 더 나아갔습니다. 시에 드러난 상황을 따다가 자신의 삶에 슬쩍 얹어 놓은 것입니다. 그저 동물 뼈나 상아, 다듬지 않은 옥, 돌덩어리를 가다듬어 멋진 조각품이나 보석을 만들어 내듯, 자기 자신도 그 바탕만 좋다면 조금 더 노력하여 온전하게 만들 수 있겠다는 자신감을 보였습니다.

공자는 좋은 스승이었습니다. 우선 자공이 가난해도 아첨하지

않고 부유해도 교만하지 않았다고 본인으로서는 자부하던 삶을 인정해 주었습니다. 그러나 거기에 멈추지 않고 더 나은 개선책, 곧 가난하여도 즐기고 부유하여도 예를 좋아하는 삶을 제시하였지요. 자공은 그러한 진일보한 모습을 '절차탁마'에 빗대 진일보한 인간으로 거듭나겠다는 의지를 보였습니다.

한 삼태기가 덜 된 채

공자의 제자라고 다 그렇게 등급을 계속 올려 나가면서 인격 수양을 제대로 했던 것 같지는 않습니다. 자연히 스승의 고민이 깊을 수밖에요.

스승님께서 말씀하셨다.
"산을 만들 때로 비유하자면 한 삼태기가 덜 된 채 그만두는 것도 내가 그만두는 것이다. 평지를 만들 때로 비유하자면 한 삼태기만 덮고도 계속 진행하는 것도 내가 나아가는 것이다." - 「자한子罕」

子曰, "譬如爲山, 未成一簣, 止, 吾止也. 譬如平地,
자왈   비여위산 미성일궤 지 오지야   비여평지
雖覆一簣, 進, 吾往也."
수복일궤 진 오왕야

스승님께서 말씀하셨다.

"싹은 틔웠지만 꽃을 피우지 못한 것도 있구나! 꽃은 피웠지만 열매를 맺지 못한 것도 있구나!" - 「자한子罕」

子曰, "苗而不秀者, 有矣夫! 秀而不實者, 有矣夫!"
자왈   묘이불수자   유의부   수이불실자   유의부

산을 하나 쌓아 올릴 때이든, 큰 웅덩이를 메울 때이든 맨 마지막까지 완성하는 자세가 중요합니다. 거의 다 해 놓고 한 삼태기가 모자라 미완에 그치는 경우도 있고, 겨우 한 삼태기를 하고도 용기를 내고 정진하여 마침내 완성하는 경우도 있는데 그것들이 다 누가 그렇게 만든 게 아니라 자신이 그렇게 한 것이라고 했습니다. 그렇게 스스로의 책무성을 강조하여 학문에 정진할 것을 독려한 것입니다. 한 삼태기의 그 미세한 차이로 완성과 미완성이 갈립니다. 공자는 각고의 노력 끝에 학문을 거의 이루었으나 지쳤거나 자만해서 그만두는 제자에게 한 삼태기만큼 더하도록 독려했습니다.

그 반대의 경우도 마찬가지입니다. 거대한 웅덩이를 흙으로 퍼 담아 채워 넣는다고 할 때, 겨우 한 삼태기를 쏟아부은 사람이라면 한숨이 날 것입니다. 한 삼태기가 아니라 백 삼태기, 천 삼태기를 한들 표도 안 날 테니까요. 그러나 그 정도의 수준에서도 낙담하지 않고 지속적으로 공부해 간다면 그 역시 완성으로 갈 수

있습니다. 공자의 문하에는 나이 차이가 많이 나는 제자들이 함께 있었으니 어린 제자들로서는 까마득한 선배들을 보면 아무리 해도 그 경지까지 될 것 같지 않은 느낌이 들었을 텐데, 공자는 그들도 잘 다독여서 용기를 잃지 않게 한 것입니다.

또, 두 번째 구절처럼 씨를 심는다고 모든 것이 다 싹을 틔우는 것은 아닙니다. 그러니 싹만 틔워도 대단한 일이지만, 꽃이 피는 화려한 모습을 보지 못한다면 안타깝기 그지없지요. 그러나 꽃을 피운다 해도 열매까지 맺지 못한다면 그저 꽃을 피워 보았다는 데 그치고 말아 안타깝기로 말하면 도리어 더 심할 것입니다. 다시 열매를 맺어야 그다음에 싹을 틔워 꽃을 피우는 영원을 기대해 볼 수 있기 때문입니다. 그것이 바로 '열매'를 강조하는 이유입니다. 열매를 어떤 성과로만 여기고 만다면, 목표만 이루면 끝이라는 종말론적 사고에 빠질 수 있으니까 말이지요.

『예기禮記』에 보면 똑같은 죽음을 두고도 "군자의 죽음은 '종終'이라 하고 소인의 죽음은 '사死'라고 한다."고 하여 구분 짓고 있습니다. 죽음까지도 차등을 두느냐고 불만을 가질 분이 있겠지만 이 둘의 의미를 보면 그렇지 않습니다. '종終'은 끝마친다는 뜻입니다. 종업식終業式이나 종무식終務式처럼 한 학년, 혹은 한 해의 학업이나 업무를 제대로 마치게 되면 그런 행사를 통해 마무리 짓는 겁니다. 그러나 종업식을 하고 졸업하고, 종무식을 하고 회사가 문 닫는 것은 아니지요. 그다음 학년, 다음 회계연도로 학업과 사업이 이어집니다. 군자는 자신에게 주어진 일을 제대로 처리하여 완성하면 그것을 잘 마무리했다는 의미에서 '종終'이라고 하는 겁니다. 그러면 그가 남긴 것을 그다음 군자가 이어받아 하지요. 그러나 소인의 경우는 그런 임무를 완수한 것이 없으니 죽어 없어지는 '사死'가 되는 것이겠고요. 공자는 그렇게 학문을 시작하였으나 열매를 맺어 다음의 학문으로 이어지는 데까지 이르지 못한 것을 안타까워했습니다.

공자의 앞에는 여러 부류의 제자들이 줄을 서 있었습니다. 이제 막 시작해서 결의를 다지는 사람, 작은 성과를 내고 안주하는 사람, 더 나아가려 쉼 없이 정진하는 사람, 거의 다 이루어 놓고 마무리를 못한 사람…. 결코 2,500년 전 공자 문하에서만 있었던 일이 아닙니다. 무언가 목표를 세워 과업을 쌓으려는 이들에게는 똑같이 일어나는 일입니다. 제가 석사 학위를 받던 날, 선배한 분이 책을 사서 선물로 주면서 책 안에 이런 글귀를 써 주었습니다. "更上一層樓(갱상일층루)" 지금껏 힘겹게 여기까지 온 것을 알지만, 한 층 더 올라가 보라는 따뜻한 다독임이었습니다.

선배가 제게 써 주었던 그 글귀가 들어 있는, 당唐나라 시인 왕지환王之渙의 명시를 감상하며 이번 글을 마칩니다.

관작루에 올라

흰 태양은 산에 기대 다하고

누런 강물은 바다로 흘러드네.

천리 멀리 다 보고자

다시 누각 한 층 올라가네.

登觀雀樓
등 관 작 루

白日依山盡
백 일 의 산 진

黃河入海流
황 하 입 해 류

欲窮千里目
욕 궁 천 리 목

更上一層樓[7]
갱 상 일 층 루

---- 5 ----

나를 알아줄 이 없어도

나는 내 운명이 이미 결정돼 있음을 모르고 운명을 개선하려
했다. 그러나 내 운명이 결정돼 있음을 알았을 때 나는 내 운
명이 바뀌는 소리를 들었다.

– 정현종, 〈절망할 수 없는 것조차 절망하지 말고······ –노트 1975〉[8] 중에서

탄탄대로坦坦大路, 전도양양前途洋洋!

젊은 시절 누구나 꿈꾸는 미래일 것이며 실제로 많은 사람들이
그랬습니다. 누구라도 조금만 두각을 나타내면 '가문의 희망'이
라느니 '나라의 대들보'라는 찬사를 쏟아 내곤 했습니다.

그러나 재능이 출중하다 해도 여건이 불비不備할 때, 이른바 '불
우不遇'를 겪게 됩니다. 이 '遇(우)'라는 글자는 '만난다'는 뜻이고,

불우는 좋은 때를 만나지 못함을 의미합니다. 능력이 하찮아서 아무것도 해낼 수 없을 때도 절망이 있겠지만, 뛰어난 능력을 발휘할 수 없는 상황에서의 낙차로 인한 좌절감은 이루 말할 수 없지요. 공자도 그런 경우를 많이 겪었습니다.

하늘이 없애려 않는다면

공자가 자신의 뜻을 펼치기 위해 천하를 주유周遊할 때 진陳나라로 가다가 광匡이라는 곳을 지나면서 곤경에 처했습니다. 그곳 사람들이 공자를 다른 인물로 오해하여 빚어진 해프닝이었습니다만, 닷새나 꼼짝달싹 못 한 채 목숨마저 위협을 느껴야 했습니다.

스승님께서 광 땅에서 두려워하였습니다.
"문왕께서 이미 돌아가셨으나 그 문화가 여기에 있지 않은가? 하늘이 장차 이 문화를 없애려 한다면 나중 사람인 내가 이것에 관여할 수 없을 것이지만, 하늘이 이 문화를 없애려 하지 않으신 한 광 사람들이 나를 어쩌겠느냐?"-「자한子罕」

子畏於匡, 曰, "文王旣沒, 文不在玆乎?
자 외 어 광   왈   문 왕 기 몰   문 부 재 자 호

天之將喪斯文也, 後死者不得與於斯文也,
천 지 장 상 사 문 야　　후 사 자 부 득 여 어 사 문 야
天之未喪斯文也, 匡人其如予何?"
천 지 미 상 사 문 야　　광 인 기 여 여 하

　이 대목을 이해하려면 먼저 양호陽虎와 공자의 악연부터 살펴
야 합니다. 양호는 공자가 살았던 노나라를 좌지우지하던 대부
계씨季氏의 가신家臣이었습니다. 당연히 위세가 등등했을 터입니
다. 공자가 열일곱 살에 어머니를 여의고 상중에 있을 때, 계씨가
잔치를 베푼 일이 있었습니다. 청년 공자도 그 잔치에 참석하려
했는데 양호가 막아섰던 겁니다. 지역 유지급 인사들을 초대한
자리에 하찮은 젊은이를 들일 수 없다는 이유였습니다. 그러던
양호가 반란을 일으켜 자신이 모시던 계환자季桓子를 옥에 가두고
제멋대로 굴었습니다. 그러다가 반격을 받아 포로가 되었는데 탈
출하여 광 땅을 점령하고 포악무도한 짓을 일삼았습니다. 그런데
광 땅 사람들이 공자의 생김새가 양호와 비슷하다고 여겨 공자를
양호로 오인하는 불상사가 일어나고 말았습니다.

　급기야 광 땅 사람들이 몰려들어 공자 일행을 포위하여 그야말
로 목숨이 경각에 있었습니다. 이때 보인 공자의 반응은 놀랍습
니다. 두려움 속에서도 자신감을 잃지 않았습니다. 공자는 주나
라의 문화 전통을 계승하는 일을 자신의 소명으로 여겼던 인물입
니다. 만약 그 소명이 잘못된 것이라면 모르겠지만, 주나라 문화
를 제대로 계승하는 것이 합당한 일이고 온 세상이 원하는 일이

라면, 이런 작은 지역 사람들이 함부로 해칠 수는 없을 것이라고 당당하게 외치고 있습니다. 실제로도 오해가 풀려 광 땅을 무사히 벗어났는데요, 자신이 하는 일이 단순히 개인의 영달을 위한 것이 아니라 모두가 원하고 함께 나가야 할 어딘가를 향한다는 자신감이 있을 때, 그렇게 절망 속에서도 확신을 놓지 않고 견뎌낼 힘을 줍니다.

돌아가야겠구나! 돌아가야겠구나!

스승님께서 진나라에 계실 때 말씀하셨다.
"돌아가야겠구나! 돌아가야겠구나! 우리 고향 제자들이 뜻은 높지만 실행력이 부족하여 학문의 성취가 빛남에도 재단할 줄 모른다." - 「공야장公冶長」

子在陳, 曰, "歸與! 歸與! 吾黨之小子狂簡, 斐然成章,
자 재 진 왈 귀 여 귀 여 오 당 지 소 자 광 간 비 연 성 장
不知所以裁之."
부 지 소 이 재 지

공자는 천하를 돌며 이 나라 저 나라, 이 사람 저 사람에게 자신의 뜻을 알렸습니다. 여러 곳에서 긍정적인 반응을 얻기는 했지만, 공자가 생각하는 이상적인 정치를 펼치기에는 어려웠습니

다. 공자가 가진 것이 좋은 악보임에는 틀림없지만, 그것을 제대로 연주해 줄 연주자를 구할 수 없었던 겁니다. 이럴 경우, 상대에 대한 반응은 대략 두 가지입니다. 그 하나는 "이 곡은 너희 같은 미숙한 연주자들을 위한 것이 아니다!"라며 배척하고 고고하게 돌아서는 길입니다. 그러면 속은 시원하겠지만, 더 이상 자신의 음악이 연주될 가망성을 잃게 됩니다. 또 하나는 "언젠가 이 곡을 연주할 수 있는 사람이 나올 때까지 열심히 지도하자!"고 전의를 가다듬는 겁니다.

공자는 두 번째 길을 택했습니다. 공자가 천하를 돌며 목도한 현실을 통해, 노나라에서 가르친 제자들이 뜻만 높았지 실행력이 부족한 점을 아프게 받아들인 것입니다. 막상 정치에서 실현할 힘을 가진 사람들이 자신이 제안하는 방식을 받아들이지 못하는 현실 앞에서, 거꾸로 뜻은 대단히 높고 학문의 성취는 볼 만하나 그것을 실행하고 현실에 맞게 재단하는 능력은 아직 부족한 제자들을 떠올렸습니다.

그래서 공자의 절망은 다시 희망이 됩니다. 그런 가망 없는 현실에 매달려 세월을 보내는 것보다는, 후진 양성에 매진하여 이론과 실천을 제대로 겸비한 제자들을 길러 내는 게 낫다는 판단이 서게 되었고, 그것이 공자 앞에 놓인 새로운 길이니까요.

不怨天, 不尤人
불 원 천 불 우 인

하늘을 원망하지 않으며, 사람을 탓하지 않는다

하늘을 원망하지 않으며, 사람을 탓하지 않는다

공자가 여러 차례 강조했듯이, 남들이 나를 알아주지 않는 것은 개의할 필요가 없습니다. 그러나 일반 사람들의 인정 욕구 같은 것은 아닐지라도, 자신이 어떠한 사람인지 정말 잘 아는 사람이 없다면 답답한 노릇입니다.

스승님께서 말씀하셨다.

"나를 알아주는 사람이 없구나!"

자공이 말했다.

"어찌하여 스승님을 알아주는 사람이 없다 하십니까?"

스승님께서 말씀하셨다.

"하늘을 원망하지 않으며, 사람을 탓하지 않고, 아래로부터 배워서 위로 통달했다. 나를 알아주는 것은 아마도 하늘일 게다!" - 「헌문憲問」

子曰, "莫我知也夫!" 子貢曰, "何爲其莫知子也?"
자왈   막아지야부   자공왈   하위기막지자야

子曰, "不怨天, 不尤人, 下學而上達. 知我者其天乎!"
자왈   불원천   불우인   하학이상달   지아자기천호

"나를 알아주는 사람이 없구나!"는 분명 한탄의 어조입니다. 그러나 이 말을 할 당시에는 이미 공자의 학문은 타의 추종을 불

허해서, 사람들이 공자를 대하는 태도가 일반 학자들을 대하는 것과 아주 다르게 숭앙하는 분위기였습니다. 공자가 자신은 나면서부터 아는 생이지지자生而知之者가 아니라고 극구 부인할 정도인 것을 보면, 다른 사람들이 공자를 그렇게 여겼다는 뜻입니다. 그러니 자공이 의아해하는 이유를 충분히 짐작하고도 남습니다. 세상 사람들이 알아주는데 왜 그런 말씀을 하시느냐는 것이지요.

그러자 공자가 이어 한 말은, 세상 사람들이 자신을 알아준다고 하지만 정작 자신이 중요하게 생각하는 그 부분을 모른다는 겁니다. 우선, 자신은 하늘이 자신을 현달하게 해 주든 곤궁하게 해 주든, 사람들이 편안하게 해 주든 불편하게 해 주든 원망하거나 탓하지 않는다고 했습니다. 다음으로, 그렇게 산 결과, 아래로는 사람의 도리를 다해서 공부하기 시작하여 위로는 하늘의 이치, 곧 궁극적인 도道를 깨치는 데 이르게 되었습니다. 그런데 그 둘을 잘 아는 것은 하늘이라 했으니, 사실 사람들이 그것을 모른다는 내용을 다시 한번 강조한 셈입니다.

결국, 어느 누구도 공자가 추구한 삶과 학문을 진정으로 헤아리지 못하고 있다는 말입니다. 비단 공자만 그런 것이 아닙니다. 어느 분야에서든 최고 수준에 이르면, 그에 이르지 못한 사람이 도저히 이해하기 어려운 경지가 있어서 그만큼 외로움이 커집니다. 명성에 기대어 자신을 최고라고 추켜세우는 사람들은 늘어가지만 정말 자신이 각고의 노력으로 남달리 얻은 특별한 본질만큼은 오롯이 자기만이 간직하는 세계입니다. 당연히 세상 사람들이 그걸 몰라주니 절망스럽다는 한탄이 있게 되는데, 한편으로는 남들이 모를 수밖에 없게 올라간 그 절망의 수준이 부럽기도 합니다.

이 책 서문에 썼듯이 저는 대학에 들어가 『논어』를 열심히 팠던 적이 있습니다. 그러면서 공자처럼은 못 되어도 얼추 공자가 제시하는 대로는 살 수 있지 않을까 하는 되바라진 생각을 품었습니다. 공자가 주나라의 문물제도를 후대에 이어 주는 역할을 자신의 임무로 삼았듯이, 저 또한 국문학을 제대로 연구해 보는 것을 주 임무로 삼기로 하였습니다. 지금의 처지를 생각하면 쥐구멍에라도 숨고 싶은 호기였으나 그때는 매우 진지했습니다. 그래서 대로를 건널 때에 무단 횡단을 하기도 했습니다. "하늘이 국문학 연구를 없애려 하지 않는다면, 이깟 자동차 사고로 죽을 운명은 아닐 것이다."라는 과대망상이었습니다.

그렇게 지내다가 대학 3학년이 되었을 때, 학과 선배 한 분이 제게 말했습니다. "우리 서도회書道會에서 졸업 작품전을 하는데, 어차피 작품을 내는 김에 네가 좋아하는 글귀를 하나 써 줄 테니 좋은 거 말해 봐." 그때, 저는 서슴지 않고 '不怨天 不尤人'(불원천 불우인)을 부탁드렸습니다. 그래서 그 글귀를 쓴 족자가 그 이후로 오랫동안 제 공부방 한편을 지켰습니다. 그런 덕에 마음속에 이글대는 불평불만을 억누르고 잘 지내 왔는가 싶기도 합니다만, 실제로는 꼭 그렇지도 않은 것 같습니다. 대학 3학년 겨울, 그 족자 옆에 서서 찍은 사진이 아직도 남아 있는데, 그 표정을 보면 세상의 온갖 불평불만을 한데 담아 놓은 것 같으니까 말입니다.

이 책을 다 쓰고 나면 잘 간수해 둔 그 족자를 걸어 두고 그 옆에 서서 다시 한번 사진을 찍어 보아야겠습니다. 표정이 어떻게 변해 있을지 궁금한 거지요. 혹시나 하는 마음에 제 경험에서 말씀드리면, 공자같이 탁월한 분들이 각고의 노력 끝에 나이 쉰을 넘어서 겨우 터득했던 것들을 우리네 보통 사람들이 스물이나 서른쯤에 이루어 보겠다고 덤벼들면 곤란하다는 겁니다. 혹시 지금 젊은이들에게 부당한 일이 벌어진다면 그것은 대개 그 이전 세대들이 해 놓은 잘못 때문이지요. 그러니 그런 잘못을 쌓아 온 사람들에 대한 불만을 거리낌 없이 말해 보는 것도 좋겠습니다. 또, 공연히 횡단보도를 놔두고 무단 횡단하지 말고, 바르고 편안하게 살아가길 권합니다. 중요한 건 하늘이 나를 보호할 것이라는 오만함이 아니라, 열심히 살다 보면 어디에나 제 몫이 있고 그것이 설령 작아 보이더라도 제 몫이기 때문에 값진 것임을 아는 일일 겁니다.

끝으로, 우리가 천하를 돌며 찾아다니던 게 제 발밑에 묻혀 있더라는, 신화의 오랜 주제를 전해 드리며 이번 글을 마칩니다.

큰사람을 찾아

─── 1 ───

큰사람은 큰 그릇이 아니다

"용생용龍生龍 봉생봉鳳生鳳."

선친께서 자주 쓰시던 말씀입니다. 자식이 좀 잘나 보일 때 자부심을 담아서 쓰신 것도 같고, 못나 보일 때도 체념 삼아 쓰신 것도 같습니다. 그러나 등용문登龍門의 고사에서 보듯이, 큰 물고기들이 뛰어올라 용이 되기도 합니다. 그런 걸 바라고 이리들 열심히 사는 것이겠고요.

이쯤에서 우리는 헷갈립니다. 용의 새끼만 용이 되는 것인지, 조금 큰 물고기도 용이 될 수 있는 것인지 알쏭달쏭한 것이지요. 유교 경전에서는 군자君子와 소인小人을 대비하면서, '큰 사람'과 '작은 사람'을 나누어 보았습니다. 그런데 이 '큰 사람'이라는 표기가 재미있습니다. '큰 사람'은 말 그대로 큰 사람을 뜻합니다.

키가 크거나 덩치가 큰 사람 말이지요. 그러나 '큰사람'으로 붙여 쓰면 신체적인 문제가 아니라, 됨됨이가 훌륭하거나 큰일을 해낸 사람이라는 뜻이 됩니다.

'군자君子'를 말 그대로 풀면 '군주의 아들'입니다. 타고난 신분이나 지위에 근거한 것입니다. 그러나 공자는 거기에 동의하지 않았습니다. 선천적으로 얻어진 특별한 지위가 아니라, 후천적인 노력에 의해 쌓아진 덕성 등을 문제 삼은 것이지요. 영어로 'superior man'이라고 번역하는 데서 알 수 있듯이, 보통 사람보다 뛰어나면 그가 바로 군자입니다.

보편적이나 치우치지 않고

스승님께서 말씀하셨다.
"군자는 보편적이나 치우치지 않고, 소인은 치우치나 보편적이지 않다." - 「위정爲政」

子曰, "君子周而不比, 小人比而不周."
자 왈   군 자 주 이 불 비   소 인 비 이 부 주

공자가 말한 '보편적[周]'이라는 말은 공적이라는 뜻이며 '치우친다[比]'는 말은 사적이라는 뜻입니다. 공적인 일을 할 때는 당

연히 공영共榮이나 정의正義와 같은 보편적인 가치가 중요합니다. 정의가 이루어진다는 것은 전체 사회에 좋은 일이기 때문이지요. 그러나 사적인 일에서는 자기 한 개인의 문제로 좁혀지므로 다른 사람을 덜 신경 쓰고 자신만의 기호나 이익을 좇기 쉽습니다. 그래서 의로움 같은 기준 대신 이익이나 손해 같은 기준을 따르는 경우가 많습니다.

항간에 '대인배大人輩'라는 말이 떠도는데, 재미 삼아 쓸 뿐이어서 표준국어대사전에도 나오지 않지요. 사전에 나오는 '소인배小人輩'의 반의어에 해당할 법한 신조어입니다. 그런데 좀 이상합니다. 소인배가 있다면 대인배도 있어야 할 듯한데 어째서 '소인배'는 정상적인 단어로 성립하는데 '대인배'는 그렇지 않을까요? 이는 대인은 늘 올바른 도리를 따라 움직이므로 일부러 패거리를 지을 필요가 없기 때문입니다. 반대로 소인은 사사로운 이익을 따르기 때문에 그 이익을 극대화하기 위해 패거리를 짓게 되고, 자기 패거리만이 언제나 옳다고 주장하게 되지요. 폭력배暴力輩, 모리배謀利輩, 정상배政商輩 등등이 다 그런 족속입니다.

그런데 누구나 경험하는 대로, 아무리 파렴치한 사람이더라도 제 주장이 합리적이며 보편적이라고 강변합니다. 이럴 때, 어떻게 가려낼 수 있을까요? 저희 은사님께서는 아주 확실한 기준을 하나 세워 주셨습니다. 진짜 '선비'를 가려내는 기준을 일러 주셨는데요, 자신이 좋아하는 것이 꼭 좋은 것만은 아니라는 점을 안다면 선비라고 하셨지요. 사람들은 흔히 자기가 좋아하는 것은 좋은 것이고, 싫어하는 것은 나쁜 것이라고 생각하곤 합니다. 내가 좋아하는 사람은 다 좋은 사람이고, 내가 싫어하는 음식은 다 나쁜 음식이라는 식으로 말이지요. 그러나 나와 죽이 맞아서 잘 지내는 사람 가운데도 치명적인 단점이 있기도 하며, 내가 싫어하는 음식 가운데도 내 몸에 좋은 경우가 많습니다. 한마디로 '좋아함/싫어함'을 곧 '좋음/나쁨'으로 받아들일 때 보편성을 잃고 치우치게 됩니다.

그렇다고 혹시 '좋음/나쁨'의 보편성을 신봉한 나머지 '좋아함/싫어함'을 배척하라는 말이 아닙니다. 좋음은 좋음대로, 좋아함은 좋아함대로 제자리가 있으니까요. 내가 오늘 함께 점심을 먹은, 내가 좋아하는 사람들과 중대한 세상일까지 함께해야 하는 것은 아닙니다. 일마다, 사람마다 그 적절함이 다름을 알면 그만입니다. 두루두루 넓게 보는 시야가 큰사람의 기본 조건입니다.

군자불기君子不器

공자가 남긴, 군자에 관한 말 중에 가장 유명한 구절을 하나 더 보면 그 점이 분명해집니다.

스승님께서 말씀하셨다.

"군자는 그릇이 아니다." - 「위정爲政」

子曰, "君子不器."
자 왈 　군 자 불 기

원문 그대로 '군자불기君子不器' 네 글자로 입에 붙은 구절입니다. 말 그대로, 군자는 어느 하나의 용도에 국한된 그릇이 아니라는 뜻입니다. 그릇은 음식이나 물건을 담는 용도로 쓰이는 기구를 통칭합니다. 그래서 이 말을 사람에게 쓰면 능력이나 도량을 헤아릴 때 아무개가 그릇이 크니, 작니 하며 비유적으로 쓰게 됩니다. 그런데 공자는 큰 그릇이 되어야 한다고 하지 않고 아예 그릇이 되어서는 안 된다고 했습니다. 군자가 큰사람이고 소인이 작은사람이 맞다면 군자는 큰 그릇, 소인은 작은 그릇일 것 같은데 말이지요.

공자가 여기에 대해 조금 풀어 주었다면 모르겠는데, 딱 이 말 한마디로 끝냈습니다. 그래서 여러 가지 추측을 할 수밖에 없는데요, 아무래도 어느 한 곳에 국한되어 지엽적인 일에만 매몰되는 사람이 되어서는 안 된다는 뜻으로 보입니다. 그렇다고 또 오해해서는 곤란합니다. 공자처럼 생각이 깊은 사람이 어느 한 부분에도 정밀하게 파고들지 못하면서 피상적으로 두루두루 아는 사람을 좋게 본 것은 아닐 테니까요. 문제는 어느 한 곳에만 쓰이느라 전체를 보지 못하는 데서 발생합니다. 앞서 살핀 바 있듯이 사적인 이익에만 골몰하느라 전체의 이익을 놓치는 것과 마찬가지이지요.

몇 해 전, 친구와 함께 술을 마신 적이 있습니다. 회사에 근무하는 친구였는데 마침 부하 직원을 데리고 나왔습니다. 술이 얼근하게 들어갔을 때, 그 사람이 제게 그러는 겁니다. "제 목표가 무엇인지 아십니까? 우선 이용당하는 겁니다." 저는 그 사람이 많이 취했다고만 생각했는데 뒷말을 들어 보니 그게 아니었습니다. 우선 다른 사람이 이용할 가치가 있는 사람이 되어야 누군가를 위해 무언가를 할 수 있고, 그것을 바탕으로 자신의 행동반경을 넓혀 간다는 전략이었습니다. '이용당한다'는 표현이 조금 거칠었지만, 어디에서든 자신의 용처가 없으면 안 된다는 간절함이 전해졌습니다.

그릇이라는 게 그렇습니다. 크든 작든, 귀한 물건을 담든 사소한 물건을 담든 일단은 용처가 분명해야 합니다. 그렇지 않으면 잘 쓰이지 않다가 버려지기 일쑤입니다. 그러나 정작 피동적으로 쓰이기만 할 뿐 자신이 어디에 쓰이는 것인지도 모른다면 아예 안 쓰이느니만도 못한 경우가 생길 수 있습니다. 그릇이 되어서는 안 된다는 것은 그렇게 아주 작은 부분에 매몰되고 마는 일을 경계한 것입니다. 그러니까 '군자불기'를 방패 삼아 자신이 꼭 해야 할 자잘한 일들을 회피하려는 심사를 보여서는 안 되겠습

니다. 아직 작은 그릇도 못 되는 주제에 한갓 그릇이 되어서는 안
된다는 객기나 부려서는 안 된다는 말입니다.

조화롭지만 부화뇌동하지 않으며

그렇게 되면 그 결과는 당연히 화합으로 귀결됩니다.

　스승님께서 말씀하셨다.
　"군자는 조화롭지만 부화뇌동^{附和雷同}하지 않으며, 소인은
부화뇌동하지만 조화롭지 못하다." - 「자로子路」

　子曰, "君子和而不同, 小人同而不和."
　자 왈　군 자 화 이 부 동　소 인 동 이 불 화

　이제 군자의 사람됨이 마음 씀이나 태도에 그치지 않고 인간관
계로 뻗어 나갑니다. 조화롭다[和]는 말은 음악에서 말하는 '화
음'의 그 조화, 하모니를 생각하면 뜻이 분명히 들어옵니다. 사실
'和'는 옛날에 '龢'로 썼는데 '龠(약)'이 '피리'라는 뜻이지요. 여
러 음과 잘 어울려 아름다운 화음을 만들듯이, 인간관계에서도
그렇다는 말입니다. 그러나 아무 이유 없이 남들과 똑같은 소리
를 낸다면 여러 사람이 소리를 내도 화음이 되지 않고 소리만 커

질 뿐이며, 심지어는 필요 이상 큰 소리만 나오기도 하고 더러는 굉음이나 소음이 되기도 합니다. 위에서 '부화뇌동'으로 번역한 한문의 원문은 '同(동)'으로 같아진다는 말입니다. 천둥 번개가 칠 때 세상 만물이 함께 울리듯이 아무 생각 없이 제 주견을 버리고 상대에 맞추어 행동한다는 뜻인데, 군자는 그렇게 하지 않는다고 했습니다.

소인은 정반대입니다. 제 이익에 들어맞기만 하다면 남들의 행동에 따라 똑같이 행동하지만 정작 조화를 이루지는 못한다고 했습니다. 화음을 낼 수 없는 것이지요. 자신은 자신의 음을 지키면서 다른 음과 조화를 이루어 아름다운 화음을 이루는 게 아니라, 그저 남들과 똑같은 소리로 자신들의 세勢를 과시할 뿐이니까요. 기준이 분명하지 않아 그때그때 달라져서 그러한데, 그러다 보면 정작 자신의 소리는 어디론가 사라지고 맙니다.

그 이유는 역시 "군자는 의로움에 밝고 소인은 이익에 밝다."(子曰, "君子喩於義, 小人喩於利." 「이인里仁」)는 데서 비롯됩니다. 군자가 특히 마음을 쓰는 의로움은 한자 '義'(의)로, 의리, 도의, 정의 등등의 뜻을 두루 담고 있다고 보면 됩니다. 인간의 사사로움을 넘어서 온 세상이 제대로 돌아갈 수 있게 밝혀 주는 이치가 바로 '의'인 것이지요. 또, "밝다〔喩〕"는 것은 훤하게 꿰뚫고 있다는 의미로, 하도 많이 생각하여 누구보다 잘 안다는 뜻입니다. 반면 소인은 공중의 소망, 사회의 이익, 세계의 안녕 등을 해치면서까지 사리私利를 취하려 듭니다. 결국, 군자는 천리를 따르고 소인은 사리를 좇는다는 것이며, 그래서 소인은 화합에 이르지 못하고 부화뇌동에 떨어지게 됩니다.

다시, '큰사람'으로 돌아가 봅시다. 물론, 큰사람 혹은 큰 그릇으로 타고났다면 그보다 좋을 수 없겠지요. 그러나 공자가 말하는 군자는 그런 사람이 아닙니다. 용龍으로 태어나 용이 되고 봉鳳으로 태어나 봉이 되는 당연한 스토리가 아닙니다. 물고기로 태어났으나 험한 물을 거슬러 용문龍門에 이르고, 절벽에 머리를 찧어 가며 노력한 끝에 하늘로 올라가 마침내 '용이 되는' 그런 존재를 말합니다. 이 점에서 군자는 완성된 존재가 아니라, 완성해 나가는 존재입니다. 더러는 이마에 상처만 남는 점액點額이 되겠으나, 그래도 하늘에 오를 생각은 아예 못하면서 얕은 물에서만 호령하는 잔챙이들보다는 훨씬 더 낫습니다.

인류 역사상 큰사람으로 손꼽는 데 주저함이 없을 간디M.K. Gandhi의 회고를 보면서 이번 글을 마칩니다. 그는 변호사 일을 하면서, 변호사는 의뢰인의 입장을 대변한다는 통념을 넘어 반듯하게 살아가려 부단히 애를 썼습니다.

내 원칙은 남아프리카에서 여러 번 시험을 당했다. 나는 내 상대 변호사가 증인들에게 미리 가르쳐 주었다는 것, 또 내가 만일 내 의뢰인이나 그의 증인더러 거짓말을 하도록 가르

君子 ^{군자}

절벽에 머리를 찧어 가며 노력한 끝에 하늘로 올라가 마침
내 '용이 되는' 물고기처럼 군자는 완성된 존재가 아니라,
완성해 나가는 존재입니다. 더러는 이마에 상처만 남는 점
액點額이 되겠으나, 그래도 하늘에 오를 생각은 아예 못하면
서 얕은 물에서만 호령하는 잔챙이들보다는 훨씬 더 낫습
니다.

쳐만 준다면 우리가 이길 수 있다는 것을 안 것은 한두 번이
아니었다. 그렇지만 나는 언제나 그 유혹을 물리쳤다. 오직
한 번 사건에서 승소하고 난 뒤에 내 의뢰인이 나를 속인 것
이 아닌가 하는 의심이 났던 일이 기억난다. 정말 내가 진심
으로 원하는 것은 언제나 내 의뢰인이 정당함 때문에 이기자
는 것이었다. 변호료를 결정하는 데 나는 한 번도 내가 이긴
다는 조건 아래 했던 기억은 없다. 내 의뢰인이 이기거나 지
거나 나는 내 변호료 이상도 이하도 기대하지 않았다.[1]

2

사람의 등급

사람에게도 등급이 있을까요? '민주주의'와 '만민 평등'을 듣고
자란 사람으로서는 선뜻 수긍하기 어렵습니다. 잘난 사람이나 못
난 사람이나 다 똑같고, 또 똑같이 대접받아야 한다고 믿기 때문
입니다. 물건이라면 최상품부터 최하품까지 순서를 매길 수 있겠
지만 적어도 인간만큼은 그럴 수 없다는 심정도 작용합니다. 그
러나 인간에게도 서로 다른 품격이 있어서 그러한 차이를 '인품'
으로 일컫기도 합니다. 그래서 인품이 좋은 사람도 있고 낮은 사
람도 있다고 여기는데 그것도 사람의 등급일 겁니다. 꼭 그렇게
수직적인 높낮이가 있는 등급은 아니더라도 사람들의 속성에 따
라 구별되는 부류가 있기 마련이지요.

인간이라는 보편성을 기준으로 모든 인간은 같다고 말할 수 있

지만, 한 사람 한 사람의 개체로 본다면 모든 인간은 또 각자 특수한 존재입니다. 만약 그 중간 어딘가에서 인간들을 유형화하고 그 유형화된 인간을 위아래로 갈라 볼 수 있다면, 등급이 생겨납니다. 『논어』에 나오는 짤막한 말 가운데는 그렇게 인간을 갈라 보는 진귀한 대목들이 많습니다.

아는 사람, 좋아하는 사람, 즐기는 사람

스승님께서 말씀하셨다.

"아는 사람이 좋아하는 사람만 못하고, 좋아하는 사람이 즐기는 사람만 못하다." - 「옹야雍也」

子曰, "知之者不如好之者, 好之者不如樂之者."
자왈 지지자불여호지자 호지자불여락지자

이 대목은 너무도 유명해서 달리 설명할 게 없을 정도입니다. 무엇이든 제대로 하려면 즐기는 경지까지 가야 한다는 것인데, 공자가 공부하는 사람인 만큼 학문과 관련되는 내용입니다. 그저 아는 수준에서부터, 알고 좋아하는 수준, 좋아서 즐기는 수준까지의 세 등급으로 나눈 것이지요. 이 대목을 풀이한 주석 가운데 흥미롭게도 오곡五穀에 비유한 게 있습니다. 송宋나라의 철학자

知之者不如好之者, 好之者不如樂之者
지 지 자 불 여 호 지 자　호 지 자 불 여 락 지 자

아는 사람이 좋아하는 사람만 못하고, 좋아하는 사람
이 즐기는 사람만 못하다

장식張栻은 안다는 것은 그것이 먹을 만한 것임을 안다는 것이며, 좋아한다는 것은 그것을 먹어서 즐거워한다는 것이며, 즐긴다는 것은 그것을 즐겨 먹어서 배부른 데까지 이른 것이라고 했습니다. 오곡이 인간 생존에 필수적인 곡물이어서 그런 비유가 나왔겠습니다.

이를 학문에 적용하면 이해하기 쉽습니다. 무언가를 안다는 것은 그것이 유용하며 가치 있다는 사실을 아는 것입니다. 그러나 그 사실을 안다고 해서 모두 다 유용하게 쓰고 가치 있게 활용하지는 못합니다. 그러다가 좋아하는 지경에 이른다면 실제 유용하게 쓰고 가치 있게 활용하는 단계에 이른 셈입니다. 그러나 그 횟수나 기간이 짧으면 본래의 가치를 충분히 발휘할 수 없습니다. 즐기는 상태가 되어서 언제나 하다 보면 마침내 충분히 유용하게 쓸 뿐 아니라 충분히 가치 있게 활용하는 경지에 이르게 되지요.

그러므로 좋아하느냐 즐기느냐의 문제는 그것을 할 때의 태도가 아니라, 실제 행위를 하는 수준이 어느 정도인가를 가늠하는 척도가 됩니다. 무언가를 즐기는 사람을 한마디로 정의한다면 그 무언가가 '몸에 붙은' 사람입니다. "즐거움을 느낀다는 것은 그 일이 자신에게 잘 맞는다는 증거이며, 파고들면 파고들수록 더욱 더 즐거울 것이라는 기대감으로 더욱 그 일에 빠져들 수 있"[2]으니까요. 예를 들어, 여행을 즐기는 사람이 주말에 시간이 나면 지역 축제도 다녀오고, 여행지에 대한 공부 삼아 미술 아카데미에

가서 미술사 수업도 듣고, 사진 공부도 좀 하고, 여행을 다녀와서
는 기행문을 쓰고, 여행지에서 만난 외국 친구가 국내에 오면 관
광 가이드도 할 정도가 된다면, 그 사람은 일 년 내내 여행을 하
는 셈입니다. 여행이 그야말로 '몸에 찰싹 달라붙어 있는' 상태이
니 원하지 않아도 머지않아 여행 전문가로 불릴 겁니다.

사방에 사신으로 갈 만한 사람

『논어』가 강조하는 게 공부 이야기이니 공부를 업業으로 삼는 선
비 이야기로 넘어가 보지요. 공부를 하는 사람을 통칭하여 '선비'
라고 하지만 하도 많다 보니 선비에도 여러 등급이 있습니다.

자공이 물었다.
"어떤 사람을 '선비'라 할 만합니까?"
스승님께서 말씀하셨다.
"행동에 부끄러움이 있고, 사방에 사신으로 가서 임금의 명
령을 욕되게 하지 않는다면 선비라 할 만하다."
자공이 물었다.
"그다음을 감히 묻습니다."
스승님께서 말씀하셨다.

"친척들이 효성스럽다 칭찬하고, 마을 사람들이 공손하다
칭찬하는 사람이다."

자공이 물었다.

"그다음을 감히 묻습니다."

스승님께서 말씀하셨다.

"말은 꼭 미덥게 하고, 행실은 꼭 거침없이 하는 사람은 조금
완고하여 소인이구나! 그래도 그다음이 될 만하다." -「자로子路」

子貢問曰, "何如斯可謂之士矣?" 子曰, "行己有恥,
자공문왈   하여사가위지사의   자왈   행기유치
使於四方, 不辱君命, 可謂士矣." 曰, "敢問其次." 曰,
사어사방 불욕군명 가위사의   왈   감문기차   왈
"宗族稱孝焉, 鄕黨稱弟焉." 曰, "敢問其次." 曰,
종족칭효언 향당칭제언   왈   감문기차   왈
"言必信, 行必果, 硜硜然小人哉! 抑亦可以爲次矣."
언필신 행필과 갱갱연소인재   억역가이위차의

　여기에서의 '선비'는 지금 우리가 흔히 말하는 선비보다 더 넓
은 뜻입니다. 지금은 주로 벼슬 없이 공부하는 사람을 가리키지
만 이 대목에서의 선비는 벼슬을 하든 말든, 벼슬이 높든 낮든,
공부하는 사람들을 두루 포괄합니다. 자공은 이들 가운데 진정한
선비란 어떤 사람인가 묻고 있습니다.

　공자는 자공이 가진 능력을 아는 터라 임금의 명을 받아 사신
으로 갈 경우를 예로 들어 설명했습니다. 우선 그가 행동하는 데
있어서 부끄러움을 아는 깨끗한 인물이어야 함을 기본 전제로 했

습니다. '염치'를 아는 사람이 되겠습니다. 그게 없으면 다른 조건이 아무리 출중해도 특등 선비에는 자격 미달입니다. 그렇게 내적으로 기본 자질을 갖춘 다음에는 외적인 업무를 처리하는 능력이 중요하다 했습니다. 여기에는 외교를 뒷받침할 실무적인 능력, 외국의 고관을 만나 품위 있게 처신할 수 있는 기본 교양, 자국의 문화를 전파하고 외국의 문화를 들여올 수 있는 인문 소양 등등이 두루 포함될 것입니다.

그리고 맨 마지막으로 든 것은 임금의 명령을 욕되게 하지 않는 것입니다. 능력이 있다고 그것을 다 발휘하는 것도 아니며, 때로는 능력이 도리어 발목을 잡는 경우도 있으니까 주의해야 합니다. 특히 사신은 자신의 능력을 뽐내는 자리가 아닙니다. 역량이 뛰어나기는 한데 그 역량을 과도하게 자랑하다가 상대를 불쾌하게 한다든지, 뛰어난 말재간을 보여 상대국에서 감탄을 하면서도 그 진실성에 대해서는 의심을 품게 한다면 그것은 임금을 욕되게 하는 것입니다. 결국, 가장 훌륭한 선비라 함은 자신의 몸가짐과 마음가짐이 반듯하고, 필요한 능력을 착실하게 쌓아서, 어긋남 없이 일을 처리하는 사람입니다.

그러나 자공은 거기에 그치지 않고 그다음을 물었습니다. 그러자 공자는 즉각 그다음으로 집안이나 마을에서 행실이 좋다고 칭찬하는 사람을 꼽았습니다. 효도하고 공경하는 사람이라고 칭찬할 정도의 행실이라면 괜찮다는 뜻이지요. 대단한 역량은 없더

라도 가까운 데서 알아줄 만큼의 사람이어도 그리 나쁘지 않다는
말입니다. 특이한 점은 어떠한 사람이라고 구체적으로 가리키지
않고, 주변에서 칭찬하는 것으로 말하고 있다는 점입니다. 이는
알고 모르고의 문제가 아니라 생활에서 효험을 발휘해서 눈에 드
러나는 성과의 문제입니다. 그 성과의 크기가 조금 작기는 해도
그 정도면 얼추 만족할 정도라는 거겠지요.

자공이 한 번 더 그다음 차례를 물었을 때, 공자는 뜻밖의 대답
을 합니다. 그저 말이나 미덥게 하고 행동할 때는 거침없이 하는
사람이라면 완고한 게 문제이기는 해도 그 정도도 봐줄 만하다고
했습니다. '완고하다'로 번역한 부분은 '硜硜然(갱갱연)'으로, 본
래 돌 부딪히는 소리입니다. 돌덩이 같은 게 서로 부딪히는 것처
럼 유연함이나 융통성이 부족하다는 말이지요. 공자가 하필이면
그런 사람을 꼽았을까 아리송한 대목입니다만, 이는 그 정도까지
실행하는 선비도 그리 많지 않다는 말이기도 합니다.

위의 대화가 오간 후, 자공이 요즈음 정치에 종사하는 사람들
은 어떤가 물었을 때, 공자는 대답 대신 "아! 그런 자잘한 사람들
을 따져서 무얼 하겠느냐?"(噫! 斗筲之人, 何足算也?「자로子路」)며
아예 제쳐 두며 통탄했습니다. 그 당시에, 공자가 제시한 역량을
하나도 갖추지 못한 사람들이 정치의 전면에 나서 있다는 겁니
다. 이는 인류가 오래도록 풀지 못한 숙제이기도 합니다.

중도를 행하는 사람을 얻지 못한다면

공자의 통탄은 그 당시에만 그치지 않고 그 후로도 현재까지 계속되는 고민입니다.

스승님께서 말씀하셨다.
"중도를 행하는 사람을 얻어서 그와 함께할 수 없다면, 반드시 뜻이 높은 사람이거나 자신을 잘 지켜 내는 사람과 함께할 것이다. 뜻이 높은 사람은 진취적이고, 자신을 잘 지켜 내는 사람은 하지 않는 일이 있다." - 「자로子路」

子曰, "不得中行而與之, 必也狂狷乎! 狂者進取,
자왈   부득중행이여지 필야광견호   광자진취
狷者有所不爲也."
견자유소불위야

중도中道라는 말은 흔히 '가운데' 정도로 알기 쉽습니다만, 여기에서는 본래의 목표에 제대로 맞는 '적중的中'의 의미에 가깝습니다. 공자는 그런 데 이른 인물을 찾고자 하였으나 현실은 그러한 이상에 못 미쳤습니다. 그럴 때 그다음으로 사람들을 고른다면 어떤 사람일까 고민하고 있는 겁니다.

공자는 '뜻이 높은 사람'과 '자신을 잘 지켜 내는 사람'과 함께 한다고 했습니다. 그에 해당하는 한문 원문은 각각 '狂(미칠 광)'

과 '狷(성급할 견)'입니다. 먼저 '광狂'에는 개라는 뜻의 '犭(견)'에 최고를 뜻하는 '王(왕)'이 붙어 있습니다. 미친개는 사람을 가리지 않고 달려들 듯, 이 '광'한 사람은 뜻은 지극히 높아 선뜻 잘 나서지만 열정에 비해 사리 판단이 부족합니다. 반면, '견狷'을 사전에서 찾아보면 '의심하여 주저하다'의 뜻이 있습니다. '견'한 사람은 늘 앞뒤를 재느라 적극적으로 나서지 못하는 게 흠입니다만, 자신이 옳다고 믿는 것이라면 고집스럽게 지켜 내기도 하고 옳지 않다고 여기면 목에 칼이 들어와도 타협하지 않습니다.

공자는 그 둘이 모두 문제가 있는 것을 알았지만, 만약 이상적인 인재를 얻을 수 없다면 차선책으로 그런 사람들과 함께하겠다고 했습니다. 그들이 적어도 한 가지 장점을 가지고 있으므로 각각의 장점을 취하고, 단점을 보완하면 제법 쓸 만한 사람들임을 알았기 때문입니다.

이렇게 보면, 공자가 인간의 등급을 나누는 것도 제일 좋은 등급의 사람만 찾아서 함께 지내겠다는 생각에서 나온 것이 아니라, 현실적으로 가장 좋은 방안을 마련하는 지침을 구하기 위한 것입니다. 세상에 완미完美한 사람은 없습니다. 최선이 없으면 차선, 그도 아니라면 최악을 피할 수 있는 사람을 찾아야만 합니다. 찾아서 함께해야 합니다. 또, 최악을 피한 사람을 차선으로 이끌고, 차선의 사람을 최선으로 끌어올릴 수만 있다면, 세상은 넓고 쓸 사람은 많습니다!

3

비교할 겨를이 없다

시간이 좀 많았으면 하고 바라던 때가 있었습니다. 이렇게 과거형으로 이야기하기는 해도 요즘이라고 크게 다르지는 않습니다. 다만 전처럼 스스로를 다그치면서 여러 일을 하려 무리하는 것이 많이 줄었을 뿐입니다. 효율성의 미명하에 무한 경쟁을 요구하는 상황에서, 어쩔 수 없이 성과를 내야 하는 일이 많습니다. 그러다 보면 이 일 저 일 몰아치는 게 또 미덕처럼 여겨지기도 하지요.

벌써 십 년도 훨씬 전의 일입니다. 초등학교 2학년짜리 둘째 애가 학교에 갔다 오더니 그러는 겁니다. "할머니는 좋겠다! 학교를 안 가도 되고, 숙제도 없고, 학원도 안 가잖아." 참 어이가 없었지만, 그 애 입장에서는 그럴 법하다는 생각이 들었습니다. 대체 왜들 그리 바쁜 걸까요? 그러나 더욱 이상한 것은, 아무 일

도 없으신 어머니께서 그때 한가롭게 편안하셨느냐 하면 그것도
아니었다는 거지요.

다들 바삐 지내기는 하는데 무언가에 쫓기는 듯한 인상을 받습
니다. 그렇다고 실업자 대열에 합류하여 방구석에 앉아 웹서핑이
나 한다고 좋을 것 같지도 않습니다. 바빠도 제대로 바쁘고, 한가
해도 제대로 한가해야 하는데 말이지요.

발분망식發憤忘食

공자야말로 제대로 바쁜 사람이었습니다. 그런데 남들이 잘 몰라
주었던 모양입니다.

섭공이 자로에게 공자에 대해 물었는데 자로가 대답하지
못했다. 스승님께서 말씀하셨다.
"너는 왜 이렇게 말하지 못했느냐? '그 사람됨이 분발하면
끼니마저 잊고, 즐거워 근심을 잊으며, 늙음이 다가오는 것
마저 알지 못합니다.'라는 정도로 말이다." - 「술이述而」

葉公問孔子於子路, 子路不對. 子曰, "女奚不曰
섭 공 문 공 자 어 자 로   자 로 부 대   자 왈   여 해 불 왈
'其爲人也, 發憤忘食, 樂以忘憂, 不知老之將至云爾'."
기 위 인 아   발 분 망 식   낙 이 망 우   부 지 로 지 장 지 운 이

發憤忘食, 發憤忘酒, 發憤忘休, 發憤忘遊
발 분 망 식   발 분 망 주   발 분 망 휴   발 분 망 유

이 소원을 빌까, 저 소원을 빌까 고민되는 사람이 있다면 간
절함이 없는 것입니다. 먹는 것도, 마시는 것도, 쉬는 것도,
노는 것도 잊을 만큼 간절히 이루고자 하는 그것! 공자는 아
주 간절한 소원 한 가지만을 가지고 있었고, 그것을 밀어붙
였던 인물입니다. 그것이 일흔 넘어서까지도 공자가 만년청
춘을 유지한 비결이었습니다.

섭공葉公은 섭현을 맡은 관리였습니다. 당시 공자는 제자들을 데리고 천하를 주유 중이었지요. 섭현은 본래 채蔡나라 땅으로, 초楚나라가 빼앗아서는 심제량沈諸梁에게 통치하도록 했는데, 이 심제량이 바로 섭공입니다. 요즘으로 하면 지방 관직을 맡은 사람인데 섭현을 근거지로 하여 채나라를 거의 다 지배했던 모양이고, 제후들이나 쓰는 '-공公'이라는 이름을 함부로 썼습니다. 그런 캐릭터가 공자하고는 잘 맞지 않았겠고, 공자 스스로 자신이 공부를 열심히 하는 사람이라고 강조하는 것도 아마 그런 데 연유할 겁니다. 그런 데서는 정치를 해 보아야 승산이 없을 테니까요.

어쨌거나 바로 이 대목에서 핵심적인 내용은 '발분망식 낙이망우' 여덟 글자입니다. 특히 '발분망식發憤忘食'은 지금도 어떤 일에 몰두할 때 흔히 쓰는 말입니다. 사람의 욕망 가운데 큰 것 중의 하나가 식욕입니다. 다른 욕망들은 나이에 따라 오르락내리락하기도 하고 상황에 따라 조금 줄여 볼 여지도 있는데 먹는 것만큼은 항상 일정하니까요. 한 사나흘만 굶어도 목숨이 오락가락하니 왜 안 그렇겠습니까. 그런데 발분發憤하느라 먹는 것을 잊는다고 했습니다. 공부를 하다가 잘 모르는 것이 있으면 어떻습니까? 그럴 때 분이 나서 못 견디고, 그래서 그것을 풀고자 애쓰는 게 바로 발분입니다. 발분망식은 그렇게 발분하느라 끼니마저 잊는다는 말이고요.

물론, 보통 사람들도 공부하느라고 발분망식은 못하더라도 살면서 한두 번쯤은 비슷한 경험이 있지요. 당구나 골프 같은 데 빠져도 한 끼 정도 걸러 가며 하는 것은 예사이고, 컴퓨터게임에 빠져도 마찬가지입니다. 그런 데 빠지면 어떻습니까? 즐거워서 미칠 것 같지 않은가요? 잠깐이나마 세상을 다 얻은 느낌마저 들지요. 공자는 공부하느라 그러했고, 그 즐거움 때문에 모든 근심을 다 잊었다고 했습니다. 알려진 바로는 이때 공자의 나이가 62세인데요, 그 즐거움에 빠져서 자신이 얼마나 늙어 가는지도 모른다고 했습니다. 공부하느라 늙는 줄도 모른다니 참 대단합니다.

내겐 겨를이 없다

스승인 공자가 그렇게 공부에 빠져 사는 동안, 제자들이 다 그랬던 것 같지는 않습니다.

　자공이 사람들을 비교하자 스승님께서 말씀하셨다.
　"사(자공의 이름)는 똑똑하구나! 내겐 그럴 겨를이 없다."

– 「헌문憲問」

　子貢方人, 子曰, "賜也賢乎哉! 夫我則不暇."
　자 공 방 인　자 왈　　사 야 현 호 재　부 아 즉 불 가

　자공이 똑똑한 제자임은 분명합니다. 공자 당대에 세상 사람들

로부터 공자보다 더 똑똑하다는 평가를 받을 정도였지요. 물론 그런 말이 들릴 때마다 자공이 나서서 극구 부인했지만, 안회 같은 샌님 스타일이 아니어서 현실적인 인정을 받았던 것으로 보입니다. 그런데 이렇게 현실적으로 인정받는다는 것은 현실의 여러 측면을 매우 세심하게 헤아린 결과일 테니 자연히 비교하는 일이 잦았을 것입니다. 또, 여기에는 한 스승 밑에 여러 제자들이 있는 도제식 교육도 한몫했을 겁니다. 지금도 대학원에 들어가 한 지도 교수 밑에 있는 제자들은 늘 비교의 대상이고 서로 경쟁 관계에 놓이지요.

게다가, 자공은 여느 제자들과 달리 벼슬을 한 인물입니다. 당연히 인재를 기용할 일이 많음을 뜻하고, 그 일을 잘해야 직무 능력을 인정받습니다. 자공은 그를 위해서라도 사람들을 견주어 보는 일이 많았을 것입니다. 그런데, 공자는 그런 자공을 인정하지 않았습니다. "똑똑하구나!"의 뉘앙스는 절대로 긍정적이지 않습니다. 못마땅하거나 빈정거리는 투의 느낌이 감지됩니다. 성인이 어찌 그랬겠느냐고 반문할 수도 있겠지만, 공자도 사람인 이상 자공에 대한 불편한 느낌을 그렇게 표현한 것으로 여겨집니다.

유교 이념에서 선비가 공부를 하는 까닭은 그 공부를 바탕으로 세상을 다스려 보기 위한 것입니다. 공자의 제자 가운데 자공이 그 일을 가장 잘한 것이 사실이니 칭찬해도 모자랄 판입니다. 그러나 공자가 원하는 그림은 그보다 훨씬 더 컸던 것 같습니다. 자공의 공부가 아직은 부족한데 세상일에 관심을 기울이는 데 필요 이상의 에너지를 쓴다고 본 것입니다. 그래서 자공이 공자에게 자신이 어떤 사람인가 단도직입적으로 물었을 때, 공자는 "호련이다."(瑚璉也.「공야장公冶長」)라고 대답했습니다. 호련瑚璉은 종묘 제사에 쓰이는 귀한 그릇으로, 옥으로 아름답게 꾸민 것입니다. 그만큼 자공을 귀하고 아름답게 평가한 것이나, '군자불기君子不器'의 기준으로 볼 때, 아직 부족하다는 뜻을 내포하고 있습니다.

그러니까 공자가 구태여 자신은 남들을 비교할 겨를이 없다고 말한 까닭은, 자공이 아직 공부를 더해야 할 때인데 자꾸 바깥으로 눈을 돌리는 조급증을 내는 걸 경계했다 하겠습니다.

지금 자네는 금을 그어 놓았네

요사이는 노력하라는 말만 들어도 흘겨보는 사람들이 많지만, 가르치는 이의 역량 못지않게 배우는 이의 적극적인 자세가 필요함은 두말할 나위가 없습니다.

염구가 말했다.
"스승님의 도道를 좋아하지 않는 것이 아닙니다만, 힘이 부족합니다."

스승님께서 말씀하셨다.

"힘이 부족한 사람은 중도에서 그만두는 법인데 지금 너는
미리 금을 그어 놓았다." - 「옹야雍也」

冉求曰, "非不說子之道, 力不足也." 子曰, "力不足者,
염 구 왈   비 불 열 자 지 도   역 부 족 야   자 왈   역 부 족 자
中道而廢, 今女畫."
중 도 이 폐   금 여 획

염구는 공자의 제자 가운데 눈에 띄게 걱정을 많이 들었던 인
물입니다. 여기에서도, 공자의 도를 좋아하고 깊이 공감하지만
자신의 능력이 그에 미치지 못한다고 하잖아요. 표면적으로 드러
난 말로 보자면, "죄송스럽게도 제가 능력이 부족하여 스승님의
뜻을 충분히 이행할 수 없습니다."의 진솔함이 있습니다. 그러나
공자는 그런 제자를 단호하게 꾸짖었습니다. 정말 힘이 부족한
사람은 제힘 닿는 데까지 해 보다가 중간에 더 이상 못하겠다며
포기해야 맞다는 겁니다.

그러나 염구는 미리 자신의 역량은 어느 정도밖에 안 된다는
한계선을 그어 두고 아예 운신의 폭을 좁혔다고 했습니다. 어쨌
거나 이런 걱정을 들은 염구지만, 나중에는 당시 노나라의 실권
자인 계씨의 눈에 들어 벼슬을 하여 출세가도를 달렸습니다. 그
러나 그 결과는 참혹해서 공자가 자신의 제자가 아니라며 출문
조치를 내릴 정도의 인물이 바로 염구입니다.

어쨌거나, 이 구절에서 염구가 미리 금을 그어 놓은 행위가 가장 큰 문제가 됩니다. 지금 상황에서는 꽉 막힌 듯이 보여도 일단 열심히 하다 보면 트일 수도 있는 법인데, 지레 꽁무니를 뺀 것입니다. 바다에 나가 보면 수평선이라는 게 있습니다. 사전을 찾아 보면 "물과 하늘이 맞닿아 경계를 이루는 선"으로 설명되어 있는데요, 사실은 틀린 말입니다. 물과 하늘이 맞닿은 경계는 면이지 선이 아니니까요. 다만 그것이 선으로 '보이는' 것은 우리 시각이 미치는 끝이 그렇게 포착되기 때문입니다. 더 높은 곳에 올라가 보면 수평선은 더 뒤로 물러나게 되고, 배를 타고 나가 보면 더 뒤로 밀려납니다.

공자는 제 몸을 꼼짝 않고 있는 상태에서 한계선을 들먹이며 허튼 핑계를 대는 제자의 모습에 기가 찼던 것입니다. 본인은 먹는 것도 잊어 가며 열심히 공부하는데 제자들은 자공처럼 아직 덜 익은 학문으로 자꾸 바깥으로만 눈을 돌리려 들고, 염구처럼 미리 못할 것으로 정해 놓고 나아가려 하지 않았습니다. 자공이 공자보다 31살 어리고, 염구는 29살 어렸습니다. 공자가 노인일 때, 제자들은 한창 청춘이었습니다. 그러나 여기 적힌 말로만 보자면 공자가 청춘이고 제자들이 노인입니다.

대구의 팔공산에는 유명한 갓바위가 있습니다. 영험하다고 소문이 나서 많은 사람들이 소원을 빌러 오는 곳이지요. 그런데 이 갓바위에 얽힌 재미난 이야기가 있습니다. '꼭 한 가지 소원'만큼은 들어준다는 것입니다. 아닌 게 아니라 이 소원을 빌까, 저 소원을 빌까 고민되는 사람이 있다면 간절함이 없는 것입니다. 취직해 달라고 빌까, 연애해 달라고 빌까 고민되는 사람이라면 갓바위에 갈 필요가 없습니다.

공자는 아주 간절한 소원 한 가지만을 가지고 있었고, 그것을 밀어붙였던 인물입니다. 그것이 일흔이 넘어서까지도 만년청춘을 유지한 비결이었습니다. 칙센트미하이M. Csikszentmihalyi는 "참다운 삶을 바라는 사람은 주저 말고 나서라. 싫으면 그뿐이지만, 그럼 못자리나 보러 다니든가."[3]라고 충고합니다. 주저 말고 나선 길에서, 발분망식發憤忘食, 발분망주發憤忘酒, 발분망휴發憤忘休, 발분망유發憤忘遊의 축복이 함께하기를 소망합니다.

4

말의 어려움

사실을 사실대로 말할 수 있는 교외에서는 사실을 사실대로
말할 필요가 없었습니다. 사실을 사실대로 말할 수 있는 기
쁨과 사실을 사실대로 말할 필요가 없는 기쁨, 이 두 線路(선
로) 위를 달렸습니다. - 신대철, 〈교외에서〉[4] 중에서

대학 시절, 시집에서 이 구절을 만나고는 전율을 느꼈습니다.
시인은 지금 교외선 철로 위를 보며 서 있습니다. 어디로 가는지
모를 철로는 두 갈래로 쭉 뻗어 있고, 그 하나가 사실을 사실대로
말할 수 있는 기쁨이고 또 하나가 사실을 사실대로 말할 필요가
없는 기쁨이라고 했습니다. 그때 막 시작된 달뜬 연애 기분 탓이
었겠습니다만, 하고 싶은 말을 다할 수 있으면서도 또 말을 안 해

도 내 마음이 전해진다면 얼마나 좋을까 생각했었지요.

그런데 이 시를 뒤집어 보면 기쁨은 금세 걱정이 되고 비애가 됩니다. 말을 할 수 없는 상황에서 말을 하다 생겨나는 문제는 어찌해야 하고, 말할 필요가 없는데도 공연히 말을 해서 실없는 사람이 되면 또 어찌해야 할까 하는 것입니다. 담아 둔 말을 차마 못해서 떠나가는 이도 있고, 말 한 번 잘못해서 갈라서는 비극이 도처에 널려 있으니까요.

말도 잃지 않고 사람도 잃지 않으려면

스승님께서 말씀하셨다.

"함께 말할 만한데 함께 말하지 않으면 사람을 잃고, 함께 말할 만하지 않은데 함께 말하면 말을 잃는다. 지혜로운 사람은 사람도 잃지 않고 말도 잃지 않는다." - 「위령공衛靈公」

子曰, "可與言而不與之言, 失人. 不可與言而與之言,
자 왈   가 여 언 이 불 여 지 언   실 인   불 가 여 언 이 여 지 언
失言. 知者, 不失人, 亦不失言."
실 언   지 자   불 실 인   역 불 실 언

말은 참 묘합니다. 근본적으로 음성으로 표출되기 때문에 음성으로 전달되는 범위 내에서만 의미를 지닙니다. 요사이는 여러

매체가 발달하여 음성을 저장할 수도 있고, 삽시간에 동시다발적으로 세상으로 전파할 수도 있지만, 전에는 전혀 그렇지 못했습니다. 그 소통 영역은 음성이 물리적으로 전달될 수 있는 한 공간으로만 한정됩니다. 반면에 문자는 언제 어디서든 전해질 수 있기 때문에 근본적으로는 불특정 다수를 향해 열려 있게 되지요. 문자가 쓰는 사람과 읽는 사람이 다른 공간에 있어도 되고, 본래 다른 공간에 있다는 전제로 구사되는 데 비해, 말은 말하는 사람과 듣는 사람이 동일한 공간에 놓인 것을 전제합니다.

그런데 사람들이 한 공간에 있다고 해서 다 똑같은 입장이 아닙니다. 나아가 같은 입장이라고 해서 내밀한 이야기를 다할 수도 없습니다. 각자가 처한 상황이 다르기 때문입니다. 지금 당장 여기에 쓸 만한 내용의 말이 있어서 그 말을 잘 새겨들으면 긍정적인 변화가 있다고 생각해 봅시다. 상대가 그 말을 충분히 이해할 자세를 갖추고 수준이 되는데도 말하지 않는다면, 그 사람이 발전할 기회, 내가 그 사람을 발전시킬 기회를 놓치게 됩니다. 그것이 바로 사람을 잃는다는 겁니다. 반대로, 그런 자세와 수준을 못 갖춘 사람에게 그 말을 하게 되면 아무런 효과도 없을 뿐만 아니라 공연한 반감만 살 수도 있습니다. 그렇게 되면 기껏 준비한 좋은 말을 허비해 버리는 결과를 빚습니다. 그것이 바로 말을 잃는다는 겁니다.

공자는 지혜로운 사람만이 사람도, 말도 잃지 않는다고 했습니다. 이를 잘 설명해 줄 옛날이야기가 하나 있는데요, 공교롭게도 주인공이 공자로 설정되어 있습니다. 공자가 제자들과 길을 가다가 길가에서 똥을 누는 사람을 발견했습니다. 공자는 그 사람을 불러 꾸짖었습니다. 부녀자들도 다니고 할 텐데 이게 무슨 점잖지 못한 짓이냐고 나무란 것입니다. 그 사람은 머리를 조아리며 돌아갔습니다. 공자 일행이 조금 더 가다 보니 이번에는 길 한가운데서 똥을 누는 사람이 있었습니다. 그런데 공자는 이번에는 모른 척하고 그냥 지났습니다. 제자들은 의아해서 물었습니다. "좀 전에 본 사람보다 지금 사람이 더 큰 잘못인 것 같은데 왜 그냥 지나십니까?" 그러자 공자의 대답은 간단했습니다. "아까 그 사람은 부득이해서 똥을 누기는 했지만 그러면 안 되는 것을 알던 사람이어서 길가로 피한 것인데, 지금 사람은 길가로 피할 수 있음에도 불구하고 뻔뻔하게 길 가운데서 똥을 누는 사람이라 말을 해도 소용이 없다."

물론, 실제 공자가 그랬을 리는 없지만 이야기 속의 등장인물이 굳이 공자로 설정된 것은 아마도 공자가 '실인失人'과 '실언失言'을 말한 이력이 있기 때문일 것입니다. 공자 스스로 지혜로운 사람이었지요.

충고하여 이끌되 안 되면 그쳐야

누군가를 말로써 이끄는 데 있어서 더 직접적인 대목을 봅시다.

자공이 벗과의 사귐에 대해 물었다. 스승님께서 말씀하셨다.
"충고하여 그를 잘 이끌되 안 되겠다 싶으면 그만두어서 스
스로 욕됨이 없도록 해야 한다." - 「안연顔淵」

子貢問友. 子曰, "忠告而善道之, 不可則止, 無自辱焉."
자 공 문 우 자 왈   충 고 이 선 도 지 불 가 즉 지 무 자 욕 언

이 대목의 요체는 충고를 하기는 하되 지나치게 하지 말라는
것입니다. 몇 차례 해 보고 잘 안 되거든 그만둘 일이지 과도하
게 하다가는 고치지도 못하면서 도리어 욕을 볼 수 있다고 경고
해 줍니다. 이를 제대로 이해하려면 '벗'이라는 게 무엇인지 알아
야 합니다. 한자로 '友(우)'가 바로 벗인데요, 이 글자는 손〔丿〕과
손〔又〕을 나란히 한 모습입니다. 그래서 박지원朴趾源은 마치 "사
람에게 양손이 있는 것"[5]같다고 풀었습니다. 마음이 맞는 벗 둘
이 함께 있는 것을 뜻하지요. 그러니까 이 가운데 하나가 없으면
'벗'이 성립하지 않습니다. 벗과 벗이 있어야 교우가 이루어지는
것이며, 적어도 벗이라고 할 정도이면 오랜 시간을 함께한 무언
가가 있을 겁니다.

   벗에게 이 말이 먹힐 것인가 안 먹힐 것인가는 스스로 판단이
서 있어야만 합니다. 먹힌다고 판단되었는데 말을 하지 않는다
면, 그것은 진정한 교우 관계에 해가 되는 일이며 사람을 잃는 것
입니다. 또, 먹히지 않는다고 판단되었는데도 지속적으로 말을
하면, 아무 효과 없이 서로 불신만 한 꼴이어서 좋은 말이 효용은
커녕 부작용만 초래하여 말을 잃는 셈입니다. 자칫하면 추후에
적당한 기회를 맞아 새로운 변화를 도모해 볼 기회마저 잃고 맙
니다. 지혜로운 사람이라면 피할 수밖에 없는 선택지이겠지요.

신뢰를 얻은 이후라야 뒤탈이 없다

그렇다면 잘못이 있는 친구를 그냥 보아 넘기라는 말이냐고 항의
할 분들이 있을 것 같습니다. 시정잡배의 의리도 아니고 도를 논
하는 선비들의 이야기에서 그렇게 된다면 영 이상한 것이지요.
아마도 다음 구절을 보면 그 해법이 조금 보일 겁니다.

   자하가 말했다.
   "군자는 신뢰를 얻은 뒤에 그 백성을 수고롭게 해야 하니,
   미처 신뢰를 얻기 전에는 자기를 해친다고 여길 것이다. 신
   뢰를 얻은 이후에 임금께 간해야 하니, 미처 신뢰를 얻기 전

信^신

사람[亻]과 말[言]이 합쳐진 글자가 바로 信입니다. 사람의
말은 언제나 미더워야 합니다. 그러나 신뢰가 이루어지기
전에는 말은 안 하느니만 못합니다.

에는 자기를 비방한다고 여길 것이다. - 「자장子張」

子夏曰, "君子信而後勞其民, 未信則以爲厲己也.
자 하 왈　　군 자 신 이 후 로 기 민　　미 신 즉 이 위 려 기 야
信而後諫, 未信則以爲謗己也."
신 이 후 간　　미 신 즉 이 위 방 기 야

여기에서 핵심으로 삼는 것은 바로 신뢰입니다. 한자 '信(신)'을 보세요. 사람[亻]과 말[言]이 합쳐진 꼴이지요. 사람의 말은 언제나 미더워야 한다는 생각을 담고 있습니다. 백성들의 수고로움을 필요로 할 때 무턱대고 시켜서는 안 된다고 했습니다. 그러기 위해서는 먼저 백성들의 신뢰를 쌓아 놓아야만 위정자가 자기들을 해치려고 그런다고 오해하지 않습니다. 임금에게 간하는 것도 그렇습니다. '諫(간)'이라는 글자는 말[言]에 '가린다[柬]'는 뜻이 덧보태진 것입니다. 정확하게 가려서 충고한다는 것이지요.

그런데 가린다는 것은 말처럼 쉽지 않습니다. 이쪽에서 보면 이게 맞는 것 같고 저쪽에서 보면 저게 맞는 것 같을 때, 선택이 어렵습니다. 그러나 통치권자로서는 어쩔 수 없이 어느 한쪽을 택할 수밖에 없고, 그런 상황에서 어떤 정치 세력의 이해관계가 개입되면 정당성을 잃기 쉽습니다. 이럴 때 충성스러운 신하가 나서서 간해야 하는데, 그 절대 요건이 바로 신뢰라고 했습니다. 임금 생각에 저 신하가 저렇게 나서서 말을 할 정도라면 분명 사리사욕에서가 아니라 나라와 백성을 위한 일일 것이라는 신뢰 말

입니다.

　말하기 교육을 할 때, 빠뜨리지 않고 하는 게 하나 있습니다. 바로 '화자話者 요인要因'이라는 것입니다. 말은 그 말이 이루어지는 현장에서 화자와 청자가 맞닥뜨리게 되어 있습니다. 그래서 화자를 직접 대면할 수밖에 없는데 그 화자에게 신뢰가 가지 않는다면 그다음부터는 어떤 말을 해도 제대로 들리지 않는 것입니다. 말하는 나와 말을 듣는 상대 사이의 건강한 신뢰가 이루어져 있지 않다면, 가능한 한 말을 하지 않는 게 상책입니다. 상대가 불신으로 나를 대하는 한, 어떤 말을 해도 잘 먹히기 어렵고 대체로는 말을 안 하느니만 못하니까요.

　요즈음 '팩트'라는 말이 우리말처럼 떠다닙니다. "팩트가 뭐야?"라고 묻는 일은 아주 흔해졌고, 어느 방송국의 뉴스에서는 '팩트 체크'라는 게 있어서 최근 이슈가 되는 것들 가운데 어떤 것이 사실이고, 어떤 것이 사실이 아닌지 밝혀 주기도 합니다. 그러나 어려운 점은, 사실을 사실대로 밝힌다고 해서 그대로 끝나지 않는다는 겁니다. 물론 사실을 사실대로 말할 수 없는 현실에서는 사실을 표출하는 것만 해도 대단한 용기이겠습니다만, 받아들일 준비도 능력도 안 되는 사람에게 사실을 말해 보아야 말의 성찬盛饌에 그칠 수 있습니다. 거꾸로 그런 사실에 굶주려서 사실을 갈망하는 사람에게 말하기를 주저한다면, 올바른 사실을 제대로 전할 기회를 놓침으로써 좋은 사람을 잃는 결과를 빚고 맙니다.

이럴 때는 말 없이도 내 속을 훤히 알아보는 사람 하나가 그립습니다. 아무 말이나 다해도 오해하거나 고까워하지 않을 사람 하나가 그립습니다. 그런 사람이야말로 나를 알아주는 진짜 벗이고, 참 이웃입니다. 신대철 시인이 그랬듯이 저 또한 사실을 사실대로 말할 필요가 없는 기쁨과, 사실을 사실대로 말할 수 있는 기쁨의 선로를 달리고 싶습니다. 하나는 사랑의 선로이고, 하나는 자유의 선로입니다.

바람이 불면 풀이 눕는다

풀이 눕는다
바람보다도 더 빨리 눕는다
바람보다도 더 빨리 울고
바람보다 먼저 일어난다 - 김수영, 〈풀〉[6] 중에서

　고등학교 교과서에서 배운, 너무도 유명한 시입니다. 바람이
불면 풀이 눕습니다. 나무 같으면 꺾이기도 하겠지만 풀이어서
그냥 잠시 누웠다가 다시 일어납니다. 그래서 이 시를 아무리 독
재의 압제가 심해도 이내 일어서는 민중의 힘 같은 걸로 배웠습
니다. 시인이 이 시를 쓴 때가 그랬고, 또 그 시를 배운 시절이 그
래서였을 겁니다. 그러나 구태여 그렇게 시대적인 배경을 입히지

않더라도 이 시는 잘 이해됩니다. 아니, 도리어 그래야 더 자연스러운지 모르겠습니다.

군자는 바람, 소인은 풀

위의 시 〈풀〉의 시작은 『논어』입니다.

계강자가 공자에게 정치에 대해 물었다.

"만일 무도한 사람을 죽여서 백성들이 도에 나아가게 할 수 있다면 어떻습니까?"

공자께서 대답하셨다.

"그대는 정치를 하는 데 어찌 죽이는 방법을 쓰려 합니까? 그대가 착하고자 하면 백성들도 착해질 것입니다. 군자의 덕은 바람이요, 소인의 덕은 풀입니다. 풀 위로 바람이 불면 반드시 쓰러집니다." -「안연顔淵」

季康子問政於孔子曰, "如殺無道, 以就有道, 何如?"
계 강 자 문 정 어 공 자 왈　여 살 무 도　이 취 유 도　하 여
孔子對曰, "子爲政, 焉用殺? 子欲善而民善矣!
공 자 대 왈　자 위 정　언 용 살　자 욕 선 이 민 선 의
君子之德風, 小人之德草. 草上之風, 必偃."
군 자 지 덕 풍　소 인 지 덕 초　초 상 지 풍　필 언

계강자季康子는 당시 노나라의 대부大夫로 공자에게 자문을 구했습니다. 그런데 그 방법으로 도리에 어긋나게 행동하는 사람들을 처형하여 바른길로 가도록 이끌면 어떻겠는가고 묻고 있습니다. 사람들을 선하게 나가도록 하는 데는 크게 두 가지 방법이 있지요. 선한 사람을 본보기 삼아 닮도록 하는 게 그 하나고, 악한 사람을 응징하여 나쁜 짓을 할 생각을 막는 게 그 하나입니다.

덕의 정치를 표방하는 공자로서는 당연히 앞의 것을 택하도록 했습니다. 풀과 바람을 소인과 군자에 비유했는데, 넓은 의미에서 보자면 소인은 백성이고 군자는 위정자가 될 것입니다. 공자의 생각은, 위정자가 선정을 베풀어서 백성들 스스로 바르게 나갈 수 있게 하면 되는 것이지, 공포심을 조장하여 억지로 착하게 나아가게 할 게 무엇이냐는 반론입니다. 이렇게 해석하고 보면 김수영의 〈풀〉과는 아주 다른 방향입니다. 풀이 눕는 것이 악한 위정자의 억압에 의해 굽혀진 게 아니라 도리어 선한 위정자의 교화에 의해 잘 다스려진 결과이니까요.

그러나 곰곰 생각하면 꼭 그런 것만도 아닙니다. '바람〔風〕'을 공자가 말하는 교화로 읽더라도 〈풀〉은 제대로 읽힙니다. 교화를 하려는 선한 의지만 있다면 교화의 손길이 닿기도 전에 이미 백성들은 그 힘에 따라 움직입니다. 그러나 누워서 마냥 있는 것이 아니라 다시 일어납니다. 아무리 선한 위정자가 있다고 해도 단 한 번의 교화로 제대로 될 리가 없으니까요. 바람이 풀 사이를 스치며 내는 소리를 "울고"라고 표현한 것이라면 풀은 바람이 불어 오기도 전에 이미 소리를 내고, 또 바람이 채 다 가기도 전에 머리를 들고 일어섭니다. 바람과 풀은 그렇게 상호 관계를 맺으며 역동적으로 움직입니다. 김수영의 〈풀〉이 『논어』에서 비롯된 것은 사실이지만 그것보다 훨씬 더 역동적입니다. 둘 다 살아 있는 것이 되겠습니다.

그런데, 공자가 비유를 드는 과정에서 특별한 대목이 엿보입니다. 군자가 백성들에게 착하게 살아야 한다고 가르치는 대목이 없다는 것입니다. 스스로 착하려고 하면 백성들도 착해진다 했습니다. 전혀 강제하는 뜻이 없습니다. 바람이 풀을 쓰러뜨리기 위해 있는 게 아니라, 바람은 그저 바람으로 존재하는 것이고 풀은 또 거기에 자연스레 반응할 뿐입니다.

그 몸이 바르면 명령하지 않아도 행해진다

『논어』에는 이런 입장을 좀 더 분명하게 드러낸 대목이 있습니다.

스승님께서 말씀하셨다.
"그 몸이 바르면 명령하지 않아도 행해지고, 그 몸이 바르지 않으면 명령한다 해도 따르지 않는다." -「자로子路」

子曰, "其身正, 不令而行, 其身不正, 雖令不從."
자 왈   기 신 정   불 령 이 행   기 신 부 정   수 령 부 종

간단하게 말하면 솔선수범하면 만사가 제대로 돌아간다는 것입니다. 여기에서 '그'가 백성들 위에 선 사람, 곧 위정자를 말함은 당연하겠습니다. 부동산 투기를 하는 사람이 위정자가 되어 부동산 투기 근절 대책을 백날 세워 봐야 제대로 먹힐 리가 없습니다. 거꾸로 공직자 전원이 부동산 투기와는 전혀 관계없는 삶을 살아왔다면, 그런 분위기에서는 자연스럽게 불법 부동산 투기를 하는 세력이 힘을 쓰기 어려울 겁니다. 그것이 정당하지 않은 것은 법령이 세워지기 전에 누구나 알 테고, 정당하지 않은 일을 했을 때 감당해야 할 대가를 충분히 짐작할 테니까요. 거기에 덧보태 그에 관련한 법령을 세운다면 금상첨화이겠지요.

전에 어떤 선배가 제게 질문을 했습니다. "이 선생, 구루Guru하고 티처teacher의 차이를 알아?" '구루'라고 하면 힌두교 등에서 모시는 정신적인 스승입니다. 당연히 먼저 깨친 게 있는, 지혜가 충만한 사람을 이를 것입니다. 구루나 티처나 다 남들을 가르치는 일을 하지만, 아무래도 구루가 한 차원 높을 것만 같습니다. 그런 생각을 잠시 하고 있는데 그 선배가 이렇게 말하는 것입니다. "구루는 가르치는 사람이고, 티처는 가리키는 사람이야." 아, 그 말을 듣는 순간 저는 정신이 번쩍 들었습니다.

물론 '가르치다'와 '가리키다'의 발음이 비슷한 데서 착안한 가

벼운 말장난이 들어 있습니다. 실제로 그 둘을 혼동하는 사람들을 종종 볼 수 있지요. 스승이든 선배든, 남보다 앞서간 어른이라면 제자나 후배 등의 아랫사람에게 자신이 먼저 터득한 올바른 방향을 제시하는 일은 꼭 필요합니다. 그러나 자신은 거기에 뛰어들지 않으면서 아랫사람에게 시키기만 한다면, 참스승이나 참선배가 되기 어렵습니다. 누구나 구루 같은 영적인 스승이 될 수는 없겠지만, 적어도 남들에게 무언가를 가르치고 싶은 생각이 있다면 솔선수범이 최고입니다.

가리키는 것만으로는 제대로 가르치기 어렵지만, 제대로 가르칠 수 있다면 이미 가리킴은 어느 정도 완수된 것이겠습니다. 남에게 명령하는 것만으로는 제대로 행하게 할 수 없지만, 스스로 제대로 행하는 본보기가 될 수 있다면 남에게 명령하지 않아도 자율적으로 행해지는 아름다운 일이 일어날 법합니다. 물론 그런 뒤라면 명령에도 권위가 붙어 더욱 수월하게 행해지는 법이겠고 말입니다.

군자는 남의 아름다움을 이루어 준다

사람이 살아가는 것은 다른 사람들과 함께한다는 뜻입니다. 군자가 사람 가운데 높은 덕성을 지닌 부류를 말한다면, 군자의 삶이 당연히 다른 사람들에게 좋은 영향을 끼쳐야만 합니다.

　스승님께서 말씀하셨다.
　"군자는 남의 아름다움을 이루어 주고 남의 악함을 이루어
주지 않으며, 소인은 이와 반대이다." - 「안연顔淵」

　子曰, "君子成人之美, 不成人之惡. 小人反是."
　자 왈　　군 자 성 인 지 미　　불 성 인 지 악　　소 인 반 시

　여기에서 '아름다움/악함'의 대립이 '선/악'의 대립과는 다른
점에 유념할 필요가 있습니다. 만일 이 대목이 "군자는 남의 선
을 이루어 주고 악을 이루어 주지 않으며~"라는 식으로 기술되
었다면, 군자는 선을 행하고 소인은 악을 행한다는 평이한 말일
것입니다. 그러나 여기에서의 '아름다움'은 빼어난 미모 등을 일
컫는 외모가 아니라, '아름다운 명성', 혹은 '좋은 명예' 정도를 의
미합니다. 어떤 유명한 사람을 만났더니 정말 대단하게 느껴질
때 "과연 명불허전名不虛傳!"이라고 하잖아요. 이름이 헛되이 전해
지지 않았더라는 말입니다.
　그런데 실제로는 꼭 그런 것만도 아닙니다. 명성에 비해 실상
이 떨어지는 사람도 있고, 명성은 보잘것없지만 실제로는 대단
한 사람도 적지 않은 겁니다. 그래서 군자는 누군가에게 좋은 명
성이 있다고 할 때 그것이 단지 명성만 그런 게 아닌 진짜 훌륭한

君子成人之美, 不成人之惡
군 자 성 인 지 미   불 성 인 지 악

군자는 누군가에게 좋은 명성이 있다고 할 때 그것이 단지 명성만이 아닌 훌륭한 인간이 되도록 격려하고, 뜻하지 않게 오명이 있을 경우 가능한 한 빨리 그것을 씻어 내 깨끗한 사람으로 거듭날 수 있게 도와줍니다.

인간이 되도록 격려하고, 뜻하지 않게 오명이 있을 경우 가능한 한 빨리 그것을 씻어 내 깨끗한 사람으로 거듭날 수 있게 도와준다는 것입니다. 이에 반해 소인은 정확히 그 반대의 일을 행한다고 했으니, 좋은 명성이 있을 때는 그것이 실상과 벌어지도록 잘못 부추기고, 오명이 있을 때는 그것이 실상에 맞게 되도록 조장한다는 말이지요.

세상이 각박해지다 보니 인간관계에서도 겉으로 드러내는 형식에 예민해집니다. '예의', '에티켓', '매너' 등등을 내세우며 각별히 주의할 것이 요구됩니다. 그래서 누군가가 해 준 음식을 먹고 나면 으레 "맛있게 잘 먹었습니다."라고 하고, 연주회를 보고 나서는 "선생님의 이번 연주는 최고입니다."를 남발하는 것이 예사입니다. 그러나 정말 우리가 음식에 조예가 깊다면, "이 소스에 신맛이 조금 더 들어가면 더욱 좋았겠습니다."라고 할 수 있어야 합니다. 음악을 조금만 안다면 "이번 연주회는 콘서트홀이 조금 더 작았더라면 좋았겠습니다."라고 말해 줄 수 있어야 합니다.

그 반대의 경우도 마찬가지입니다. 누군가에 대한 나쁜 소문이 들려올 때 회피하거나, 전파하여 확대하는 일에 힘써서는 안 되겠지요. "당신에 대한 안 좋은 소문이 있습니다. 사실이 아니라면 빨리 해명하여 차단해 주세요. 만일 사실이라면 이런 개선책이 있습니다."라고 확실히 짚어 주어야 합니다. 그러나 문제는 우리가 그럴 수준에 도달하지 못했을 때 일어납니다. 그 경우, 그저 입에 발린 칭찬이나, 개선책 없는 비난에 머물게 되니까요.

이제 다시 〈풀〉로 돌아가 봅시다.

바람이 불면 풀이 눕습니다. 그것이 교화인지 굴종인지는 중요하지 않습니다. 바람이 불어 풀이 누웠다는 사실만이 중요합니다. 바람보다 먼저 누웠는지, 바람에 저항하다 누웠는지도 중요하지 않습니다. 바람은 불었고 풀은 누웠다는 사실만이 중요합니다. 바람에 따라 공기가 잘 소통되어 풀이 잘 자라고, 사방에 풀씨를 날릴 수 있다면 되는 것입니다. 바람도 좋고 풀도 좋은 일입니다. 풀이 잘된 것은 결과일 뿐 목적이 아닙니다.

공자가 말하는 군자가 정말 이상적인 인간이라면, 다음 같은 시에서 느낌이 오지 않을까 싶습니다.

발자국을 남기기 위해 꿩이 눈밭을 걸어다니지는 않았을 것이다. 그리고 뚜렷한 족적足跡을 위해 어깨에 힘을 주면서 발자국 찍기에 몰두한 것도 아니리라. - 최승호, 〈꿩 발자국〉[7] 중에서

실행의 기술

—————— 1 ——————

스스로 답을 구하라

몇 해 전 어느 은사님을 뵈었을 때입니다. 그분께서 너무도 진지하게 말씀하셨지요.

"이 군, 한번 말해 보게. 자네들에게 수업할 때 뭐 하나 신통하게 가르친 게 있던가?"

참 아득한 순간이었습니다. 저는 같은 대학에서 학부, 석사, 박사를 마쳤으니 십 년이 넘도록 같은 선생님들께 배운 셈입니다. 아무리 대단한 석학이라 하더라도 여러 차례 수업을 받다 보면 마음에 차지 않은 구석이 있었을 겁니다. 그런데 적어도 그 은사님만은 그렇지 않았는데 도리어 그렇게 말씀하셨으니 난감했습니다.

이제 제가 그 은사님께서 저를 가르쳐 주셨던 때의 나이가 되고 보니 아찔합니다. 좋은 스승을 만나야 좋은 학문을 하는 법이라고 말들을 하지만, 막상 자신이 가르치는 입장이 되니 좋은 스승은 고사하고 평범한 선생 노릇도 쉽지 않습니다. 지난 학기『논어』를 수업할 때 학생들에게 그랬습니다. "공자 같은 스승을 만난다면 참 좋겠지요? 그렇지만 한편으로, 그런 큰 스승이라면 배우겠다는 훌륭한 제자들도 많았을 텐데 나 같은 사람을 제자로 들이기나 했을까 싶습니다." 빈말이 아니라 진심이었습니다.

어찌할까, 어찌할까

아닌 게 아니라 천하의 공자도 가르치기를 포기하게 만드는 그런 부류의 인간도 있었습니다.

스승님께서 말씀하셨다.
"'어찌할까, 어찌할까?'라고 말하지 않는 사람은 나도 어찌할 수 없구나!" - 「위령공衛靈公」

子曰, "不曰 '如之何, 如之何'者, 吾末如之何也已矣!"
자 왈 불 왈 여 지 하 여 지 하 자 오 말 여 지 하 야 이 의

"어찌할까?"는 스스로 답을 구하려 애쓰는 모습입니다. 답답

한 마음에 혼잣말처럼 "어쩌지, 어쩌지?" 하며 속을 태우기도 하고, 도움 될 만한 사람에게 "어떻게 하면 좋을까요?"라고 자문을 구하기도 합니다. 어느 경우든 스스로 문제를 확인했고, 그 문제를 풀어야겠다는 생각이 확실하다는 뜻입니다. 문제의 확인이 사실은 모든 문제 해결의 시발점이니까, 일단 이런 자세를 갖추기만 해도 해법의 반은 찾은 셈이겠지요.

그런데 아무리 어려운 일을 만나도 만사태평인 사람이 있습니다. 대개는 게을러서 그렇고, 더러는 어리석어서 그러하며, 또 아주 드물게는 자기만의 이상한 신념 때문이기도 합니다. 그러나 그렇게 맥 놓고 있는 동안 해결점에서는 점점 멀어지게 되고, 급기야 아예 해결할 수 있는 길이 끊어집니다. 천하의 공자도 속수무책이 되는 상황에 이르고 마는 것이지요. 예를 들어 음식을 오랫동안 끓이거나 졸이는데, 적당한 시간이 어느 정도인지 몰라서 발을 동동 구른다고 합시다. 수시로 뚜껑도 열어 보고, 인터넷 검색도 해 보고, 간간이 맛을 보기도 하고, 여기저기 전화도 해 보는 것, 그것이 바로 "어찌할까, 어찌할까?"입니다. 그러나 될 대로 되라고 내팽개친 채 방에 들어가 TV나 보다 나와 보면 어느새 끓고 졸다 못해 새까맣게 타 버린 음식을 발견하게 됩니다.

학문도 그렇습니다. 학부생 때 물어볼 수준이 있고, 대학원생 때 물어볼 수준이 있습니다. 박사 학위를 한 후 막히는 부분이 있고, 교수가 되어서도 막히는 부분이 있습니다. 매 단계마다 적절한 "어찌할까?"가 없다면 그다음 단계에 가서는 돌이킬 수 없게 됩니다. 다행히 곱게 넘어가더라도 그 이후로는 구멍 난 부분을 감추고 살아가야 합니다. 공자 같은 분도 '불치하문不恥下問'을 미덕으로 강조했습니다. 말 그대로 아랫사람에게 묻는 것도 부끄러워하지 않아야 하는데, 자기보다 많이 아는 동료나 윗사람에게 묻는 것이 무슨 대수이겠습니까? 그러고 보면 주변에 공자가 없는 게 문제가 아니라, 문제가 더 커지기 전에 "어찌할까?"라고 하지 않는 것이 더 큰 문제입니다.

노력하지 않으면 계발시키지 않았다

그렇다고 해서 혹시라도 공자를 엘리트주의자쯤으로 오해해서는 곤란합니다. 공자가 가르치기를 포기한 경우는 정말 최소한의 덕행이나 머리가 부족한 경우였을 뿐이지요.

스승님께서 말씀하셨다.
"포 한 묶음 이상을 예물로 바친 사람부터는 내가 일찍이 가르쳐 주지 않은 적이 없다."
스승님께서 말씀하셨다.
"노력하지 않으면 계발시키지 않았으며, 표현하려 애쓰지

不恥下問
불 치 하 문

아랫사람에게 묻는 것을 부끄러워하지 않는다

않는다면 말해 주지 않았다. 한 귀퉁이를 들어 나머지 세 귀퉁이가 돌아가는 것을 생각해 내지 못하면 다시 가르쳐 주지 않았다."-「술이述而」

子曰, "自行束脩以上, 吾未嘗無誨焉." 子曰,
자왈   자행 속 수 이 상   오 미 상 무 회 언   자왈
"不憤不啓, 不悱不發. 擧一隅, 不以三隅反, 則不復也."
불 분 불 계   불 비 불 발   거 일 우   불 이 삼 우 반   즉 불 부 야

고기를 말린 것이 포인데, 그 포를 열 개 단위로 묶은 것이 한 묶음입니다. 이는 당시에 행해지던 예물 가운데 약소한 것입니다. 무언가를 배우겠다며 찾아온 제자로서 스승에게 보여야 할 작은 성의였습니다. 공자가 그런 성의를 보인 사람 중에 안 가르친 사람이 없다고 한 것은, 거꾸로 그 정도의 성의도 없이 오는 사람이라면 가르칠 필요가 없음을 의미합니다. 기본 예의를 갖추지 못하는 등급이라면 안타깝지만 공자의 문하에 들어갈 예비 심사에서 탈락입니다.

다음으로, "노력하지 않으면~" 대목은 앞서 살핀 "어찌할까, 어찌할까?" 대목과 같은 맥락입니다. 이 대목에서 "노력하지 않으면"으로 번역한 '不憤(불분)'의 '憤(분)'은 '발분망식發憤忘食'에서의 그 '분'입니다. 어려운 고비에서 막혔는데 스스로 헤쳐 나올 노력을 전혀 하지 않는 사람은 깨우쳐 주질 않았다는 것입니다. 또, 자신의 삶이나 생각에서 글의 제재가 충분한데도 어떻게 글

을 지어야 좋을지 모르는 경우라면 표현 방법 등에 관해서 도움을 줄 수 있겠지만, 아예 그럴 내용조차 없는 백지상태라면 일러주지 않았습니다. 제 스스로는 전혀 어찌해 볼 생각도 안 한 채 스승의 가르침만 구한다면 공자는 더 이상의 가르침을 베풀지 않았습니다.

맨 마지막에 있는 비유는, 네모난 종이 한 조각을 들어서 한 귀퉁이를 손으로 잡아 돌리면 나머지 세 귀퉁이도 당연히 그 방향으로 돌아가는 이치를 알아야만 하는데, 한 귀퉁이에 이어 나머지 세 귀퉁이를 일일이 가르쳐야 할 정도로 아둔하다면 가르치지 않았다는 말입니다. 이런 사람이라면 다섯 모 종이는 다섯 번, 열 모 종이는 열 번을 가르쳐야만 하니 스스로 넓혀 나갈 여지가 없어서 가르침이 끊기면 곧 배움이 중단되는 경우입니다.

이런 대목을 보자면 배움에도 자격이 필요한가 하는 근본적인 질문에 다다르게 됩니다. 물론, 예의가 없어도 가르칠 수 있고, 머리가 모자라도 배울 수 있으며, 게을러도 성과를 낼 수는 있습니다. 그러나 그런 경우라면 일정한 한계가 있을 수밖에 없으며, 공자는 그런 한계가 분명한 경우에는 스스로 가르치기를 포기했습니다. 그런 사람이라면 천하의 스승인 공자를 찾아갈 수준이 못 되는 것이겠지요.

그냥 노느니 장기나 바둑이라도 둬라

스승님께서 말씀하셨다.
"종일토록 배불리 먹고 마음 쓰는 데가 없으면 난감하구나!
장기[쌍륙雙六]나 바둑 같은 것이라도 있지 않더냐? 그런 것
이라도 하는 게 도리어 현명한 일일 것이다!" - 「양화陽貨」

子曰, "飽食終日, 無所用心, 難矣哉! 不有博奕者乎?
자왈 포식종일 무소용심 난의재 불유박혁자호
爲之, 猶賢乎已!"
위지 유현호이

　　예나 지금이나 오락이 큰 사회문제였던 것 같습니다. 오락이
살아가는 데 없어서는 안 되는 일임에 분명하지만 거기에만 빠져
서 헤어 나오지 못하는 일이 많았기 때문입니다. 요즈음 컴퓨터
게임에 빠지는 것을 정신 질환으로 볼 것인가 말 것인가를 두고
논란이 되는 것을 보면 그 폐해가 만만치 않습니다. 그런데 공자
는 그런 놀이라도 하는 것이 낫다고 말합니다. 옛 선비들 가운데
도 공자의 이 말씀을 방패 삼아 글공부 대신 장기나 바둑을 두기
도 했습니다.
　　그렇다면 공자는 왜 이렇게 장기나 바둑 같은 게임을 옹호했
을까요? 사실은 옹호가 아니라, 그냥 노는 것보다는 차라리 그게
낫겠다는 정도의 말이지만 적어도 그 효용성만은 인정했던 게 분

명합니다. 놀이를 연구한 카이와R. Caillois에 따르자면 놀이의 기본 원리 가운데 '겨루기'와 '우연'이 있습니다.[1] 경쟁을 통해 서로의 기량을 겨루면서 한편으로는 우연적인 행운에 의해 경쟁의 부담을 줄이는 것입니다. 그런데 어떤 놀이는 경쟁의 요소가 강하고 어떤 놀이는 우연의 요소가 강합니다. 똑같이 승패를 겨루지만 바둑은 경쟁의 요소가 극대화된 경우이고, 동전 던지기는 순전히 우연에만 의지하는 경우입니다. 전자가 스포츠에 육박한다면 후자는 도박에 가깝습니다. 당연히 바둑 같은 놀이가 그 수준을 향상시키기 어렵습니다. 실력이 떨어지는 사람이 월등한 사람을 이길 방법이 없다시피하니까요.

경험해 보면 알겠지만, 어느 분야에서든 전문가 수준에 이른 사람은 뭐가 달라도 다릅니다. 자연히 시간을 쪼개 기량을 키우는 법도 익혔겠고, 그러는 사이에 견문도 넓어졌겠지요. 그런 사람이 다른 분야로 옮겨 갈 때, 그 이전의 경험이 크게 작용합니다. 고가의 장비를 구매하는 데 돈을 아끼지 않았던 경험이 다른 분야에서도 그대로 투영됩니다. 바다낚시를 하느라 밤샘을 했던 이력이 다른 분야에서도 유감없이 발휘됩니다. 그러니까, 그런 일이라도 열심히 하는 사람이라면 공자가 추구하는 학문의 본령에 이를 수도 있지만, 아무것에도 마음 쓰지 않는 사람이라면 아무 가망이 없다는 말입니다.

"아는 것이 많으면 선생이고, 모르는 것이 많으면 학자다."라는 말이 있습니다. 공부를 하면 늘 모르는 것을 만나고 모르는 것을 깨쳐 나가는 것이 학문입니다. 그러나 모든 문제에 있어서 막히면 그저 남들에게만 의지할 뿐 그것을 자신의 문제로 여기지 않는 사람이라면 대책이 없습니다. 자신에게 닥친 학문의 장애를 자신의 문제로 여기지 않는다면 진전할 수도 없고, 끝내 자기의 학문을 이룰 수 없는 법이지요. 비단 공부만의 문제가 아닙니다. 어느 영역, 어느 분야에서든 최고의 수준이 되도록 스스로 애쓰는 사람만이 가망성이 보입니다.

요즘 세상을 보면, 공자가 없는 게 아니라 공자가 포기하지 않을 제자가 없는 것 같습니다. 세상 돌아가는 게 부쩍 어려워진 것이 사실이기는 합니다. 그렇더라도 "왜 그래야 하지요?", "하면 뭐가 되기는 합니까?"의 유혹에 빠져들 때, "어찌할까?"를 뇌든가, 정신을 집중하여 장기라도 한 판 둘 것을 권해 봅니다.

세상은 큰 책, 책은 작은 세상입니다.(제 서재 이름 '작은 세상'이 여기에서 나왔습니다.) 첫 장도 넘길 생각을 안 하면서 얻을 것은 아무것도 없습니다. 먼저 읽은 사람이 정리해 준 오 분짜리 동영상만 보아서도 크게 얻을 것이 없습니다. 그렇게 알 수 있기에는 세상은 너무도 큰 책이니까요. 무슨 일에나 자격은 꼭 필요합니다.

―――――――― 2 ――――――――

모르는 것은 모른다고 하라

위험한 곳에는 아예 가지 말고
의심받을 짓은 안 하는 것이 좋다고
돌아가신 아버지는 늘 말씀하셨다
그분의 말씀대로 집에만 있으면
햇볕 따스한 툇마루의 고양이처럼
나는 언제나 귀여운 자식이었다 - 김광규, 〈나의 자식들에게〉[2] 중에서

이 시 속의 아버지가 보입니다. 험한 세파를 많이 겪은, 자식 사랑이 깊은 분이겠지요. 위험한 일, 의심받을 일 하지 말고 얌전하게 있으라고 종용합니다. 그런데 이 대목의 시제는 과거입니다. "귀여운 자식이'었'다."니까요. 자신이 더 이상 귀여운 자식

이 아닐 때 삶이 돌변할 것입니다. 실제 이 시의 뒷부분은 자신이 아무리 애를 써도 그렇게 툇마루의 고양이처럼 있을 수는 없었다는 고백입니다. 하지 않겠다고 선언한다고 하지 않을 수 없는 것이 현실입니다. 어떤 때는 숨만 쉬는 것도 정치적 행위라는 말을 듣기도 하니까요.

공자의 시대 또한 예사롭지 않았습니다. 주나라 왕실을 중심으로 안정된 질서와 화려한 문화를 일구어 보려던 공자의 욕망이 실현되기는 어려웠습니다. 그래서 제자들을 이끌고 여러 나라들을 돌며 기회를 엿보아야 했습니다. 당연히 험난한 길이었습니다.

뗏목을 타고 바다로

『논어』에서 가장 주목받는 제자라면 아무래도 안회와 자로를 꼽아야 합니다. 안회가 모범생 스타일이라면 자로는 호걸 스타일이었지요. 그러니 어려운 일에 뛰어드는 실행력을 말하자면 자로가 으뜸입니다.

스승님께서 말씀하셨다.
"도가 행해지지 않으니 뗏목을 타고 바다로 떠나리라. 나를 따를 사람은 유(자로의 이름)일 게다!"

자로가 듣고는 기뻐하였다.

스승님께서 말씀하셨다.

"유는 용맹함을 좋아하는 것이 나를 뛰어넘지만 사리에 맞
게 헤아리지 못한다." - 「공야장公治長」

子曰, "道不行, 乘桴浮于海. 從我者其由與?"
자 왈   도 불 행 승 부 부 우 해   종 아 자 기 유 여
子路聞之喜. 子曰, "由也好勇過我, 無所取材."
자 로 문 지 희 자 왈   유 야 호 용 과 아   무 소 취 재

이 대목에서는 공자가 자로에게 터뜨리는 탄식 소리가 들리는
것만 같습니다. "도가 행해지지 않는다."로 시작하는 것이 예사
롭지 않습니다. 이미 본인이 실현하고자 하는 이상적인 도가 행
해지기 어렵다는 것을 속속들이 안 까닭이겠습니다. 그렇게 되면
공자가 뗏목을 타고 바다로 나가야 할 만큼 어려워진다고 했습니
다. 중국은 거의 하나의 대륙이어서 바다 안쪽에 있다 하여 '해내
海內'라 일컬었으며, 그 바깥을 바다 바깥이라는 의미에서 '해외海
外'로 통칭했습니다. 그러니 바다로 나간다는 것은 더 이상 중국
안의 숱한 나라들에서는 공자의 뜻을 실현할 수 없다는 통탄이
담긴 것입니다.

그 어려운 지경이 되어도 공자를 따라 뗏목에 오를 사람은 자
로라고 했습니다. 그것도 여럿이 아니라 한 사람만 지목되었는데
자신이 거명되었으니 자로로서는 크나큰 인정을 받은 거지요. 당

연히 기뻐할 수밖에요. 앞뒤 자르고 생각하면 이런 경사가 없습니다. 그러나 공자는 이내 말머리를 돌렸습니다. 자로의 용맹성만큼은 인정하지만 '취재取材'할 바가 없다고 했습니다. 이 대목을 두고는 해석이 분분합니다만, 가장 널리 쓰이는 것이 '재材'를 '재裁'로 보아 '적당히 마름질하다, 적당히 헤아려 처리하다'로 새기는 겁니다. 그렇게 되면, 자로의 용기는 가상하지만 상황에 맞게 처리하는 능력이 부족하다는 말입니다. 용기가 있어 함께할 수 있는 실행력은 충분하지만, 당면한 현안들을 풀어내는 문제 해결력은 부족하다는 아쉬움이 되겠습니다.

그런데 그렇게만 보면 조금 이상합니다. 기껏 곤경 속에도 자기를 따를 제자가 바로 자로라고 추켜세우다가, 막상 함께해 본들 궁극적인 이상에 도달하는 데는 부족한 인물이라는 말이 되고 마니까 말이지요. 그래서 정약용 선생은 조금 다르게 보았습니다. "오직 그 용기를 좋아함이 나보다 낫고 또한 일에 부딪쳐서는 곧장 앞으로 나아갈 뿐 이것저것 생각지 않기 때문에 그가 따를 수 있을 것이라 한 것"[3]이라는 겁니다. 결국은 같은 말이 되겠지만, 뗏목으로 바다에 나서야 할지도 모르겠다는 비관적인 전망에도 자로가 선뜻 따라나설 수 있다고 본 건 자로의 앞뒤 가리지 않는 과감성에 기인한 것뿐이라는 한탄입니다.

이 대목에서의 공자의 입장은 그렇게 양면적입니다. 자로 같은 제자가 있어서 어떤 어려움이 있어도 함께할 것 같은 든든함이 그 하나입니다. 그러나 그런 어려움이 닥쳐서는 안 되는데 이상하게도 그렇게 될 것만 같은 불길한 예감이 듭니다. 자로의 과감한 실행력이 곧 실현을 보장하지는 않는다는 아쉬움도 뒤따릅니다.

하나를 실행하기 전에 또 들을까 두려워하였다

그럼에도 불구하고 실행력은 거의 모든 영역에서 필수적인 덕목입니다.

> 자로는 들은 것이 있으면 미처 실행하기도 전에 또 들을까 두려워하였다. - 「공야장公冶長」

子路有聞, 未之能行, 唯恐有聞.
자 로 유 문　미 지 능 행　유 공 유 문

여기에서 '듣는다'는 것은 공자의 가르침을 듣는 것을 말합니다. 공자에게 어떤 한 가지 가르침을 들으면, 그 가르침을 실행하지 못한 상태에서 또 다른 가르침을 들을까 두려워했다는 말입니다. 이는 자로가 스승의 가르침이 떨어지기만 하면 즉각 실천하는 인물이었음을 일러 줍니다. 그래서 앞에 들은 것도 실천하지 못했는데 또 다른 것을 배우게 되면 다 실천하기 버거울까 걱정한 것입니다. 만일 그때그때 실천하는 사람이 아니라면 아무리 많은 가르침이더라도 일단 받아 놓으면 그만일 테니, 자로는 배우면 배운 대로 실행에 옮기는 모범적인 지식인이었습니다. 우리네 보통 사람들은 "예. 그러겠습니다." 하고 대답하고는 안 한 것이 얼마나 많던지 절로 반성이 되는 대목입니다.

지난 학기에 제가 근무하는 대학의 대학원에 특별한 전공을 하나 새로 만들었습니다. 그랬더니 새롭다고 여겨서 그랬는지 정말 새로운 성향의 학생들이 입학을 했습니다. 어떤 학생은 휴일 날 제게 문자를 보내서는 주말에 무슨 책을 읽어야 좋을지 물었습니다. 종강 시간에는 방학 때 보아 두면 좋을 책을 권해 달라고 할 정도이니, 학기 중에는 말할 필요도 없지요. 무슨 책을 읽으라고 하든, 무슨 과제를 내든 어쨌거나 다들 해 왔습니다. 그러나 사석에서 가만 보면, 그 일이 즐겁기는 한데 버겁다고들 합니다. 여느 학생들 같으면 읽어 오라는 책 제목을 공책에 받아 적기만 하고 그냥 오기 일쑤인데, 이 학생들은 어쨌거나 다 읽어 내야 한다고 생각하니 숨이 찬 것이지요.

그래서 제가 방학 중에 어느 학생에게 문자를 보냈습니다. 날도 더운데 책 읽느라고 너무 힘을 빼지 말라는 당부였습니다. 그렇게 해도 쉽게 멈추지 않을 것을 아는 까닭입니다. 공자의 입장도 거의 그랬을 것 같습니다. 자로라는 제자는 무언가 말만 하면 그 말대로 행하려 애를 쓴다는 것을 충분히 파악했겠지요.

아는 것을 안다고 하고 모르는 것을 모른다고 하고

그러나 자로의 장점은 또 단점이 되기도 합니다. 말이 끝나기 무섭게 실행한다는 것은 그 실행력을 높이 살 수 있는 것이면서, 무언가가 주어지면 기계적으로 행한다는 뜻이기도 하니까요. 거창하게 학문까지 갈 것도 없이 아주 간단한 일상의 대화에서도 그 물음의 의미를 표면적으로 아는 것과 이면까지 아는 것은 아주 다릅니다. 이른바 '말귀'가 어두운 사람과 이야기를 해 보면 참으로 답답한데요, 학문의 세계에서야 더 말할 수 없겠지요.

스승님께서 말씀하셨다.
"유(자로의 이름)야, 네게 아는 것이 무엇인지 가르쳐 줄까?
아는 것을 안다고 하고 모르는 것을 모른다고 하는 것, 그것
이 아는 것이다." - 「위정爲政」

子曰, "由, 誨女知之乎? 知之爲知之, 不知爲不知,
자왈 유 회여지지호 지지위지지 부지위부지
是知也."
시지야

知之爲知之, 不知爲不知, 是知也
지 지 위 지 지   부 지 위 부 지   시 지 야

아는 것을 안다고 하고,
모르는 것을 모른다고 하는 것, 그것이 아는 것이다

모르는 것을 모른다고 하는 것은 용기입니다. 때로는 자신
이 남보다 못하다는 것을 드러내야 하는 일이니까요. 그러
나 자신이 아는지 모르는지를 구분하는 것은 지혜입니다.

자로는 멈칫대는 성격이 아니어서 깊이 생각할 틈도 없이 생각나는 대로 말하기 쉬운 인물이지요. 그래서 잘 모르는 것도 엉겁결에 아는 것처럼 행동할 위험성이 높았겠고, 실제로 그런 측면이 많았을 것입니다. 공자는 그 점을 염려하여 특별히 자로에게 일러 준 것 같습니다. 물론 자로의 그러한 점은 스승인 공자에게도 어려운 말을 거침없이 할 수 있는 특별한 힘을 보이기도 했지요. 공자가 도리에 어긋나는 듯한 행위를 하면 자로는 즉각 나서서 이의를 제기했으니까요. 공자의 입장에서는 한편으로는 든든하면서도 또 한편으로는 부담스러운 제자였음이 분명합니다.

그러나 좀 더 깊이 생각해 보면, '아는 것'과 '모르는 것'의 경계가 분명하지 않아서 문제입니다. 저희 은사님 한 분은 학생들이 대답하기 곤란한 질문을 잘하셨습니다. 그래서 "잘 모르겠습니다."라고 대답하면 되물으시곤 했습니다. "잘 모른다는 것은 조금은 안다는 얘기일세. 그렇다면 아는 데까지만 말해 보게." 그래서 그 선생님의 질문에는 아예 "전혀 모르겠습니다."로 응수하곤 했는데, '안다'와 '모른다' 사이에 '잘 모른다'가 있다는 것을 그때 알았습니다. 알고 모르는 게 이분법적으로 분명하게 나뉘지도 않을 뿐만 아니라, 결정적으로는 자신이 아는지 모르는지조차 확실히 모를 때가 많다는 것입니다.

모르는 것을 모른다고 하는 것은 용기입니다. 때로는 자신이 남보다 못하다는 것을 드러내야 하는 일이니까요. 그러나 용기

이전에, 자신이 아는지 모르는지를 구분하는 것은 지혜입니다. 대략 들어서 아는 것, 아직 불완전하게 학습한 것, 자신은 명확한 지식으로 습득했으나 이미 파기된 것 등등이 제대로 아는 것과 뒤섞여 있습니다. 아주 많은 공부를 해서 어떤 것을 분명히 알기까지는 엄청난 노력이 필요합니다. 실행력이 충만한 나머지 그런 노력을 생략한 채 안다고 나설 때, 어쩌면 모른다고 가만있을 때보다 더 큰 피해가 있을 수 있습니다.

　제대로 실행하기란 그래서 어렵습니다. 그렇게 어렵습니다. 실행력이 충만하다 해도 뻔히 실현할 수 없는 경우도 있고, 너무 많이 실행하려 하면 힘에 부치는 일도 있습니다. 확신에 차서 나선 경우도 그 믿음의 근거를 보면 그리 확실치 않은 경우도 많지요. 과감하게 나서는 용기 이외에도, 일을 해낼 만한 역량이 필요하고, 앎을 단단하게 해 줄 식견도 필요합니다. 그래야 맨 앞에서 읽은 시 〈나의 자식들에게〉의 뒷부분 같은 당부가 힘을 얻습니다.

　나는 자식들에게 이렇게 말하겠다
　평온하게 살지 마라
　무슨 짓인가 해라
　아무리 부끄러운 흔적이라도
　무엇인가 남겨라[4]

이번 글과 관련하여 아주 오래된 유머를 하나 소개하고 마치겠습니다. 제비도 『논어』를 안다는 건데, 바로 "아는 것을 안다고 하고, 모르는 것을 모른다고 하는 것, 그것이 아는 것이다."에 해당하는 한문 원문이 "지지위지지 부지위부지 시지야"인 데서 나왔습니다. 그 소리가 꼭 제비가 '지지배배' 하고 우는 소리 같다는 겁니다. 사람으로 태어났으니 제비도 아는 걸 몰라서는 안 되겠지요.

3

잘못에서도 배워라

살다 보면 잘잘못을 따지는 일이 잦습니다. 그러나 '잘'과 '잘못'만 있는 각박한 세계에서는 마음 편하기가 어렵습니다. 잘잘못을 가리기 아리송한 경우도, 잘잘못을 떠나 애쓴 것만큼은 인정해야 할 경우도 둘 중 하나로 결판을 내는 데 골몰하니 말입니다. 물론 잘못이 없이 잘하는 일뿐이라면 좋겠지만 그것은 지나친 욕심입니다. 아무리 노력해도 잘못이 아주 없을 수는 없으며, 잘했다고 한 일이 나중에는 잘못으로 드러나는 일도 많으니까요.

더구나 잘못을 저지르지 않는 데만 골몰하느라 아무것도 못하다 보면 정말 아무 일도 안 하고 세월만 보내기 일쑤이지요. 그러면서도 남들이 무언가를 하다가 실수를 하거나 실패를 하면 이렇게 말합니다. "그럴 줄 알았어. 내가 그래서 안 하고 있었던 거야." 참 대단한 깨침을 얻은 것처럼 우쭐대지만, 사실은 가장 쓸모없는 인간의 전형입니다. 누구나 피할 수 없는 일을 하지 않음으로써 피했다고 착각하는 것이니까요. 일 안 하고 편히 쉬면 늙지 않을 거라는 생각만큼이나 미련한 일이지요.

그래서 우리는 생각을 바꿀 필요가 있습니다. 잘못 없기를 바라지 말고 잘못을 통해 더 잘 살아가는 법을 찾아보는 겁니다. 마치 건강에 문제가 생겼을 때 바짝 신경을 써서 몸에 대한 이해도 높이고 더 나은 건강을 찾는 것처럼 말이지요. 잘못도 활용하기 나름입니다.

잘못이 있으면 고치기를 거리끼지 말라

공부하는 사람은 늘 새로운 것을 배웁니다. 새로운 것이 내게 들어오면 묵은 것은 당연히 뒤로 물러나기 마련입니다. 책을 많이 읽는 사람 가운데, 만날 때마다 지금 읽고 있는 책을 말하는 사람이 있습니다. 그런 사람을 만날 때마다 경탄하게 되지요. 그렇다고 늘 다른 책을 읽어 가며 읽는 책에 따라 다른 내용의 말만 하면, 대체 내가 만나는 사람이 누구인지 헷갈릴 때가 있습니다. 마치 여러 책의 저자들이 아바타를 하나 만들어 세워놓은 것 같으니 말이지요. 문제는 무게 중심입니다.

스승님께서 말씀하셨다.

"군자가 중후하지 않으면 위엄이 없으며, 배워도 견고하지 못하다. 충실함과 미더움을 주로 하고, 자기보다 못한 사람을 벗하지 말며, 잘못이 있거든 고치기를 거리끼지 말라."

- 「학이學而」

子曰, "君子不重則不威, 學則不固. 主忠信,
자왈 군자부중즉불위 학즉불고 주충신
無友不如己者, 過則勿憚改."
무우불여기자 과즉물탄개

군자의 특성으로 무게 있는 사람을 꼽고 있는데, 웬만한 요동에는 쉽사리 휩쓸리지 않는 사람을 말하는 것입니다. 그런 사람이라야 위엄을 갖추게 되고, 배움 역시 가볍지 않게 됩니다. 패션만 그런 게 아니라 학문에도 유행이라는 것이 있어서 어떤 사조가 광풍처럼 몰려왔다가 소리 없이 사라지기도 합니다. 그런데 그런 바람이 몰아칠 때 아무 생각 없이 휩쓸렸다가는 이도 저도 아니게 되는 수가 많습니다. 자기 바탕이 굳건한 사람만이 새로운 사조를 덧보태서 제 학문을 든든하게 할 뿐입니다.

그러기 위한 행동 지침이 세 가지인데, 첫째, 충실함[忠]과 미더움[信]을 삶의 중심에 놓을 것, 둘째, 자기보다 나은 이를 사귈 것, 셋째, 잘못이 있으면 즉각 고칠 것입니다. 그런데 이 셋이 별개로 작동하는 것이 아니라 서로 유기적으로 연결됩니다. 하나는 스스로 최선을 다하여 남에게 미더움을 주는 것으로, 자신의 노

력을 말합니다. 그러나 자신의 노력만으로 모든 문제를 해결할
수는 없습니다. 누군가의 도움이 필요한 법인데 그러려면 도움을
줄 능력 있는 인물의 손길이 있어야만 합니다. 적어도 어느 한 면
에서라도 나보다 나은 벗이라야 나의 잘못을 알 수 있습니다. 벗
의 입장에서도 내가 나은 부분을 통해 벗의 못한 부분을 알 수 있
겠고요. 그렇게 해서 개선할 부분이 포착되면 주저하지 말고 고
치라는 겁니다.

　특히 마지막 지침은 매우 중요해서 공자가 다른 데서도 몇 차
례 강조했습니다. 그래서 "잘못이 있는데 고치지 않으면 이것을
잘못이라 한다."(過而不改, 是謂過矣. 「위령공衛靈公」)는 명언을 남
기기도 했습니다. '잘못'을 한 차례 한 것으로는 아직 심각한 잘
못이 아니지만, '잘못을 고치지 않는 잘못'까지 하게 되면 '진짜
잘못'이라는 것이지요. 반대로 잘못을 잘못으로 알고 고치면 더
이상 잘못이 아니라는 뜻입니다. 잘못이 중첩될 때, 그 잘못은 옷
이 아니라 피부처럼 사람 몸에 달라붙습니다. 떼어 낼 방법이 없
는 것이지요.

잘못을 관찰하면 사람을 알 수 있다

어떤 사람이 가진 장점이 그 사람이 누구인지를 드러내는 것처럼

過而不改, 是謂過矣
과 이 불 개   시 위 과 의

잘못이 있는데 고치지 않으면

이것을 잘못이라 한다

두 번 세 번 잘못을 반복하면, 그 잘못은 옷이 아니라 피부처럼 사람 몸에 달라붙습니다. 떼어 낼 방법이 없습니다.

단점 또한 마찬가지입니다.

스승님께서 말씀하셨다.

"사람의 잘못은 그 부류가 제각각이다. 잘못을 관찰하면 그
사람이 어진지 알 수 있을 것이다." - 「이인里仁」

子曰, "人之過也, 各於其黨. 觀過, 斯知仁矣."
자 왈 인 지 과 야 각 어 기 당 관 과 사 지 인 의

이 대목의 일반적인 해석에 따르자면, 잘못도 잘못 나름이어서
각각의 부류가 있다는 겁니다. 큰사람의 잘못과 작은사람의 잘못
에는 차이가 있다는 뜻이겠습니다. 원문의 '過(과)'를 '잘못'으로
번역하기는 했으나, 조금 예스럽게 표현하면 '허물'이고, 아주 쉽
게 번역하면 '흠', '실수' 정도의 뜻입니다. 이는 '過'가 가진 본래
의 뜻 '지나다'에서 찾아볼 수 있습니다. 특별히 정한 지점이 있
다고 할 때, 그곳에 멈추지 않고 지나가는 것, 곧 '지나친' 것이
바로 잘못입니다.

그렇다면 똑같은 한 지점 10이라는 좌표를 목표로 한다고 치
면, 그 지나침은 9가 되기도 하고 11이 되기도 합니다. 11쪽에서
10쪽으로 가던 사람이라면 9까지 가는 것이 지나침이고, 9쪽에
서 10쪽으로 가던 사람이라면 11까지 가는 것이 지나침입니다.
그 잘못이 어디에서 무엇을 지향하며 왔느냐에 따라 달라지는 것

입니다. 예를 들어, 흉년을 맞아 먹고살기 어려울 때, 어떻게든 남들에게 조금이라도 더 베풀려고 애를 쓰다가 제집 식솔을 굶기는 것이나, 자기 식솔만은 굶기지 않겠다는 일념으로 남들이 굶는 데도 제집 쌀독에 묵혀 둔 쌀이 있는 것이나 '지나침'은 마찬가지입니다. 그러나 어느 마음이 더 인仁에 가까울까는 물어볼 필요가 없습니다.

작은 잘못은 용서하라

잘못을 저지르지 않는 것이 좋겠지만, 공자가 극찬했던 제자 안회조차도 "잘못을 두 번 하지 않았다."(不貳過. 「옹야雍也」)라고 칭찬받았을 뿐입니다. 안회가 그랬을 때에야 다른 사람들은 말할 필요가 없을 것입니다.

> 중궁이 계씨의 가신家臣이 되어 정치에 대해 물었다. 스승님께서 말씀하셨다.
> "먼저 담당 관리에게 처리하도록 하고, 작은 잘못은 용서하며, 어진 인재를 등용하라." - 「자로子路」

仲弓爲季氏宰, 問政. 子曰, "先有司, 赦小過, 擧賢才."
중 궁 위 계 씨 재　문 정　자 왈　　선 유 사　사 소 과　거 현 재

중궁은 덕행으로 이름을 날린 제자입니다. 그런 사람답게 스승에게 정치를 어떻게 해야 좋을지 조심스럽게 묻고 있습니다. 공자는 세 가지를 말했습니다. 먼저, 일이 생기면 '유사^{有司}', 곧 일을 담당한 관리에게 맡기라고 했습니다. 노나라는 계씨 등의 대부들이 좌지우지하는 중이었습니다. 나라의 기강이 제대로 잡히지 않았지요. 그러니까 그 기강을 잡기 위해서는 일단 맡은 업무에 충실해야 합니다. 서로 돕느라 다른 영역의 일을 할 수는 있겠지만, 일차적으로 담당자가 해결하도록 해야 잘 돌아가는 법입니다. 가신 역할을 제대로 하는 첫 번째 지침으로 깔끔한 일의 분배를 들고 있습니다.

그리고 뒤이어 내린 지침은 작은 잘못을 용서하라는 것입니다. 여기에서의 강조점은 잘못을 눈감으라는 온정주의가 아니라 '작은' 잘못에 대한 대처입니다. 업무를 처리하다 보면 크고 작은 잘못이 있게 되는데, 큰 잘못을 방치했다가는 근간이 흔들릴 수 있습니다. 당연히 엄단해야만 합니다. 그러나 가벼이 주의나 주고 넘어가도 무리가 없을 만한 일조차 엄단하겠다고 나서면 어느 조직이나 위축되기 마련입니다. 경우에 따라서는 잘못을 감추기 위해 더 큰 잘못을 저지르기도 하지요. 만약 윗사람이 아랫사람의 작은 과실을 알고도 너그러이 용서한다면 아랫사람은 그런 사람 아래 있는 것을 다행으로 여기고 더욱 자기 역할에 충실할 것입니다.

맨 마지막으로는 어진 인재를 등용하라고 했습니다. 어진 인재가 제 능력을 발휘할 수 있는 곳이라는 소문이 난다면, 다른 어진 인재들이 계속 영입될 수 있을 것이고 인재가 넘치는 집단이 발전하는 것은 시간문제입니다. 이 지침은 앞의 두 지침과 동떨어진 일이 아님을 알 수 있습니다. 주어진 업무 범위 안에서 확실한 권리를 인정받고 업무를 추진하느라 생겨난 자그마한 잘못쯤은 용서를 받는다는 보장이 있을 때, 어진 인재들이 기꺼이 참여할 것이기 때문입니다.

이제 잘못하지 않으려고 너무 애쓸 필요가 없을 것 같습니다. 다만 잘못에서 아무것도 배우지 못하는 게 문제일 뿐입니다.

실수가 꽃을 피워요 꽃잎의 의견이 일치한다면 꽃이 어떻게 활짝 피겠어요 삼월에는 정원을 내버려 두세요 내가 마음먹은 것을 모조리 부정하는 소리를 들었거든요 어제의 꽃은 그제의 꽃의 부정이고 올해의 꽃은 작년의 꽃의 부정이에요

- 조말선, 〈끝없이 두 갈래로 갈라지는 길들이 있는 정원 1〉[5] 중에서

--- 4 ---

인생의 단계마다 이루어야 할 것

언젠가 꼭 그리고 싶은 그림이 하나 있습니다. 길 양편으로 대나무와 자작나무가 늘어선 그림입니다. 그러나 누군가 일부러 그렇게 심을 수 있을지는 몰라도, 그 두 나무의 생장 환경이 아주 달라 현실에서는 불가능한 광경입니다. 자작나무는 추운 데서 잘 자라며, 대나무는 따뜻한 데서 잘 자라니까요.

그렇게 함께 있기 어려운 두 나무를 한데 그리려는 것은 그 둘의 공통점이 있기 때문입니다. 자작나무는 나무가 커 가면서 잔가지들을 스스로 떨구어 내는데, 그렇게 생겨난 지흔枝痕이 우리가 열광하는 자작나무 무늬입니다. 대나무는 위로 자라면서 한마디씩 매듭을 지어 나갑니다. 흔히 보는 드럼통이 대나무의 마디를 본떠 만들었다는데, 그렇게 마디가 있어야 찌그러지지 않는

다고 합니다. 자작나무의 무늬나 대나무의 마디가 다 한 단계씩
을 밟고 올라간 흔적인 것이지요.

　공자는 유달리 장수한 인물입니다. 2,500년 전 사람인 공자가
누린 73세는 흔치 않은 기록입니다. 더구나 공자가 살던 세상이
그리 평탄하지도 않았으며, 개인의 삶도 윤택하지 않았으니 상
식적으로는 마음고생이 심했을 겁니다. 그러나 공자는 그 어려운
가운데 자신의 삶을 잘 다독이며 모범적인 삶을 완성했습니다.

단계별로 유념해야 할 것

"나이는 숫자에 불과하다."는 말이 있지만, 거꾸로 생각하면 나
이만큼 정확한 숫자도 없습니다. 누구에게나 공평하게 다가오고
또 누구에게나 나이에 맞는 변화가 찾아오지요. 그래서 인생의
단계별로 유념해야 할 것이 따로 있습니다.

　공자께서 말씀하셨다.
"군자에게는 세 가지 경계해야 할 것이 있다. 젊어서는 혈
기가 아직 안정되지 않았으므로 여색을 경계해야 하고, 장
년기에 이르러서는 혈기가 막 왕성해지기 때문에 싸움을
경계해야 하고, 노년기에 이르러서는 혈기가 이미 쇠퇴하

기 때문에 욕심을 경계해야 한다. - 「계씨季氏」

孔子曰, "君子有三戒. 少之時, 血氣未定, 戒之在色,
공 자 왈   군 자 유 삼 계 소 지 시 혈 기 미 정   계 지 재 색
及其壯也, 血氣方剛, 戒之在鬪, 及其老也, 血氣旣衰,
급 기 장 야 혈 기 방 강 계 지 재 투 급 기 로 야   혈 기 기 쇠
戒之在得."
계 지 재 득

　먼저, 공자는 혈기가 아직 제자리를 잡기 전인 청년기에는 함
부로 발산해서는 안 된다고 했습니다. 실제로 젊었을 때는 나날
이 기운이 세지는 때이므로 오늘보다는 내일이, 내일보다는 모레
가 더 나을 것을 믿고 방탕하게 써도 괜찮게 여기는 마음이 생기
기 마련입니다. 위 대목에서는 그 대표로 이성에 대한 욕구를 들
기는 했지만, 어느 쪽으로든 샘솟는 듯한 기운을 드러내고 싶어
안달인 때가 바로 그때입니다. 그렇게 혈기를 잘못 소진하면 나
중에 큰일을 해야 할 때 장애가 있을 수 있으므로 이렇게 경계했
던 것입니다.

　다음으로, 다행스럽게 청년기에 혈기를 잘 비축해 두어 장년기
에 이르면 또 다른 문제에 맞닥뜨립니다. 힘이나 역량이 절정에
이르게 되면 그때는 자신이 최고라고 여기는 오만한 마음도 일
고, 자연스럽게 남들과 견주고 싶은 마음이 생겨납니다. 누군가
가 최고라는 말을 들으면 그 사람에게서 무언가를 배울 궁리를
하기 전에 그 사람을 격파함으로써 자신의 힘이 최고임을 알리고

싶은 충동이 입니다. 물론 그렇게 해서 최고로 올라설 수도 있겠지만, 그런 영예는 한 분야에 한 사람에게만 주어지는 까닭에 나머지 사람들은 결국 패배자로 낙인찍히는 비극을 맞게 됩니다.

끝으로, 그런 중장년기의 헛된 승부욕을 딛고 노년이 되면 그때는 혈기가 쇠퇴하는 국면을 맞습니다. 이전에는 쉽게 했던 일, 쉽게 얻었던 것들을 수행하기 어려워지는데 그럼에도 불구하고 전과 똑같이 해내고 전과 똑같이 움켜쥐기를 바란다면 한낱 늙은 이의 욕심에 불과합니다. 여기에서 '욕심'으로 번역한 한문 원문은 '得(득)'으로, 본 뜻은 '얻는다'는 의미입니다. 무엇을 얻고 싶어 하는 마음은 당연한 것이고, 그것이 없으면 생명력을 제대로 유지할 수 없습니다. 그러나 육체적인 기운과 정신적인 지력 등이 쇠퇴했는데도 전과 '똑같이' 얻기를 바라는 마음이 있다면 자신은 물론 주변 사람들까지 불행하게 하는 첩경입니다.

힘이 솟기 시작할 때나, 충분할 때나, 사그라들 때나 언제나 그에 맞게 행동하라는 당부입니다.

흘러가는 것이 이 물과 같구나!

그러나 노력한다고 해서 다 잘되는 것만은 아닙니다. 나이가 들면 아무리 조심해도 여기저기 아픈 데가 나타나는 것처럼 숙명적인 것들도 있습니다.

스승님께서 냇가에 서서 말씀하셨다.
"흘러가는 것이 이 물과 같구나! 밤낮으로 쉬지 않는다."

- 「자한子罕」

子在川上曰, "逝者如斯夫! 不舍晝夜."
자 재 천 상 왈   서 자 여 사 부   불 사 주 야

물은 늘 높은 데에서 낮은 데로 흘러갑니다. 그래서 높은 산에
서 시작한 물이 계곡을 이루고, 계곡을 내려와 작은 하천이 되고,
다시 큰 강이 되어 바다로 갑니다. 물은 한 번 흐르기 시작하면
조금도 쉼 없이 흘러가는데, 공자가 바로 그 물을 보며 세상의 이
치를 깨친 것입니다. 자연이라는 것은 조금도 쉼 없이 순환을 하
여 질서를 이루는데 그것이 바로 저 물과 같다는 말입니다. 그러
나 그 속에는 물이 흘러서 돌이킬 수 없는 속성까지 지적하고 있
어서, 한편으로는 속절없이 흘러가는 세월의 아쉬움을 드러내기
도 합니다.

이는 공부를 멈추게 되면 다시는 할 수 없는 안타까운 마음이
담긴 것으로, 일단 공자 자신이 나이를 먹은 데 대한 한탄이 감지
됩니다. 공자도 사람인데, 세월의 야속함을 느끼지 못했을 리 없
을 것입니다. 어느 은사님께서 지금의 제 나이 때쯤 제게 하신 말
씀이 있습니다. "근勤하게나." 부지런히 공부하라는 말씀이었고,

당신께서도 열심히 하고 계시다는 뜻이었습니다. 그럴 때마다 마음을 다잡고 열심히 하려 노력했던 것 같은데, 지금 생각하면 또 그것만이 아닙니다. 그분께서도 그때 일정한 한계를 느끼셨던 겁니다. 부단히 노력했으나 목표한 지점은 아득할 때, 제발 제자들만은 그러지 말기를 바라는 마음에서 재촉하셨던 겁니다.

나이 먹은 사람들이 무슨 말을 할 때, 일단 그 말하는 입장에서 듣는 자세가 중요합니다. 가령, "글을 쓰려면 좋은 문장이 중요하다네."라고 강조하는 분이 계신다고 칩시다. 그럴 때 누구나 문장 수련을 열심히 하라는 독려로만 생각합니다. 그러나 그보다 먼저, 이는 그 말씀을 하신 분이 몸으로 느낀 부족한 부분임을 잊어서는 안 됩니다. 그렇다고 자기도 못했으면서 남에게 그렇게 하기만 지시한다고 불평할 것도 없습니다. 그것은 말하는 이나 듣는 이나 누구나 함께 가는 길이니까요. 그게 바로 흘러가는 것의 이치입니다.

후생가외 後生可畏

해석을 어떻게 하든, 물이 쉼 없이 흐르듯 우리의 인생도 쉼 없이 흘러갑니다. 바람 소리를 내며 강의실을 호령하시던 쟁쟁한 학자들도 강단을 떠난 뒤에는 별다른 소식이 들려오지 않곤 합니다.

四十五十而無聞焉, 斯亦不足畏也已
사 십 오 십 이 무 문 언   사 역 부 족 외 야 이

나이 마흔, 쉰이 되어서도 소문이 나지 않는다면
그런 사람은 두려워할 만하지 않다

그래서 지금 당장 큰 물줄기를 따라 흘러가고 있는 사람보다 아직 오지 않은 작은 물줄기를 따라 이리로 오고 있을 젊은이가 도리어 더 두려운 대상이 될 수 있습니다.

스승님께서 말씀하셨다.
"나중에 태어난 사람들이 두려운 것이니 어찌 장래에 지금 우리들만 못하다고 할 수 있을까? 그러나 나이 마흔, 쉰이 되어서도 소문이 나지 않는다면 그런 사람은 두려워할 만하지 않다!" - 「자한子罕」

子曰, "後生可畏, 焉知來者之不如今也?
자 왈   후 생 가 외   언 지 래 자 지 불 여 금 야
四十五十而無聞焉, 斯亦不足畏也已!"
사 십 오 십 이 무 문 언   사 역 부 족 외 야 이

'연부역강年富力强'이라는 말이 있습니다. '나이가 젊고 힘이 강하다.'는 뜻이지요. 공자는 그런 젊은이라면 두렵게 여긴다고 했습니다. 당장은 기성세대만 못해 보여도 조금만 더 정진하면 자신을 뛰어넘을 수 있기 때문입니다. "뒷사람들이 두렵다."에 해당하는 한자 원문은 '후생가외後生可畏'로, 이는 지금도 한자성어로 많이 쓰는 말입니다. 대학 시절 한문학 수업을 듣다가 선생님의 해석이 이상한 부분을 찾아서 들고 가면 선생님께서 "후생가외라더니…"라 하셨던 기억이 있습니다. 그러나 스무 살 어름에

그런 칭찬을 받았다고 해서 그 기세가 쭉 이어질 수도 없고, 마냥 '후생後生'에 머무는 것도 아닙니다.

그래서 공자는 마흔이나 쉰 나이에서의 성취를 기준으로 제시 했습니다. 요사이는 평균수명이 여든을 훌쩍 넘어서 마흔이라 봐야 반밖에 못 산 것이고 거의 청년 취급을 받지만, 예전에는 인생의 중턱을 훨씬 넘은 때로 여겨졌습니다. 따라서 그때는 인 생에서 이루고자 하는 과업이 있다면 정리할 시기로 보아도 무 방합니다. 그때까지도 제대로 이룬 게 없다면 크게 두려워할 바 가 없다는 것이지요. 스무 살이나 서른 살쯤의 청년이라면 별 소 문이 나지 않아도 조금 똑똑하다 싶으면 두려워하겠지만, 중년 을 넘어서는데도 학문의 성과가 도드라지지 않는다면 별수 없다 는 뜻입니다.

매일매일을 다르게 살면 얼마나 좋을까 생각해 볼 수 있지만, 막상 그렇게 되면 너무도 피곤할 것입니다. 내가 누구인지 정체 성부터 헷갈릴 테니까요. 그렇다고 매일매일을 똑같이 산다면 얼 마나 지루하겠습니까. 정체성은 확보될지 몰라도 거의 죽어 있는 삶 같을 겁니다. 그래서 삶을 시기별로 몇 개로 끊어서 묶어 보는 태도가 유효합니다. 소년기와 청년기, 중년기, 노년기를 거치면 서 거기에 적절한 삶을 찾아보고 또 살아 내야 합니다.

어쩌면 "철이 든다."와 같은 인생의 발전은 한 번 확 트이면 끝 나는 게 아니라, 그렇게 무대를 옮겨 갈 때마다 거듭되어야 하는 것인지도 모르겠습니다. 젊음의 한때는 제법 주목을 받으며 화려하게 보냈으나 끝내 큰 결실을 못 본다면 다음과 같은 '슬픔'이 일어납니다.

슬픔

열매보다 꽃이 무거운 生이 있다 -이정록[6]

이 책을 읽는 젊은 독자들은 나중에 나이가 들어서 이 시가 아주 우스워(?) 보이기를 부디 바랍니다. 크고 화려했던 꽃만큼이나 열매 또한 탐스럽기를 기대합니다. 물론, 지금의 크고 화려함은 또 있는 그대로 한껏 즐기시고요.

5

연마의 비결

동료 교수 가운데 늘 자신감이 넘치던 분이 계셨습니다. 어려운 문제가 있으면 쭈뼛대지 않고 직설적으로 언급하는 스타일이셨 지요. 그 비결이 궁금했는데, 어느 날 그분이 제게 이렇게 묻는 겁니다. "교수님, 제가 교수가 되기 전에 직업을 몇 개나 거쳤는 지 아십니까?" 그렇게 물을 때야 남보다 많이 거쳤을 테니 한 대 여섯 개쯤 되려나 짐작했으나 아니었습니다. "열아홉 개입니다. 저는 당장 교수직을 그만두어도 살아 나가는 데 아무 지장이 없 습니다."

죽어라 공부해서 대학 가고, 졸업하고는 대학원에 가고, 유학 을 한 후 강사 생활 몇 년은 보태야 교수가 되는 게 보통임을 생 각하면 참 대단한 일입니다. 그분이라면 연구실의 시설이나 집기

鍊磨 ^{연마}

'지금 여기'에서부터 문제를 해결하면서
'미래의 저기'를 향해 부단히 노력하는 것

등에 문제가 생기면 시설팀 직원을 부르지 않고도 손수 손볼 수 있을 겁니다. 장거리 여행을 하기 전에 자동차 점검 정도도 쉽게 할 것이고, 정원수의 전지 작업은 식은 죽 먹기일 겁니다. 그렇다고 학문이 남만 못한 것도 아니고, 다른 사람보다 나이가 더 많은 것도 아니고, 기가 막힙니다.

우리나라에 프로 축구가 출범할 때의 일입니다. 경기 일정이 빡빡해서 누군가 물었던 것 같습니다. "그렇게 계속 시합을 하면 연습은 언제 합니까?" 그러자 이내 이런 대답이 나왔습니다. "프로는 게임이 곧 연습이고, 연습이 곧 게임입니다." 운동만 그런 게 아니라 공부도 그렇습니다.

미천한 덕에 얻은 재능들

실제로 공자의 삶이 그랬던 것 같습니다.

태재가 자공에게 물었다.
"스승께서는 성인이신가요? 어찌 그리 재능이 많으신가요?"
자공이 말했다.
"정말 하늘이 내서 곧 성인이 되실 분이시고, 또 재능도 많으십니다."

스승님께서 듣고 말씀하셨다.

"태재가 나를 아는구나! 내가 소싯적에 미천했던 까닭에 여러 가지 하찮은 일들에 매우 능했다. 군자가 재능이 많아야 할까? 많을 필요가 없다."

뇌(공자의 제자 자개子開의 이름)가 말했다.

"스승님께서 '내가 기용되지 못했기 때문에 기예들을 익혔노라.' 하셨다."-「자한子罕」

大宰問於子貢曰, "夫子聖者與? 何其多能也?"
태 재 문 어 자 공 왈   부 자 성 자 여   하 기 다 능 야
子貢曰, "固天縱之將聖, 又多能也." 子聞之曰,
자 공 왈   고 천 종 지 장 성   우 다 능 야   자 문 지 왈
"大宰知我乎! 吾少也賤, 故多能鄙事. 君子多乎哉?
태 재 지 아 호   오 소 야 천   고 다 능 비 사   군 자 다 호 재
不多也." 牢曰, "子云, '吾不試, 故藝.'"
불 다 야   뇌 왈   자 운   오 불 시   고 예

태재는 당시의 벼슬 이름인데, 그런 벼슬아치가 공자에 대한 소문을 듣고 그 실상을 확인하기 위해 공자의 제자인 자공에게 물은 것이지요. 자공은 공자가 지금 당장은 아니지만 장차 성인의 반열에 오를 정도의 사람이며 재능도 많다고 확인해 주었습니다. 그러나 태재가 말한 재능은 전문 기예라기보다는 당장 생활에 쓸 만한 자잘한 것들이었습니다. 그래서 공자는 그 말을 전해 듣고 남들 보기에 많은 재능을 닦은 것은 살기 위해서 어쩔 수 없

어서 그런 것이지 그것이 군자에게 필수적인 덕목은 아니라며 애써 부인했습니다.

생각해 보면 간단한 일입니다. 가령 마부를 부릴 수 있다면 굳이 본인이 말 모는 기술을 익힐 필요가 없고, 집수리에 인부를 쓸 수 있다면 굳이 직접 지붕에 오를 필요가 없습니다. 그런데 높은 자리에 있거나 부유하지 않아서 그럴 처지나 형편이 못 된다면 그때그때 직접 처리해야만 합니다. 공자가 그랬을 것입니다. 태재가 보기에 공자 정도의 수준에 오른 학자가 여러 가지 재능을 익힌 경우가 드물어서 특별하게 여겼겠지만, 공자로서는 피치 못할 사정이 있어서 그런 것이고 그 결과 도리어 특별하게 보이기까지 했던 것입니다.

이 자잘한 기예와 관련지어 공자의 삶을 생각해 볼 때, 그 특별함은 기예가 많은 데 있기보다는 그 기예를 갖추기까지의 과정에 있다 하겠습니다. 공부하는 사람이 어떻게 그런 잡스러운 기예까지 익히겠느냐며 물러섰더라면 끝내 기예를 습득할 수 없었을 것이지요. 반대로 그런 자잘한 기예들을 익히느라 공부를 소홀히 했다면, 잡기雜技에나 능할 뿐 그렇게 훌륭한 학자가 되지도 못했을 것이겠고요. 공자를 성스럽게 만든 동력의 일부는 그렇게 닥친 곤경을 받아들이고, 바로 '지금 여기'에서부터 문제를 해결하면서 '미래의 저기'를 향해 부단히 노력하는 데서 왔습니다.

구사九思

연마의 기본은 뭐니 뭐니 해도 노력입니다. 쉬지 않고 갈고닦아야 반짝반짝 빛이 나고, 그게 바로 연마니까요. 그래서 주변을 돌아보면 열심히 살라는 말들을 많이 하고, 실제로 그렇게 사는 사람도 많습니다. 그러나 놀랍게도, 열심히 살아 보았으나 기대만큼의 성과가 없다거나 성과는 있지만 그러느라 잃은 것도 많다는 하소연이 흔합니다. 왜 그럴까요? 아무래도 전체적인 균형에 문제가 생긴 탓이 큰데, 이와 관련하여 공자는 다음과 같은 명언을 남겼습니다.

공자께서 말씀하셨다.
"군자에게는 아홉 가지 생각이 있다. 보는 것은 분명히 보기를 생각하고, 듣는 것은 또렷이 듣기를 생각하고, 낯빛은 온화할 것을 생각하고, 태도는 공손할 것을 생각하고, 말할 때는 충실할 것을 생각하고, 일에서는 신중할 것을 생각하고, 의심이 일면 물어볼 것을 생각하고, 분노가 일면 어려움을 생각하고, 이익을 보면 의리를 생각한다. -「계씨季氏」

孔子曰, "君子有九思. 視思明, 聽思聰, 色思溫, 貌思恭,
공 자 왈   군 자 유 구 사   시 사 명   청 사 총   색 사 온   모 사 공
言思忠, 事思敬, 疑思問, 忿思難, 見得思義,"
언 사 충   사 사 경   의 사 문   분 사 난   견 득 사 의

이는 공자가 말한 그대로 '구사九思'로 알려진 조목들인데, 이 아홉 가지는 다시 세 개씩 세 덩어리로 나뉩니다.

맨 처음의 셋은 보고, 듣고, 얼굴빛을 나타내는 일로, 정적이며 스스로의 몸가짐에 관련된 문제입니다. 그다음의 셋은 태도와 언행, 업무와 관련되는 일로, 앞의 것보다는 훨씬 동적이며 타인과의 관계에서 생기는 문제입니다. 맨 끝의 셋은 의심, 분노, 이익으로 사람을 잘못 이끌 여지가 높은 것들입니다.

이는 결국 내적인 완성을 통해 외적인 관계를 맺고, 잘못된 일은 제대로 시정하여 더욱 바른길로 인도하는 일련의 과정이 됩니다. 물론 그것이 차례대로 줄을 맞춰 나타나는 것은 아니겠지만, 일정한 단계로 내면화시킨다면 작게는 실수를 줄이고 편안하게 지내는 방법이며, 크게는 전체 사회 질서를 바로잡아 모두의 이익을 꾀하는 지침이 됩니다.

유익한 벗과 해로운 벗

그러나 무슨 일이든 실행하기가 쉽지 않고, 하노라고 해도 부족함이나 어긋남이 속출하지요. 그래서 그런 일을 돕는 사람들이 필요한 법입니다. 훌륭한 스승이 제격이지만 가르침을 받을 시간이 제한되기에, 좋은 벗의 역할이 필요합니다.

공자께서 말씀하셨다.

"유익한 벗이 셋이고, 해로운 벗이 셋이다. 정직한 사람을 벗
하고, 성실한 사람을 벗하고, 박학다식한 사람을 벗하면 유익
하다. 겉치레에 능하고 비뚤어진 사람을 벗하고, 아부하는 사
람을 벗하고, 말만 잘하는 사람을 벗하면 해롭나." - 「계씨季氏」

孔子曰, "益者三友, 損者三友. 友直, 友諒, 友多聞,
공 자 왈　　익 자 삼 우　　손 자 삼 우　우 직　우 량　우 다 문
益矣. 友便辟, 友善柔, 友便佞, 損矣."
익 의　우 편 벽　우 선 유　우 편 녕　손 의

　정직한 사람을 친구로 두면 자신의 잘못을 지적받아 고칠 수
있습니다. '정직한'에 해당하는 한자는 '直(직)'인데, 이 글자의
최초의 모습은 수평으로 있는 눈 위에 직선이 하나 덧보태진 모
양[凷]입니다. 나중에 눈이 수직으로 바뀌고, 처음에 있던 직선
이 '十'자로 변형되고, 다닌다는 뜻의 '彳'의 변형인 'ㄴ'이 더해
져서 지금의 글자가 되었습니다.[7] 그래서 '반듯하게 본다'는 뜻을
가지고 있습니다. 있는 그대로를 보는 것, 그것이 바로 정직입니
다. 옳고 그름과 잘잘못을 있는 그대로 보는 친구를 둔다면, 자신
의 참모습을 제대로 보는 데 크게 도움이 됩니다. 자신의 실체를
제대로 파악하지 못한다면, 마치 잘못된 자를 사용하여 물건을
재단하는 것과 같아서 매사에 왜곡된 상을 갖기 쉽습니다.
　성실한 사람을 친구로 두면 그 성실함을 모범 삼아 나 또한 그

렇게 될 가능성이 높아집니다. 성실한 사람은 자신이 할 수 있는 최대한의 정성과 노력을 기울여 말과 행동의 어긋남이 없게 합니다. 그런 사람이 한 말은 곧 실행이 담보되는 까닭에 말의 본뜻을 헤아리고, 말대로 실천이 되는지 신경 쓸 필요가 없습니다. 늘 최선을 다하며, 말과 행동이 일치하도록 하니까요. 그래서 그런 친구 곁에 있으면 자연스럽게 나 또한 그런 사람이 되도록 노력하여 함께 발전할 길을 마련해 줍니다.

박학다식한 사람이 도움이 되는 것은 말할 나위가 없겠습니다. 지금이야 모르는 내용은 금세 검색하면 나오지만, 전에는 어림없는 일이었습니다. 많이 공부하여 많이 아는 사람을 통해 보는 것보다 더 신속한 방법이 없었습니다. 더구나 단순히 정보를 담아 두기만 하는 것이 아니라 자기 나름의 식견을 가지고 체계화한 것이라면 견문을 넓힐 뿐만 아니라, 그를 통해 지식의 수준을 향상시키는 결과에 이를 수 있습니다.

반대로, 겉치레만 좋아하거나 삐딱한 사람을 벗하면 내실이 없이 겉만 꾸미거나 그릇된 비판에만 빠질 위험이 있습니다. 아부하는 사람을 벗하면 내 잘못을 교정할 기회 대신, 허황된 칭찬에 우쭐하다 교만해질 우려가 큽니다. 말만 잘하는 사람을 벗하면 실상에 어긋난 지식으로 인해 도리어 더 어리석은 길로 빠질 수 있습니다. 이런 친구들을 가까이에 두면 자신의 발전은커녕 이미 이루어진 데서 퇴보하는 손해가 되는 것입니다.

그렇다면 어떻게 하면 이익이 되는 친구를 곁에 두고, 손해가 되는 친구를 멀리할 수 있을까요? 비결은 간단합니다. 자신이 이익이 되는 친구가 되면 손해가 되는 친구가 멀어지고, 손해가 되는 친구를 멀리하면 이익이 되는 친구가 가까이하게 됩니다. 예를 들어, 자신이 공부한 것을 친구들에게 이야기해 주길 좋아한다고 칩시다. 그러면 그걸 좋아하는 친구 또한 공부를 하여 함께 좋아지면서 그런 사람들이 모여들게 되고, 그런 것을 공연히 잘난 체한다고 여기거나 부담스러워하는 친구라면 자연스럽게 멀어지게 될 것이고 공부하지 않는 친구들은 주변에서 점차 사라질 겁니다.

온 세상의 찬성보다도
"아니" 하고 가만히 머리 흔들 그 한 얼굴 생각에
알뜰한 유혹을 물리치게 되는
그 사람을 그대는 가졌는가 - 함석헌, 〈그 사람을 가졌는가〉[8] 중에서

최선을 다한 후

— 1 —

공자가 끊은 네 가지

저만 해도 "소년이여, 꿈을 가져라!" 같은 말들을 많이 듣고 자랐습니다. 그 시절, 어린이의 꿈은 '대통령'이나 '세계 최고의 과학자'쯤이 보통이었습니다. 요사이 어린이들이 '운동선수'나 '요리사'를 희망하는 것과는 아주 다른 풍조였지요. 그러나 꿈이 달라졌다고는 해도 그 꿈을 이루기 위해 애를 써야 하고, 애를 써서 이룬 사람을 성공한 사람으로 여기는 점만큼은 다르지 않은 것 같습니다.

그래서 또 다들 피곤해합니다. 바쁘지 않은 사람이 없고, 시달리지 않는 사람이 없는 것 같습니다. 이렇게 다들 무언가가 되기 위해 애를 씁니다만, 무언가가 '된다'는 것과 '한다'는 것은 매우 다른 일입니다. 앞의 것에만 집중하면 어떻게 했든 되면 그만이지만, 되는 것이 곧 잘하는 것을 보장하지 않기 때문입니다. 선거에 나와 당선되면 정치인이 되는 데는 성공한 것이지만, 정치를 잘못하면 나라를 크게 망칩니다.

이처럼 무엇이 꼭 되어야 한다고 믿는 신념 못지않게 중요한 일이 많음에도 불구하고, 많은 사람들이 그 되고 못 되는 데 목숨을 걸다시피 합니다. 무언가를 꼭 이루고 말겠다는 신념이 잘못되면, 본인은 물론 주변 사람들마저 더 불행하게 하는 일이 잦은데도 말이지요.

사무四毋

스승님께서는 네 가지를 끊어 없애셨으니, 사사로운 뜻이 없으셨고, 꼭 이루어 내겠다는 것이 없으셨으며, 고집이 없으셨고, 자기중심적인 게 없으셨다. -「자한子罕」

子絶四, 毋意, 毋必, 毋固, 毋我.
자 절 사   무 의   무 필   무 고   무 아

흔히 '사무四毋'로 알려진, 공자가 하지 않은 네 가지 마음가짐입니다. 흥미롭게도 이 대목은 공자가 직접 한 말이 아니라 제자들이 관찰한 모습입니다. 만일 여기에서 말한 특성이 일반인이 흔히 그렇거나 이룰 만한 것이라면 이렇게 공자의 특성으로 기술하지는 않았을 것입니다. 또, 한두 가지라면 혹시 몰라도 네 가지를 다하는 것이 극히 어려웠기 때문에 이렇게 한데 얼러 놓았겠습니다.

첫 번째의 '사사로운 뜻[意]'이라는 것은 객관적인 근거 없이 하는 주관적인 뜻, 곧 억측을 말합니다. 요즈음도 인터넷상에 떠도는 많은 소문들이 그렇습니다. 두 번째의 '반드시 이루어야겠다[必]'는 것은 꼭 이루어야겠다는 생각을 말합니다. 지금도 '기필期必코'라는 말은 '어떤 일이 있어도 꼭'이라는 뜻인데, 공자는 어떤 일에도 그런 자세가 없었다고 했습니다. 세상이 본래 복잡하기도 한 데다, 더구나 미래의 일은 알기 어렵기 때문입니다. 이 두 가지는 아직 일어나지 않은 일에 대한 마음가짐입니다.

세 번째의 '고집[固]'은 막무가내로 제 의견을 지켜 내는 것입니다. 합리적 기준과 현실 상황에 의해 옳고 그름을 판단하지 않고 오직 자기가 낸 의견만을 지켜 내려는 꽉 막힌 상태를 뜻합니다. 네 번째의 '자기중심적인 것[我]'은 자기 자신의 이익을 좇는 자세입니다. 여러 상황을 판단하여 내린 의견이라도 사태 판단이 잘못되었을 수도 있고 더 효율적인 해결책이 있을 수도 있는데, 그런 가능성을 다 무시하는 자기중심적인 입장인 것입니다. 이 두 가지는 이미 일어난 일에 대한 마음가짐입니다.

이렇게 보면 공자에게는 꼭 해야 할 일도, 꼭 하지 않을 일도 없습니다. 상황이 달라진다면 생겨날 변수를 고려해야 하고, 자신이 낸 의견이라도 남의 의견을 경청하여 더 옳으면 수정하기 때문이지요.

위의 네 가지 중에 '我(아)'라는 글자를 잘 뜯어보면 위 네 가지의 근원을 분명히 알 수 있을 듯합니다. 이 글자는 창을 뜻하는 '戈(과)' 부수에 속해 있습니다. 창을 들고 자신, 혹은 자신의 집단을 지키느라 긴장한 상태를 말해 주지요. 자기중심의 좁은 생각을 '아집我執'이라고 하고, 자기중심의 속된 생각을 벗어나 아예 자신이 없는 듯이 무언가에 빠져 있는 상태를 '무아지경無我之境'이라고 하는 데서 보면 '我'의 의미값을 짐작해 볼 수 있는데요, 아집을 버리고 무아의 경지에 자주 들 수 있다면 적어도 사무四毋의 관점에서 공자의 반열에 가까이 간 것이겠습니다.

올곧되 무턱대고 믿지 않는다

당연한 말이지만, 어디에서든 본래의 목적을 어기면서까지 무조건 지켜야 할 수칙을 두어서는 곤란합니다.

스승님께서 말씀하셨다.
"군자는 올곧되 무턱대고 신뢰만 고집하지는 않는다."

- 「위령공衛靈公」

子曰, "君子貞而不諒."
자 왈 군 자 정 이 불 량

한문 원문으로는 '貞(정)'하지만 '諒(량)'하지 않는 것인데, 두 글자 모두 믿음을 근간으로 합니다. 앞의 것은 정조, 지조, 절개 등을 나타내는 말로, 어떤 대상에 대한 믿음을 잘 지켜 나가는 올곧음을 말합니다. 반면 뒤의 것은 시비를 가리지 않고 무조건적으로 따르는 믿음 정도의 뜻입니다. 예를 들어 불의에 굽히지 않는 꼿꼿함 같은 것이 전자라면, 범죄 집단에서 내세우는 의리 같은 것이 후자입니다. 그래서 군자는 큰 뜻을 지키기 위해서 장엄하게 죽지만, 보통 사람들은 하찮은 의리를 지키느라 초라하게 죽는 일이 생깁니다.

최근에 흥미로운 이야기를 하나 들었습니다. 외국의 유명한 영화배우가 자서전을 낸 모양인데 그걸 본 친구가 이렇게 말하는 겁니다. "법은 안 지켜도 약속은 지키는 사람이야." 불의한 일에 가담하여 범법 행위를 한 일이 있기는 해도, 스스로 내건 약속만은 꼭 지킨다는 것이지요. 보기에 따라서는 매우 고약한 부류의 인간이겠으나, 법이라는 것은 자기가 만든 것도 아니고 피할 수 없는 경우도 있지만, 적어도 스스로 내건 약속만큼은 굳건히 지켜 내겠다는 의지의 표시일 수도 있겠습니다.

이 영화배우 이야기를 꺼낸 까닭은 요즈음의 세태 때문입니다.

법이 무서워서 겨우 법의 제재 범위를 벗어나지 않는 정도로 살아가면서 대단한 준법정신인 양 으스대는 사람들이 많습니다. 나아가 법의 허점을 악용하거나 편법을 저지르는 경우까지 있지요. 그러면서 한편으로는 사람들과의 약속을 무단히 어기면서도 전혀 부끄러워하지도 않습니다. 그런 사람들은 하품下品의 인간임이 분명합니다. 실정법을 어기지는 않지만 신의 없이 행동하는 소시민들도 마찬가지입니다. 그런 사람들에 비해 오히려 '諒(량)' 하기라도 한 사람이 더 낫지 않을까 하는, 해서는 안 되는 생각이 엄습했기 때문입니다.

물론, 최악의 경우는 이것이고 저것이고 다 없는 사람들이겠지요. 법은 법대로 안 지키면서 큰소리를 치고, 약속은 약속대로 내팽개치는 경우 말입니다. 특권층의 일부에서 나타나는 현상인데요, 공자처럼 균형을 잘 찾아 판단하지는 못하더라도, 어느 것 하나라도 온전하면 그나마 나을 성싶습니다. 그렇게만 되어도 거기에서 시작하여 나머지 하나를 채워 나가기 수월할 테니까요.

옳은 것도 없고 옳지 않은 것도 없다

공자는 무엇을 꼭 해야 한다고 생각하지도 않았고, 그렇다고 아무것도 안 하면서 되는 대로 두는 것도 아니었지요.

일민으로는 백이 · 숙제 · 우중 · 이일 · 주장 · 유하혜 · 소련이
있다.

스승님께서 말씀하셨다.

"제 뜻을 굽히지 않고 제 몸을 욕되게 하지 않은 이는 백이
와 숙제일 것이구나! 유하혜와 소련은 뜻을 굽히고 몸을 욕
되게 하였으나 말이 법도에 맞았고 행실이 생각과 일치했
으니 나름대로 괜찮다. 우중과 이일은 숨어 지내며 말을 마
구 했으나 몸가짐이 깨끗하였고 내팽개친 것이 권도權道에
맞았다. 나는 이들과 달라서 옳은 것도 없고 옳지 않은 것도
없다." -「미자微子」

逸民, 伯夷 · 叔齊 · 虞仲 · 夷逸 · 朱張 · 柳下惠 · 少連.
일민 백이 숙제 우중 이일 주장 유하혜 소련
子曰, "不降其志, 不辱其身, 伯夷叔齊與! 謂柳下惠少連,
자왈 불강기지 불욕기신 백이숙제여 위유하혜소련
降志辱身矣, 言中倫, 行中慮, 其斯而已矣. 謂虞仲夷逸,
강지욕신의 언중륜 행중려 기사이이의 위우중이일
隱居放言, 身中淸, 廢中權. 我則異於是, 無可無不可."
은거방언 신중청 폐중권 아즉이어시 무가무불가

'일민逸民'이란 능력이 있으나 세상에 제대로 쓰이지 못하고 초
야에 묻혀 지내는 인재를 말합니다. 공자는 그 일곱을 다시 세 부
류로 나누었습니다. 첫째는 뜻도 꺾지 않고 몸도 욕되게 하지 않
으면서 세상을 완전히 떠나 깨끗하게 지낸 부류입니다. 백이伯夷

와 숙제叔齊는 무왕武王이 주紂를 토벌한 데 저항하여 수양산에 들어가서 굶어 죽을 정도였습니다. 둘째는 뜻도 굽히고 몸도 욕되게 했지만 언행이 법도에 맞게 지낸 부류입니다. 유하혜柳下惠는 관직에 있으면서 억울하게 세 번이나 쫓겨나자 사람들이 나라를 떠날 것을 권했지만, 올바른 도리로 남을 섬기다 보면 어디로 간들 쫓겨나지 않겠느냐며 끝내 떠나지 않았습니다. 셋째, 말을 함부로 하였지만 속에 품은 뜻만은 깨끗하게 지키다 적절하게 물러난 부류입니다. 우중虞仲은 숨어 살며 머리를 짧게 자르고 몸에 문신을 새기고 말을 함부로 했지만 그 속마음의 고결함을 잘 지켜 냈습니다.

그렇다면 공자는 이 세 부류 가운데 어떤 쪽을 택할까요? 결론은 "옳은 것도 없고, 옳지 않은 것도 없다."입니다. 이 대목의 한자 원문 '무가무불가無可無不可'는 직역하자면 "가可한 것도 없고 불가不可한 것도 없다."는 말입니다. 이 '可(가)'가 '옳다, 맞다, 찬성하다, 괜찮다' 등등의 뜻이고 보면, 공자는 여러 은자隱者들이 펼쳐 보인 여러 행태들 가운데 꼭 어느 하나만이 옳고 다른 것은 그르다는 식의 경직된 사고를 벗어났음을 의미합니다.

이는 삶의 변화 양상에 따라 형편대로 할 뿐, 어느 한쪽으로 방향을 정해 놓고 무리하게 밀어붙이는 짓은 하지 않겠다는 의도이며, 그것이 또한 성인의 올바른 방향이기도 합니다. 공자의 결론은 이렇습니다. "군자는 천하의 일에 꼭 그래야 할 것도 없고, 꼭

無可無不可
무 가 무 불 가

옳은 것도 없고 옳지 않은 것도 없다

공자는 꼭 어느 하나만이 옳고 다른 것은 그르다는 식의 이분법적 사고를 벗어났습니다. 이는 삶의 변화 양상에 따라 형편대로 할 뿐, 어느 한쪽으로 방향을 정해 놓고 무리하게 밀어붙이지 않겠다는 의도이며, 그것이 또한 성인의 올바른 방향이기도 합니다. 공자의 결론은 이렇습니다. "군자는 천하의 일에 꼭 그래야 할 것도 없고, 꼭 그래서는 안 될 것도 없다. 의로움을 따른다."

그래서는 안 될 것도 없다. 의로움을 따른다."(子曰, "君子之於天下也, 無適也, 無莫也, 義之與比.「이인里仁」)

　이쯤에서 독자분들 가운데 분명, '그렇다면 무엇을 꼭 하겠다고 애쓰지도 않고, 이래도 좋고 저래도 좋으며, 일관성 같은 것은 헌신짝처럼 버리겠다는 건가' 하는 의문을 제기할 수 있겠습니다. 그러나 사실은 정반대입니다. 무언가를 이루어야 하기 때문에 그런 태도가 필요했으며, 이래도 좋고 저래도 좋은 게 아니라 이래도 좋을 때는 이렇게 하고 저래도 좋을 때는 저렇게 한다는 것입니다. 그것이 바로 공자의 일관성이고 말이지요.

　미국의 사상가 에머슨R. W. Emerson의 말을 경청하며 이번 글을 마칩니다.

　일관성이라면 소인배들은 죽기 살기로 매달리며 떠받든다. 소심한 정치가나 철학자, 신학자 들도 마찬가지다. 만약 당신이 어른이 되고 싶다면, 오늘 생각한 것은 오늘 총알같이 말하고, 내일 생각한 것은 내일 단호한 어조로 말하라. 비록 내일 말한 것이 오늘 말한 것과 모순될지라도.[1]

───────── 2 ─────────

버릴 사람이 없다

"사람은 고쳐 쓰는 게 아니다."

요즘 이 말이 부쩍 많이 쓰이는 것 같습니다. 아무래도 사람에게 크게 실망하고 난 후에나 나옴 직한 말입니다. 우리 속담 가운데도 "검은 머리 짐승은 구하지도 말라."라는 게 있으니 인간에 대한 회의는 뿌리가 깊습니다. 그래서 반려동물에 더 애착이 심한지도 모르겠습니다만 피할 수 없는 사실은, 사람이 사람답게 살려면 사람 사이에 있어야 한다는 사실입니다.

그러나 시각을 바꾸어 "사람은 열 번도 백 번도 변한다."는 말을 믿는다고 해 봅시다. 아무리 못된 짓을 하는 사람이더라도 개선될 여지가 충분하므로 잘 대해 주고 기회를 주게 될 겁니다. 그렇지만 한편으로는, 늘 선행을 베푸는 사람 역시 한순간에 괴물처럼 변할 수도 있지 않을까 불안할 겁니다. 언제든 다시 구할 수 있는 물건 같은 것이라면 버리고 새로 사면 된다지만, 사람이라면 그러기 어렵습니다. 인간 사회를 포기하지 않는 한, 덜 되면 덜 된 채로 함께 지내야만 하는 경우가 많은 것입니다.

좋으나 싫으나 '지금 여기에 있는 사람들'과 함께 살아가야만 합니다. 그러려면 어떻게 해야 할까요?

한 가지 장점이 있다면 무엇이 문제일까

계강자가 물었다.

"중유(자로)는 정치에 종사할 만합니까?"

스승님께서 말씀하셨다.

"유(자로의 이름)는 과감한데 정치에 종사하는 데 무슨 문제가 있겠습니까?"

계강자가 말했다.

"사(자공의 이름)는 정치에 종사할 만합니까?"

스승님께서 말씀하셨다.

"사는 통달했는데 정치하는 데 무슨 문제가 있겠습니까?"

계강자가 말했다.

"구(염유)는 정치에 종사할 만합니까?"

스승님께서 말씀하셨다.

"구는 재능이 있는데 정치에 종사하는 데 무슨 문제가 있겠습니까?"-「옹야雍也」

季康子問,"仲由可使從政也與?"子曰,"由也果,
계 강 자 문   중 유 가 사 종 정 야 여   자 왈   유 야 과
於從政乎何有?"曰,"賜也可使從政也與?"曰,"賜也達,
어 종 정 호 하 유   왈   사 야 가 사 종 정 야 여   왈   사 야 달
於從政乎何有?"曰,"求也可使從政也與?"曰,"求也藝,
어 종 정 호 하 유   왈   구 야 가 사 종 정 야 여   왈   구 야 예
於從政乎何有?"
어 종 정 호 하 유

계강자는 공자 당시 노나라의 국정을 맡은 벼슬아치로, 공자에게 정치에 대한 자문을 구한 인물입니다. 공자 제자들 가운데 정치에 쓸 인재가 누구이며 누가 더 나은지 궁금했을 터입니다. 여기에 나오는 유, 사, 구는 공자의 제자 중 '유'(자로), 단목 '사'(자공), 염 '구'(염유)를 가리킵니다. 그런데 공자는 그 제자들 모두가 정치에 종사하기 충분하다며, 그 이유로 각각의 장점을 하나씩 거론하고 있습니다. 중유는 과감하며, 단목사는 통달하였고, 염구는 재능이 있다고 했습니다. 물론 그 셋을 다 가지면 더욱 좋겠지만, 각각의 능력이 정치에 꼭 필요한 것임은 두말할 나위도 없습니다.

과감함을 예로 들어 이야기해 보지요. 한문 원문으로는 '果(과)'인데, 우리말로는 '굳세다, 용감하다, 배짱 있다, 결단력 있

다' 정도의 뜻입니다. 정치라는 것은 중요한 일을 결정짓는 업무의 연속입니다. 결정의 순간 이쪽인가 저쪽인가 고민스러울 때, 결단력이 없는 사람이라면 번민에 빠져서 아무 일도 하지 못합니다. 업무의 효율성을 생각할 때 과감한 결단력만 한 것이 없습니다. 하지만 그 결단이 잘못된 것이라면 사실은 안 하느니만 못할 것입니다. 그런데 만일 공자가 중유에 대해서 결단력이 있지만 사리에 밝지 못한 인물이어서 벼슬하기에 부적절하다고 말했다면 어땠을까요? 설령 그것이 맞는 말이라 하더라도 현실성을 벗어난 것입니다. 그 둘을 두루 갖춘 이상적인 인물이 없다면, 차선을 선택할 수밖에 없는 것이 현실이니까요.

'통달'과 '재능' 또한 마찬가지입니다. 둘 다 정치에 꼭 필요한 것들인데, 그것만 갖추었을 뿐 다른 것을 못 갖추었다고 배척한다면, 세상에 없는 사람을 구하는 것과 마찬가지일 수도 있습니다. 정치는 매우 현실적인 것이어서 마땅한 사람이 없다고 잠시 쉬거나, 하지 않을 수 없습니다. 이럴 때, 각각의 장점을 최대한 살려서 서로 보완해 나가는 것이 최선입니다. 공자가 제자의 장점을 잘 파악했듯이, 정치인 또한 자기 아랫사람의 장점을 잘 파악해서 등용한다면 큰 성공을 하는 것까지는 장담할 수 없지만, 큰 실패를 막는 데는 적잖이 도움이 될 것입니다. 단점을 부각시켜 걸러내기 시작하면 쓸 사람이 적고, 장점을 취해 서로 보완하여 쓰기로 말한다면 버릴 사람이 적습니다.

저마다 전공이 다르다

스승님께서 말씀하셨다.

"진나라와 채나라에서 나를 따르던 사람들은 모두 문하에 있지 않다. 덕행은 안연·민자건·염백우·중궁, 언어는 재아·자공, 정사는 염유·계로, 문학은 자유·자하다."

-「선진先進」

子曰, "從我於陳蔡者, 皆不及門也.
　자왈　　종아어진채자　개불급문야
德行, 顔淵·閔子騫·冉伯牛·仲弓, 言語,
　덕행　안연　민자건　염백우　중궁　언어
宰我·子貢, 政事, 冉有·季路, 文學, 子游·子夏."
　재아　자공　정사　염유　계로　문학　자유　자하

공자는 노나라에서 자신의 뜻을 펼칠 수 없자 그 뜻을 실행할 만한 땅을 찾아 제자들과 돌아다녔습니다. 그것이 바로 유명한 공자의 주유천하周遊天下입니다. 그때 공자의 나이가 55세로 당시로서는 이미 노인이라 할 때였으니 그 기개가 더욱 대단해 보입니다. 그것도 장장 십사 년간이나 이어지는 긴 여정이었는데 이때 여러 제자들이 동행하였습니다. 특히 진나라와 채나라를 돌때 어려움이 극에 달했습니다. 끼니도 못 챙기고 사람들의 비웃음이나 동정을 사기도 했습니다. 지금 공자는 그때를 회고하며 제자들을 자랑스럽게 하나씩 호명하고 있습니다.

지금 문하에 있지 않다는 것은 쓸쓸한 일이지만, 그것이 또 제자를 기르는 보람이기도 합니다. 언제까지고 문하에 붙들어 둘 수는 없는 일이니까요. 불행하게 스승보다 먼저 죽은 제자도 있고, 이미 세상의 부름에 응해 제 일을 열심히 하는 제자들도 있습니다. 그러나 공자가 말하는 제자들의 일은 당장 현실에서 필요한 실용성에 국한되는 것이 아닙니다. 안연 같은 경우 공자보다 먼저 죽을 만큼 단명했기는 해도, '안자顔子'라는 호칭을 받고 유교 문화에서는 거의 성인급으로 자리매김합니다. '안빈낙도安貧樂道'로 표상되는 그의 정신이 영원히 살아남은 것이지요.

반면, 이 열 명의 인물 가운데는 공자의 근심을 산 인물도 있습니다. 가령 언어 분야에 있는 재아宰我는 이름이 '여予'여서 『논어』에서 '재여'로 나오지요. 낮잠을 자다 공자 눈에 띄어 호된 꾸지람을 들은 인물입니다. 정사 분야에 있는 염유는 벼슬을 하면서 공자의 가르침에 위배되는 일이 있어서 후에 공자가 대놓고 배격했던 인물입니다. 공자는 그런 인물들까지 다 포함해서 열 명을 추려 냈고, 이들은 후세에 공자 문하의 열 명의 철인哲人이라는 뜻으로 '공문십철孔門十哲'로 추앙받게 되었습니다.

반대로 증자曾子나 자장子張, 유약有若 등은 위의 10인에 비해 전혀 뒤떨어지지 않는 인물이었지만 거기에 포함되지 않았습니다. 공자가 어려울 때 함께한 제자들이 아니어서 그런지, 나이가 상대적으로 어린 편이어서 그런지 알 수 없습니다만, 공자의 말을 액면대로 따르자면 네 전문 영역 가운데 어느 한 곳에서 특출

난 소양을 보이지 않은 것으로 판단했기 때문이겠습니다. 아무튼 이 기록으로 보면, 공자가 중시한 네 영역, 곧 덕행, 언어, 정사, 문학이 바로 공자 문하에서 꼭 익혀야 할 분과학分科學이었습니다.

그렇게 공자 문하에는 네 영역이 있었고 각각에서 뛰어난 성적을 낸 제자들을 손꼽아서 추켜세웠던 것입니다. 안연이 덕행이 빼어나다고 해서 재여보다 말을 잘했던 것은 아니며, 염유가 설혹 공자의 눈에 난 행동을 했다고 해도 정치적 역량이라는 측면에서 안연보다 못한 것이 아니었습니다. 공자는 그 점을 분명히 하여, 쓰기로 들면 버릴 사람이 없는 이치를 실증해 주었습니다.

털이 붉은 데다 뿔까지 반듯하다면

공자가 주창한 교육방침 가운데 "유교무류有教無類"(「위령공衛靈公」) 가 있습니다. 가르침에 있어서는 부류部類가 따로 없다는 것입니다. 출신 따위는 애초에 고려 대상이 아니었습니다.

스승님께서 중궁에 대해 평했다.

"얼룩소 새끼라도 털이 붉은 데다 뿔까지 반듯하다면, 비록 제물로 쓰지 않으려 한들 산천이 그를 버리겠느냐?" - 「옹야雍也」

有教無類
유 교 무 류

가르침에 있어서는 부류가 따로 없다

이 사람에게는 이걸 배우고 저 사람에게는 저걸 배울 때, 스승 좋고 제자 좋고 우리 모두 한 걸음 더 나아가게 됩니다. 고쳐 쓸 필요가 없이, 있는 그대로 가르치고 배우기를 권해 봅니다.

子謂仲弓曰, "犁牛之子, 騂且角, 雖欲勿用,
자 위 중 궁 왈   이 우 지 자   성 차 각   수 욕 물 용
山川其舍諸?"
산 천 기 사 저

　중궁은 본인의 자질이 더없이 훌륭했지만 아버지가 문제였습
니다. 비천한 데다가 행실도 악했다고 합니다. 중궁의 마음고생
이 심했을 것인데 공자는 그런 제자를 평하면서 이렇게 어루만졌
습니다.

　제사를 지낼 때는 그에 합당한 제물을 쓰기 마련입니다. 특히
하늘에 제사를 올릴 때는 소나 사슴 같은 큰 짐승을 썼는데, 이는
크기도 크기지만 소나 사슴의 뿔이 하늘로 향하는 특성을 반영했
기 때문입니다. 또, 이왕 하늘에 바치는 제물이라면 가능하면 더
좋은 것을 선호했고, 그 당시에는 뿔이 바르고 붉은 털이 있는 것
을 최고로 쳤습니다. 소뿔이 반듯한 게 얼마나 중요했으면, '교각
살우矯角殺牛[소의 뿔을 바로잡으려다가 소를 죽인다.]'라는 성어까지 나
왔겠어요.

　그러니까 공자가 하는 말을 쉽게 풀어 보면 이렇습니다. 중궁
은 그 아버지가 얼룩소입니다. 얼룩얼룩한 무늬는 일단 순수해
보이지 않아서 제물로는 부적격입니다. 그런데 얼룩소의 자식인
중궁은 뜻밖에도 얼룩무늬가 아니라 털이 붉습니다. 제물로는 제
격이라는 말입니다. 거기에 덧붙여 뿔까지 훌륭하다고 했으니 금
상첨화錦上添花입니다. 아버지의 단점을 전혀 물려받지 않았을 뿐

만 아니라, 남들이 갖지 못한 장점까지 갖추었다는 뜻이지요. 그러니 사람들이 그 아버지 문제 때문에 꺼린다 하더라도, 그 모든 것을 알고 있는 산천의 신령이 그를 버릴 리 없다는 것입니다. 제사를 드리는 것은 사람이지만 제사를 받는 것은 신령이며, 신령이 받아 준다면 그 신령이 주는 복을 받지 않을 까닭이 없습니다. "괜찮다. 네 기량이라면 산천인들 무심하겠느냐?"라고 중궁의 등을 토닥여 주는 것입니다.

이십여 년 전쯤, 어느 은사님의 수연壽宴이 있었습니다. 마침 시인 제자가 있던 터라 축시를 낭송했는데 제목이 〈우리들은 닮았다〉였던 것 같습니다. 선생님이 산맥이라면 제자들은 산봉우리 하나씩이라는 내용이었습니다. 그렇습니다. 큰 스승 밑의 제자들은 그렇게 큰 산맥의 한 봉우리씩을 받아서 제 삶을 꾸리게 됩니다. 그러나 나이를 먹으며 학교생활을 오래 하여 얻게 된 결론은 그 반대도 마찬가지라는 점입니다. 큰 제자 또한 여러 스승들의 한 봉우리씩을 얻어 거대한 산맥을 이룹니다. 이 스승께는 이걸 배우고 저 스승께는 저걸 배워 힘을 모으는 겁니다.

세상일이 엇비슷할 것 같습니다. 이 사람에게는 이걸 가르치고 저 사람에게는 저걸 가르치며, 이 사람에게는 이걸 배우고 저 사람에게는 저걸 배울 때, 스승 좋고 제자 좋고 우리 모두 한 걸음 더 나아가게 됩니다. 고쳐 쓸 필요가 없이, 있는 그대로 가르치고 배우기를 권해 봅니다.

--- 3 ---

지혜와 어리석음

누구나 지혜롭게 살고 싶어 합니다. 그러나 이는 부나 권력을 얻기보다 더 어렵습니다. 어쨌거나 돈을 모으면 부자라 하고, 권세 있는 자리에 올라서면 권력을 가졌다고 합니다. 그러나 지혜에서는 다릅니다. 설령 열심히 노력하여 공부를 많이 한다 해도 지식이 많을 뿐입니다. 베이컨F. Bacon은 "아는 것이 힘이다."라는 말을 남겼으나, 그가 말하는 앎은 지식, 그것도 자연과학적인 방법으로 획득한 지식에 국한될 뿐입니다. 지식이 곧 지혜가 되지는 못하는 것이지요.

여기에서 더 나아가면 가장 어리석은 것 같은 사람이 사실은 더 지혜롭더라는 역설도 가능하고, 애초에 지혜는 노력으로 얻어지는 것이 아니라는 회의론까지 대두되기도 합니다. 실제 경험에 비추어 보아도 그런 일이 많지요. 젊어서는 어리숙해 보이던 사람이 나중에 보니까 큰일을 해내는 경우가 한둘이 아닙니다. 그럴 때, 전에는 정말 어리석었는데 나중에 똑똑해진 건지, 아니면 애초부터 똑똑한 사람이었는데 잘 몰라 봤던 건지 궁금합니다. 물론 어렸을 때부터 범접할 수 없을 만큼 지혜로운 경우도 있고, 예나 지금이나 어리석기가 매한가지인 경우도 있지요.

생이지지生而知之에서 곤이불학困而不學까지

공자께서 말씀하셨다.

"태어나면서부터 아는 사람이 최상이요, 배워서 아는 사람이 그다음이요, 곤경에 처해서 공부하는 사람이 또 그다음이요, 곤경에 처해도 공부하지 않는다면 이런 사람은 최하이다." - 「계씨季氏」

孔子曰, "生而知之者上也, 學而知之者次也, 困而學之,
공 자 왈   생 이 지 지 자 상 야   학 이 지 지 자 차 야   곤 이 학 지
又其次也, 困而不學, 民斯爲下矣."
우 기 차 야   곤 이 불 학   민 사 위 하 의

그 첫째 등급은 '태어나면서부터 아는 사람'입니다. 그런 사람이 정말 있을까 싶지만, 어떤 분야에서건 딱히 배우지 않았는데

生而知之 생이지지

태어나면서부터 아는 사람

學而知之 학이지지

배워서 아는 사람

困而學之 곤이학지

곤경에 처해서 공부하는 사람

困而不學 곤이불학

곤경에 처해도 배우려 들지 않는 사람

도 배운 사람보다 많이 아는 사람이 제법 있습니다. 제대로 된 미술아카데미를 거치지 않았는데도 화단畫壇을 발칵 뒤집어 놓는 천재 화가도 있고, 변변한 철학 수업 한 번 듣지 않고도 독자적인 사상의 경지에 이른 사람도 있습니다. 아마 공자도 그런 사람일 것 같은데, 본인은 극구 부인했습니다. 그런 사람이라면 성인의 경지라며 사양했고, 자신은 그저 "옛것을 좋아하여 민첩하게 탐구하는 사람"(好古, 敏以求之者也. 「술이述而」)이라 하여 그다음 등급인 '배워서 아는 사람'임을 자처했습니다.

둘째 등급인 '배워서 아는 사람'이라는 말은 천성이 공부하기를 좋아해서 아는 사람이라는 뜻입니다. 예를 들어 무슨 시험을 준비하기 위해서나 특별한 실용적 목적을 가지고 배우는 사람이 아니라 그저 공부하기를 좋아하여 자발적으로 나서서 공부하는 사람을 말합니다. 성공을 위해 공부를 수단으로 삼는 경우도 배워서 알게 되기는 하겠지만 그럴 경우, 성공과 함께 배움을 떠나는 일이 많아서 여기서 말하는 부류와는 다릅니다. 이런 사람은 늘 즐기는 자세로 공부할 것이므로 배움의 목표 지점에 도달하기가 매우 쉽습니다.

셋째 등급인 '곤경에 처해서 공부하는 사람'은 무언가 일을 하다가 가로막힘이 있어서 배우기 시작한 경우입니다. 가령, 어떤 사람이 사업을 하며 보니 인간관계에서 문제가 생겨 제동이 걸리고, 뒤늦게 이를 공부하기 시작했다면 이런 예입니다. 이 경우,

좀 늦기는 해도 문제를 깨닫고 열심히 한다면 소기의 성과를 거둘 수 있을 것입니다. 이 점에서 맨 첫 단계에서 셋째 단계까지는 비록 그 깊이나 속도에 차이가 있을망정 일상을 영위하는 데 있어서 큰 차이는 없습니다.

그러나 맨 마지막 단계는 사정이 다릅니다. 아무리 곤경에 처해도 배우려 들지 않는 경우로, 무엇이 문제인지 전혀 파악이 되지 않는 사람입니다. 성적이 급격히 떨어졌는데도 만회할 생각을 못하거나, 사업 실적이 나빠졌는데도 계속 불황 탓만 하고 있다면 공부와 사업이 잘될 리가 없습니다. 이런 사람들은 게으름을 여유라고 우기며, 근거도 없고 대책도 없는 낙관적인 전망을 하기 일쑤입니다. 천하의 큰 스승이 있다 해도 이런 사람에게는 아무런 대책을 세워 줄 수 없을 것입니다. 태어나면서부터 아는 사람에서 가장 멀리 떨어져 있는 경우라 하겠습니다.

이 넷을 한문 원문으로 '생이지지生而知之, 학이지지學而知之, 곤이학지困而學之, 곤이불학困而不學'이라고 하는데 잘 새겨 두었다가 자신이 어떤 상황인지 파악해 본다면 배움을 독려하는 데 도움이 될 것입니다.

중간 이하에게 아주 높은 도리를 말할 수 없다

앞서 살펴본 네 등급 가운데, 특히 맨 마지막 등급이라면 누구도 도울 방법이 없습니다. 공자도 그랬습니다.

스승님께서 말씀하셨다.

"중간 이상의 사람에게는 높은 이치를 말할 수 있으나 중간 이하의 사람에게는 높은 이치를 말할 수 없다." - 「옹야雍也」

子曰, "中人以上, 可以語上也, 中人以下,
자 왈　중 인 이 상　가 이 어 상 야　중 인 이 하
不可以語上也."
불 가 이 어 상 야

세상 사람을 3등급으로 나눈다면, 상·중·하 등급이 있게 됩니다. 위의 말에서 중간 이상의 사람은 상급과 중급을 말하며, 중간 이하의 사람은 하급을 말합니다. 위의 두 등급 정도에게는 '상' 정도의 이치까지 말해 볼 수 있지만 맨 아랫등급은 원천적으로 불가능하다는 말입니다. 그렇다고 맨 아랫등급은 포기하라는 말이 아니라, 너무 심오한 수준의 이치를 가르치려다 포기하게 되느니 보통의 이치를 잘 가르쳐서 일상생활을 잘해 나갈 수 있게 다독인다면 그 또한 좋은 교육이라는 의미로 보입니다.

몇 해 전, 어느 대학의 학생회 임원 몇이서 어떤 교수 연구실을 찾은 일이 있었습니다. 대학 강의가 전반적으로 만족스럽지 못하다는 하소연이었습니다. 그 교수의 전공이 교육과정이어서 그런 상담에 적임자라고 여긴 까닭입니다. 그런데 그 교수가 이렇게 물었답니다. "자네들이 생각하는 좋은 강의란 어떤 강의인가?" 학생들이 대답했습니다. "이해가 잘 되는 강의입니다.", "얼마나 이해가 되면 이해가 잘 된다고 생각하나?", "한 80퍼센트쯤 이해가 되어야 할 것 같습니다." 그렇게 대화가 오가는 중에 교수가 일격을 가했습니다. "그래, 자네들은 3학점짜리 한 강좌를 위해 수업 시간 이외에 일주일에 몇 시간이나 쓰고 있나?" 그러자 학생들이 모기만 한 소리로 대답했습니다. "전혀 안 씁니다."

이 대화를 왜 꺼냈는지 아시겠습니까? 수업 시간에 교수의 강의 듣는 것 이외에는 어떠한 학습활동도 하지 않는데 80퍼센트 이상이 이해가 되는 강의라면 그 강의의 정체성은 무엇일까요? 대중 강연이나 문화센터 강좌가 될지는 몰라도 대학 정규 과정의 강의가 될 수는 없습니다. '하'에 머물러 있는 사람을 중간 과정 없이 곧바로 '상'으로 올라서게 할 수는 없습니다. 높은 도리를 알려면 높은 도리를 알 수 있는 기초 준비를 갖추어야 하기 때문입니다. 손가락 쓰는 법도 제대로 익히지 못하고서 현란한 곡을 연주할 수는 없습니다. 어떤 영역에서의 능력이 최하 등급인 경우라면 의지만 가지고 최상 등급의 것을 가르치려 해서는 곤란합니다. 차별해서가 아니라, 그렇게 하지 않으면 그나마 그 사람이 배울 수 있는 최상의 교육 기회를 놓치기 때문입니다.

지혜보다 더한 어리석음

그러나 지식이나 지혜로 세상일이 다 해결될 것만 같았으면 지금 같은 혼란은 없었을 겁니다. 실천에 있어서 길이 갈리고, 현실의 상황이 그때그때 다르기 때문입니다.

스승님께서 말씀하셨다.

"영무자는 나라에 도가 있으면 지혜로웠으며, 나라에 도가 없으면 어리석었다. 그 지혜에는 미칠 수 있어도 그 어리석음에는 미칠 수 없다." - 「공야장公冶長」

子曰, "甯武子, 邦有道則知, 邦無道則愚. 其知可及也,
자 왈   영 무 자   방 유 도 즉 지   방 무 도 즉 우   기 지 가 급 야
其愚不可及也."
기 우 불 가 급 야

영무자甯武子는 위나라의 벼슬아치입니다. 그는 문공文公과 성공成公 두 임금 때 벼슬을 했는데, 두 시기가 아주 달랐습니다. 문공 때는 편안하여 나라가 잘 다스려졌지만, 성공 때에는 어지러워 나라를 잃고 임금이 나라 밖으로 피해 다니다가 포로가 될 정

도였습니다. 영무자는 이렇게 상반된 두 시절에, 서로 다른 대응 방식을 보였습니다. 문공 때는 자신의 지혜를 십분 발휘하여 태평하게 이끌었고, 그래서 도리어 자신의 공이 덜 드러났습니다. 지금도 그렇잖아요. 모두 편하게들 지낼 때는 정치인이 누구인지 신경이나 쓰겠습니까. 각자 일을 하면 그만인걸요.

그러나 성공 때는 나라가 어려워졌고, 국난을 타개하기 위해 아무도 선뜻 나서려 하지 않았습니다. 그럴 때, 영무자는 그 어려움을 회피하지 않고 마치 어리석은 사람인 것처럼 전면에 나서서 임금을 구해 내기에 이릅니다. 단순히 어리석다기보다는 융통성이 없는 우직愚直함을 보였지요. 공자가 주목하는 부분이 바로 그 지점입니다. 태평한 시절에 나라를 다스리는 것은 웬만큼 지혜로운 사람들이라면 잘할 수 있겠지만, 어지러운 시절에 자신의 지혜를 감추고 어리석은 사람인 듯이 행동하여 업적을 이루는 일은 아무나 해내기가 어렵다는 것입니다.

영무자가 몸을 사렸다면 어떻게 되었을까요? 자신의 몸을 지킬 수는 있었을지언정 나라는 패망하고 말았겠지요. 이는 정작 사정이 좋을 때만 나서서 제 이득을 한껏 취하고, 어려워지면 이내 내빼서 제게 닥칠 불이익을 막아 본 데 지나지 않는 처신입니다. 자신을 돌보지 않고 국난에 뛰어든 것은 일반적인 시각에서 분명 어리석음입니다만, 영무자가 정말 지혜로운 사람이었기에 그 어리석음을 발휘한 셈입니다. 그렇게 멀리 가지 않더라도, 김수환 추기경만 해도 독재의 서슬 아래 남들이 선뜻 나서지 못할 때 앞장서신 분이지요. 그래서 '바보' 추기경으로 불리는 게 썩 잘 어울리고, 이런 어리석음은 거의 성자聖者에 근접하는 절대 지혜의 영역입니다.

이렇게 쓰고 보니 영 갈피를 잡을 수 없을 듯합니다. 『논어』 전체에서 겨우 세 대목을 인용하면서, 지혜로운 사람들을 차례로 등급을 나누어 놓고는, 등급 차이가 심하면 서로 옮겨갈 수 없다고 하더니만, 급기야는 지혜로움보다 어리석음을 칭송하니까요.

분명한 점은, 공자에게 있어 구해야 할 것은 공변된 하늘의 이치에 닿은 성인의 앎과 지혜였습니다. 그러나 보통 사람들은 그런 타고난 성인이 아닌 까닭에, 배움을 통해서 거기에 근접하려 노력을 합니다. 하지만 워낙 뛰어난 인물과 견주어 보면, 자신이 타고난 능력과 최선의 노력으로도 도저히 넘어갈 수 없는 간극이 생기기도 합니다. 그럴 때는 욕심내지 말고 조금씩 올라서는 방법을 써야 합니다. 또, 아주 가끔은 도리어 지혜와는 담을 쌓은 듯이 행동해야 지혜와 가까워지기도 합니다.

힘들다고요? 당연합니다. 공자도 힘들어했고, 공자의 제자들도 힘들어했고, 그걸 배우겠다고 나섰던 많은 사람들도 다 힘들어했습니다. 이럴 때는 키케로Cicero의 명언대로, 예지〔프루덴티아, prudéntia〕란 "추구되어야 할 사물과 회피되어야 할 사물에 관한 실제 지식"[2]이라는 말이 정답입니다.

—— 4 ——

교육은 맞춤식으로

'맹모단기孟母斷機'라는 고사성어가 있습니다. 맹자가 공부를 하다 말고 집에 들어왔는데, 맹자 어머니가 베틀에 앉았다가 실을 잘라 버렸다는 이야기입니다. 공부를 중간에 그치면 이렇게 된다는 엄한 가르침이었다는 거고, 그래서 맹자는 그 뒤로 더욱 열심히 공부했다고 합니다. 이게 실제 있었던 일일까 의아하지만, 그런 내용이 전하는 이유는 알 것 같습니다.

교육대학교에 근무하다 보니 학생들이 모두 예비 교사입니다. "여러분들이 맹자 어머니 같은 상황이면 어떻게 하겠습니까?" 제가 그렇게 물어보면 열이면 여덟아홉은 그렇게 엄하게 교육해야 한다고 대답합니다. 그러나 입장을 바꾸어서 "여러분이 맹자 같은 상황이라면 나중에 어떻게 되었겠습니까?"라고 물으면 대답이 갈립니다. 더 열심히 했을 것 같다는 대답도 있지만, 어머니의 그런 과격한 행동 탓에 움츠러들었을 것 같다는 대답도 많습니다.

『맹자』를 읽어 보면 맹자는 웬만한 일로는 주눅 들지 않을 만큼 단단한 사람이었습니다. 나중에 수양을 쌓아서 그렇게 된 부분도 분명 있겠지만, 일정 부분 타고나길 그랬을 겁니다. 그러니까 그런 고사성어가 맹자의 이야기로 입혀져서 세상에 통용될 수 있었겠지요. 반대로, 사도세자思悼世子 같은 경우는 아버지 영조英祖의 엄한 교육 탓에 타고난 총명함을 제대로 발휘하지 못하고 정신병자로 지내다 비극적인 죽음을 맞았습니다.

즉각 행하는 사람과 멈칫대는 사람

정말이지 정답이 없습니다. 사람도 다르고 상황도 다르니까요.

자로가 물었다.
"들으면 곧 실행해야 합니까?
스승님께서 말씀하셨다.
"아버지와 형이 계신데 어찌 듣고 곧 실행하겠느냐?"
염유가 물었다.
"들으면 곧 실행해야 합니까?"

스승님께서 말씀하셨다.

"들으면 행해야지!"

공서화가 말했다.

"유(자로의 이름)가 '들으면 곧 실행해야 합니까?'라고 묻자 스승님께서 '아버지와 형이 계신데'라 하셨는데, 구(염유의 이름)가 '들으면 곧 실행해야 합니까?'라고 묻자 스승님께서 '들으면 행해야지!'라고 하셨습니다. 제가 거기에 대해 미심쩍어 감히 여쭙습니다."

스승님께서 말씀하셨다.

"구는 뒤처지기 때문에 나아가게 한 것이고, 유는 앞서가기 때문에 물러나게 한 것이다." - 「선진先進」

子路問, "聞斯行諸?"子曰, "有父兄在,
자 로 문　　문 사 행 저　　자 왈　　유 부 형 재
如之何其聞斯行之?"冉有問, "聞斯行諸?"子曰,
여 지 하 기 문 사 행 지　　염 유 문　　문 사 행 저　　자 왈
"聞斯行之."公西華曰, "由也問聞斯行諸, 子曰,
문 사 행 지　　공 서 화 왈　　유 야 문 문 사 행 저 자 왈
'有父兄在', 求也問聞斯行諸, 子曰, '聞斯行之'. 赤也惑,
유 부 형 제　　구 야 문 문 사 행 저　　자 왈　　문 사 행 지　　적 야 혹
敢問."子曰, "求也退, 故進之, 由也兼人, 故退之."
감 문　　자 왈　　구 야 퇴　　고 진 지　　유 야 겸 인　　고 퇴 지

공자는 똑같은 사안을 두고 정반대의 해법을 냈습니다. 올바른 도리에 대해 들었으면 즉각 실행해야 하는가에 대한 물음에서, 한 제자에게는 집에 어른이 계신데 그 의견을 들은 후에 하라

고 했고, 또 한 제자에게는 그럴 것 없이 즉각 하라고 했던 것입니다. 당연히 어느 쪽이 옳은 것인지 갈피를 못 잡고 있는데, 공자의 대답은 간명했습니다. 한 사람은 늘 생각나는 대로 즉각 실천하는 것이 문제였고, 한 사람은 늘 멈칫대는 것이 문제였으니까요. 그러니 앞의 제자에게는 앞뒤를 재 보는 시간을 가져 정도正道를 벗어나지 않도록 했고, 뒤의 제자에게는 필요 이상으로 머뭇대는 습성을 벗어나 정도에 이르도록 했습니다. 결과적으로는 모두 한 목표에 이를 수 있는, 서로 다른 방법이었던 것이지요.

자, 이제 조금 더 찬찬히 봅시다. 자로[유]와 염유[구]가 똑같은 질문을 했다고 했는데, 사실은 같지 않습니다. 모르긴 해도 그 말을 물을 때 속마음은 아마 이랬을 겁니다. "들으면 즉각 행해야 옳지 않습니까?"(자로), "듣는다고 즉각 행해도 괜찮을는지요?"(염유) 한 사람은 평소에 즉각 실행하는 데 중점을 두는 사람이라 계속 그렇게 할 요량으로 공자의 동의를 구한 것이고, 한 사람은 평소에 멈칫대는 사람인데 혹시 즉각 실천에 옮길 때 무슨 문제가 있을지 걱정스러웠던 것입니다.

공자가 그 둘의 개성을 빤히 꿰뚫고 있었기에 맞춤형의 처방을 냈습니다. 어느 쪽이나 균형을 잡아 주려 한 것이지요. 그런데 이 대화를 보고는, 같은 학급에 있는 기질이 상반되는 두 학생을 서로 다르게 가르치는 교사의 노력 정도로 이해하려 해서는 조금 곤란합니다. 여기 나오는 제자들은 요즈음의 동급생 개념으로 보기에는 너무 나이 차이가 많으니까요. 자로는 공자와 불과 아홉 살 차이밖에 안 났지만, 염유는 스물아홉 살이나 차이가 났습니다. 자로와 염유가 공자 앞에서는 똑같은 제자라 해도 스무 살 차이나 나니, 염유의 입장에서 자로는 아버지뻘인 사람이었습니다.

그러고 보면 위 대목이 더 이상합니다. 나이가 아주 많은 제자인 자로에게는 매사에 부모님께 여쭈어본 후 실행하라고 했고, 아주 어린 염유에게는 그럴 것 없이 즉각 하라고 했으니까요. 상식적으로는 정반대로 해야 하는데, 공자는 파격적인 지침을 내렸습니다. 한술 더 떠서 공서화는 공자와 무려 마흔두 살이나 차이가 났습니다. 자로든 염유든 공서화로서는 까마득한 선배들인데 스승께서 영 다른 지침을 내렸으니 의아했던 겁니다. 앞서 살핀 대로 공서화는 나이가 어릴 뿐만 아니라 다른 제자들에 비해 포부도 소박했으며 거침없이 나서는 스타일이 아니었습니다. 그래서 저렇게 공손하게 물은 것이고, 공자는 또 거기에 대해 친절하게 설명해 주었습니다.

과유불급 過猶不及

과유불급은 글자대로 풀면 "지나친 것이 미치지 못한 것과 같다."입니다. 그런데 어쩐 일인지 "지나친 게 미치지 못한 것만 못하다."로 풀이하는 일이 잦습니다. 이 말은 앞에서 본 사례와 크게 다르지 않습니다.

자공이 물었다.
"사(자장의 이름)와 상(자하의 이름)은 누가 더 현명합니까?"
스승님께서 말씀하셨다.
"사는 지나치고, 상은 미치지 못한다."
자공이 말했다.
"그렇다면 사가 더 낫습니까?"
스승님께서 말씀하셨다.
"지나친 것은 미치지 못한 것과 같다." - 「선진先進」

子貢問, "師與商也孰賢?" 子曰, "師也過, 商也不及."
자공문   사여상야숙현   자왈 사야과   상야불급
曰, "然則師愈與?" 子曰, "過猶不及."
왈   연즉사유여   자왈 과유불급

자장은 재주가 뛰어나고 뜻이 높아서 항상 어려운 일에 앞장섰으며, 자하는 성실하고 신중하나 멈칫대는 경향이 있었습니다. 이렇게 본다면 자장이 자하보다 낫다고 여길 여지가 있습니다. 그래서 자공이 그 사실을 확인하기 위해 되물은 것이겠습니다. 그러나 공자는 매사에 지나친 자장이나 매사에 조금 모자란 자하가 같다고 했습니다. 어느 한쪽이 더 낫다고 하지 않았다는 사실

過猶不及
과 유 불 급

지나친 것이 미치지 못한 것과 같다

을 쉽게 보아서는 안 됩니다.

왜 그럴까요? 살다 보면 적극적으로 새로운 일을 해야 할 때가 있고, 소극적인 듯이 보이더라도 있는 것을 지키는 데 힘을 모아야 할 때가 있습니다. 꼭 그런 것은 아니더라도, 일반적으로 창업創業을 할 때는 적극적으로 밀어붙이는 진취적인 기상이 필요하고, 수성守成을 할 때는 보수적인 견지에서 지금까지 이루어 낸 것을 잘 지키는 것이 유리합니다. 사업을 하더라도 적대적인 관계의 기업들까지 합병을 하여 규모를 키워야 할 때는 외향형 인간이 뛰어난 성과를 내고, 안정기에 접어들어 유지하는 게 중요할 때는 내향형 인간이 뛰어난 성과를 냅니다. 그래서 외향성이 강점일 것으로 인식되는 기업 CEO 가운데도 "카리스마 있는 사람으로 인식되는 이들이 연봉은 더 많이 받았지만 실적은 좋지 않았다."[3]는 연구 결과도 있습니다.

사람마다 타고난 기질이 다르고, 상황마다 타개할 방법이 다를 텐데, 문제는 언제나 어느 한 방향으로 고착된다는 데 있습니다. 자장과 자하 역시 그들에 맞는 상황을 만난다면 그것이 장점으로 작용하여 제 기량을 마음껏 발휘하기 쉽겠지만, 그렇지 않을 때는 도리어 부담스러운 단점이 될 수도 있습니다. 공자는 그런 답답함을 벗어나길 촉구하였습니다. 그래서 공자는 이렇게 조심스레 말하고 있는 거지요. "사야, 너는 조금만 멈칫대면 좋겠다.", "상아, 너는 조금만 더 적극적으로 나서면 좋겠구나."

두 번이면 된다

그렇게 무엇이든 적정선을 벗어나면 문제가 됩니다.

계문자는 세 번 생각한 뒤에야 행동에 옮겼다. 스승님께서
들으시고는 말씀하셨다.
"두 번이면 될 것이다." - 「공야장公冶長」

季文子三思而後行. 子聞之曰, "再, 斯可矣."
계 문 자 삼 사 이 후 행   자 문 지 왈   재   사 가 의

계문자季文子는 노나라의 벼슬아치로 공자 이전의 사람인데, 그
에 대해 전해지는 이야기를 듣고 공자가 이렇게 말했습니다. 세
번씩이나 심사숙고하는 자세는 훌륭하지만, 생각에만 빠져 있
다 보면 실행 시기를 놓칠 수도 있고, 여러 번 생각한 결과 도리
어 처음 생각보다 못할 수도 있습니다. 계문자는 외국에 사신으
로 갈 때 그곳 임금이 아프다는 말을 듣고 상례喪禮까지 알아 가지
고 갔다고 합니다. 물론 준비하는 자세는 칭찬할 만합니다. 그러
나 사신으로 가는 목적이 조문도 아니고 상대편 나라에서는 불쾌
해할 수도 있는 일입니다.
　여러 사람이 여행을 갈 때 보면 꼭 그런 사람이 한둘 있습니다.
온갖 상비약을 준비하고, 비상시를 대비하여 여권 사본을 여러

장 만들어 두는 사람들 말입니다. 매사를 그렇게 꼼꼼하게 대비하는 습성은 분명 좋은 것입니다. 그러나 여행이라는 것이 일상의 족쇄에서 벗어나 아주 다른 곳을 구경해 보려는 것임을 생각할 때, 최악의 경우까지 가정한 준비는 그 마음가짐부터 여행의 즐거움을 반감시킬 법합니다. 공자가 주목하는 점도 바로 그런 것 같습니다. 심사숙고하는 자세는 좋은데, 그로 인해 본래의 목표 방향과 어긋나는 문제 말입니다.

이 대목에 대해 宋나라의 철학자 정자程子가 붙인 주석이 재미납니다. 악한 사람이 악한 짓을 할 때는 생각을 안 하고 하는데, 생각을 한 번 한다면 제 잘못을 알 것이며 두 번 거듭했다면 충분하다는 것입니다. 그런데 세 번까지 이른다면 기껏 올바로 생각해 놓고 다시 사사로운 이익을 생각하여 틀릴 수도 있다는 거지요. 무엇이든 지나치면 문제입니다. 과단성 있게 무조건 나서는 것만큼이나 지나치게 많이 재는 것 또한 문제인 것이지요. 합리적인 이유들을 따지며 선택하는 자세는 훌륭하지만, 어느 쪽이든 확신이 안 설 때는 그만 결정을 해야 합니다. 그야말로 결단의 순간인 것이지요. 그러나 "결정해야 하는 순간에도 선택을 하고 싶어 하기 때문에 괴로움에 빠지는 것"입니다.

공자가 가는 길은 큰길입니다. 공자가 모는 수레는 모범 수레이며, 용도에 따라 다른 수레를 썼습니다. 승객이 너무 많으면 줄이고, 너무 적으면 늘렸습니다. 길가로 치우치는 수레는 가운데로 끌어 줍니다. 너무 빠르거나 느리면 정상 속도로 조절해 줍니다. 여행객을 전차에 태우거나 병사를 일반 수레에 태우지 않았습니다. 모두 목적지까지 가장 편안하고 신속하게, 가장 효율적으로 데려가기 위한 것입니다.

정확하게 말하자면 사람 따라 상황 따라 달라진 것이 아니라, 제대로 가기 위해 최적의 조정을 거친 결과입니다.

마음이 편안한가?

몸과 마음이 하나인지 둘인지 알쏭달쏭합니다. 분명 따로 있는 것 같지만 실제로는 그렇지 않기도 한 것 같습니다. 어느 한쪽에 문제가 생기면 이내 다른 쪽에도 문제가 생기는 겁니다. 그래서 몸이 생각대로 안 움직일 때, "몸이 말을 안 들어."라는 말을 씁니다. 물론 그 반대의 경우도 있지요. 몸은 이미 이쪽으로 방향을 틀었는데, 마음은 저쪽에 미련이 남아 서성대는 겁니다. 둘 사이에 아무런 오차도 없이 함께 간다면 정말 좋을 텐데 말처럼 쉽지 않지요.

그러나 그보다 더 어려운 것은 나와 남과의 관계입니다. 내가 마음먹은 대로 남이 움직여 주는 것도 아니고, 남이 마음먹은 대로 내가 끌려가는 것도 아닙니다. 물론 서로의 마음이 하나가 되는 순간이 없는 것은 아니지만 그야말로 순간일 뿐입니다. 나와 남이 하나가 되는 합일의 시간이 오래도록 지속되기를 꿈꾸지만 이내 어긋나고 맙니다. 그래서 나의 뜻대로 남을 움직여 보려 떼를 써 보기도 하고, 나를 남의 뜻에 맞추려 억눌러 보기도 합니다.

도저히 접점을 못 찾을 때, 마음 가는 대로 하고 또 내 뜻대로 하면서 아무런 문제가 없는 그런 기적은 없는 걸까 생각합니다. 정말 기적 같은 일이지요.

위기지학爲己之學과 위인지학爲人之學

공부를 하는 데 있어서 초점을 나에게 맞추어야 할까요, 남에게 맞추어야 할까요?

스승님께서 말씀하셨다.
"옛날의 배우는 이는 스스로를 위해 했는데, 요즈음의 배우는 이는 남을 위해 한다." - 「헌문憲問」

子曰, "古之學者爲己, 今之學者爲人."
자왈   고 지 학 자 위 기   금 지 학 자 위 인

흔히 말하는 '위기지학'과 '위인지학'이 대립되어 있는데 세심

히 살펴야 합니다. 자칫하면 앞의 것은 이기적인 것이고, 뒤의 것은 이타적인 것으로 오해될 수 있기 때문입니다. 그러나 실제의 뜻은 거의 정반대여서, 옛날에 공부하는 사람들은 남에게 보여주기 위한 형식적인 공부가 아니라 자신의 삶을 제대로 완성해내기 위한 공부에 힘썼는데, 지금 공부하는 사람들은 명성을 얻거나 남들의 기준에 맞추는 과시용 공부에 힘쓴다는 것입니다.

공자는 위인지학을 철저히 배격했습니다. 어느 운동선수가 그랬듯이, 자신의 경쟁자는 자신밖에 없다는 신념으로 철저하게 자기 수양에 매진할 것을 독려했습니다. 물론 비교를 해야 선의의 경쟁이 가능할 테니 그것도 의미가 있습니다만, 경쟁심을 불태우다 보면 잘 살아가는 데 목표를 두기보다는 이기는 데 급급한 경향이 있습니다. 또, 꼭 남과 경쟁을 하지 않더라도 배움을 타인을 위한 것으로만 내몰 때, 가령 "배워서 남 주자!"는 식의 모토만으로 덤벼들 때, 배움의 즐거움이 반감되어 이상적인 목표를 향한 추동력이 도리어 떨어지는 일도 있습니다.

일전에 선배 한 분이 은퇴를 하였다고 하여 만나 뵌 일이 있는데 이렇게 말씀하시는 겁니다. "이제 밥벌이가 아닌 책을 보게 되니까 편해졌어." 순간, 울컥했습니다. 남의 이야기가 아니었으니까요. 가르치는 일을 업으로 삼다 보면 다들 그렇습니다. 책을 읽으면서도 이 대목을 무슨 수업에 어떻게 가르치는 데 활용할까 궁리해 보기도 하고, 어떤 책이나 논문을 쓰는 데 인용하면 좋을까 하는 생각을 하기도 합니다. 이런 맥락에서 본다면, 위기지학이 자신의 수양을 위해서 공부하는 것이라면, 위인지학은 남을 돕기 위한 공부라 하겠습니다. 둘 다 좋은 일이지만, 자신의 수양은 뒤로 한 채 남을 돕는 데만 집중하는 것이 문제이겠지요.

실제로, 정약용 선생이 이 대목을 그렇게 해석했습니다. "몸소 선행을 실천하면 나의 덕이 향상되고 입으로 선언善言을 말하면 사람은 도를 듣게 되니, 위기爲己란 자신에게 더하는 것이며 위인爲人이란 남에게 도움을 주는 것이다."[5] 이렇게 볼 때 둘 다 좋은 측면이 있지만, 전자가 자신의 수양이 잘되어 자연스럽게 다른 사람을 깨우치는 데까지 이르게 된다면, 후자는 남을 돕는 데 무게중심이 두어지면서 정작 자기 자신의 삶에 좋은 영향을 주는 데는 부족함이 있을 수도 있고, 정진의 폭과 깊이가 떨어져 남에게 끼치는 영향력에도 일정한 한계가 생길 겁니다. 결과적으로 나와 남의 공동 발전이라는 이상에 도달하는 데 차이가 나겠지요.

네가 편안하다면 그렇게 해라!

이와 똑같은 논리로, 이제 예법으로 가 보지요. 지금도 그렇지만 예법을 지키다 보면 그렇게 하는 게 과연 무슨 의미가 있는지 의아할 때가 많습니다.

재아(재여)가 물었다.

"삼년상이라 지내는데, 일 년도 너무 오래인 듯합니다! 군자가 삼 년간 예禮를 익히지 않으면 예가 반드시 무너질 것이며, 삼 년간 악樂을 익히지 않으면 악이 반드시 무너질 것입니다. 일 년이면 묵은 곡식이 다해 햇곡식이 나오며 불씨 만드는 나무도 바뀌니 일 년이면 그만일 듯합니다."

스승님께서 말씀하셨다.

"쌀밥을 먹고 비단옷 입는 것이 네 마음에 편안하냐?"

재아가 대답했다.

"편안합니다."

"네가 편안하다면 그렇게 해라! 대체로 군자가 상중일 때에는 맛난 음식을 먹어도 달지 않으며, 음악을 들어도 즐겁지 않고, 좋은 데 살아도 편안하지 않기 때문에 그렇게 하지 않는 것이다. 지금 네가 편안하다면 그렇게 해라!" - 「양화陽貨」

宰我問, "三年之喪, 期已久矣! 君子三年不爲禮,
재 아 문   삼 년 지 상 기 이 구 의   군 자 삼 년 불 위 례
禮必壞, 三年不爲樂, 樂必崩. 舊穀旣沒, 新穀旣升,
예 필 괴 삼 년 불 위 악 악 필 붕 구 곡 기 몰 신 곡 기 승
鑽燧改火, 期可已矣." 子曰, "食夫稻, 衣夫錦,
찬 수 개 화 기 가 이 의   자 왈   식 부 도   의 부 금
於女安乎?" 曰, "安." "女安則爲之! 夫君子之居喪,
어 여 안 호   왈   안   여 안 즉 위 지 부 군 자 지 거 상
食旨不甘, 聞樂不樂, 居處不安, 故不爲也.
식 지 불 감 문 악 불 락 거 처 불 안 고 불 위 야
今女安則爲之!"
금 여 안 즉 위 지

유교의 예법에 따르면, 부모상을 당하면 자식은 삼년상을 치렀습니다. 만 2년을 상복을 입고, 고기를 먹지 않고, 묘소 옆에 움막 같은 집을 짓고 살았습니다. 한마디로 의식주를 모두 가장 간소하게 하면서 추모하는 시간을 가진 겁니다. 당연히 정상적인 업무를 볼 수 없었지요. 그래서 제자 재여는 삼년상은 너무 길다고 줄일 수 있겠는지 문의하고 있는 겁니다. 그 정도의 공백이라면 예악을 익히는 데도 문제가 있을 것이라는 이유 있는 항변을 하고 있습니다.

그런데 공자의 대답이 뜻밖입니다. 그런 예법에 개의할 것 없이 본인의 마음에 따르라고 합니다. 부모의 상중喪中에는 좋은 음식을 먹어도 맛있는 줄 모르고, 좋은 데서 살아도 편한지 모르기 때문에 그런 것이니까, 좋은 음식이 맛있고 좋은 거처가 편안하다면 그렇게 하라는 겁니다. 그러니까 예법은 정해진 예가 그러니까 어쩔 수 없이 지켜야 하는 게 아니라, 지키려고 애를 쓰지 않아도 마음속 슬픔이 극진하면 자연스럽게 그렇게 되어 나온 결과라는 뜻입니다.

마음대로 해도 법도를 넘지 않는다

그렇다면 실제 공자의 삶이 그렇게 마음 가는 대로 해도 아무 문

志學^{지학}

而立^{이립}

不惑^{불혹}

知天命^{지천명}

耳順^{이순}

從心^{종심}

공자는 15세에 자신의 꿈을 찾았고 55년간 쉼 없이 매진한 끝에 뜻을 이루었습니다. 모두가 공자의 단계에 이를 수는 없지만, 그가 도달한 곳을 바라보면서 조금 더 나아갈 수 있습니다. 그것이 지금 공자를 다시 돌아보는 까닭입니다.

제없는 경지에 이르렀을까요? 당연히 그랬습니다. 공자는 스스로의 삶을 이렇게 간단히 정리하였습니다.

스승님께서 말씀하셨다.

"나는 15세에 학문에 뜻을 두었으며, 30세에 섰고, 40세에 현혹되지 않았고, 50세에 천명을 알았고, 60세에 귀가 순해졌고, 70세에 마음이 하고자 하는 대로 따라 해도 법도를 넘지 않았다." - 「위정爲政」

子曰, "吾十有五而志于學, 三十而立, 四十而不惑,
자왈 오십유오이지우학 삼십이립 사십이불혹
五十而知天命, 六十而耳順, 七十而從心所欲, 不踰矩."
오십이지천명 육십이이순 칠십이종심소욕 불유구

나이 열다섯에 이미 학문에 뜻을 두었다고 했으니 남다른 자세입니다. 그때는 혈기가 한창 끓어오르기 시작할 때여서 나가 벗들과 놀기 좋아하고, 이성에 대한 관심이 커져 보통 사람들이 공부에 뜻을 두기 어렵습니다. 그다음 서른에는 "섰다."고 했는데 이는 학문의 경지를 말합니다. 공부에 뜻을 두어 한 십오 년을 공부해서 공부가 제자리를 잡아 특별히 공부를 해야겠다는 다짐 같은 게 없어도 스스로 공부할 만큼이 되었다는 뜻일 겁니다. 어떤 학문에서든 서른 살에 자기 주견을 가지고 홀로 설 수 있다는 것은 보통 경지가 아닙니다.

그다음부터는 더 어렵습니다. 마흔에는 외부의 어떠한 것에도 현혹되지 않는 꼿꼿함을 가졌다고 했으니까요. 그러나 보통 사람들의 마흔은 혈기가 줄어들고 건강에도 이상이 오는 등 노화의 기운이 역력한 때입니다. 그래서 한눈팔지 않고 열심히 살아오던 사람들도 조금씩 유혹에 흔들리는 때인데 공자는 거꾸로 더욱 굳건해졌습니다. 이어 쉰에 천명天命, 곧 하늘이 정한 운명을 알았다고 했는데 이 또한 쉽지 않습니다. 이는 인간의 사리사욕을 벗어나 세상 전체의 질서에서 정해진 것이 무엇인지 알았다는 뜻인데, 보통 쉰은 초로初老의 나이로 신체가 늙어 가는 것에 대한 한스러움과 미처 이루지 못한 꿈들에 대한 실망감이 심해질 나이이고 보면 공자의 특별함이 드러납니다.

다음으로, 예순 살과 일흔 살은 그 당시로서는 완전한 노인입니다. 사람이 늙으면 공연히 서운하거나 서러운 게 많아집니다. 그런데 공자는 예순에 귀가 순해졌다고 했습니다. 어떤 말을 들어도 잘 받아들이고, 세상 이치에 훤했다는 뜻입니다. 그리고 맨 마지막 일흔이 되어서는 자기가 하고 싶은 대로 다 해도 세상의 바른 법도에서 조금도 벗어남이 없는 경지를 이루었음을 선언했습니다. 일흔이면 멀쩡하던 사람도 치매에 걸리거나 똑똑하던 사람도 판단력이 흐려지는 때임을 감안하면 놀랍습니다.

공자가 말한 이 여섯 단계는 한문 원문에서 두세 글자씩을 따서 '지학志學, 이립而立, 불혹不惑, 지천명知天命, 이순耳順, 종심從心'

이라고 합니다. 그래서 각각을 열다섯, 서른, 마흔, 쉰, 예순, 일흔이라는 나이의 별칭으로 쓰기도 하는데, 사실은 잘못된 것입니다. 그것은 성인인 공자가 각고의 노력을 거쳐 이룩한 그 단계의 최고 경지이기 때문입니다. 그러니 나이 마흔이 되었을 때 "내가 불혹의 나이가 되었어."라고 이상한 소리를 할 게 아니라 "공자는 내 나이에 불혹에 이르렀다는데"라며 반성을 하는 게 옳겠습니다. 별로 깨친 것도 없으면서 쉰이 되었다고 스스로 '지천명'이라고 일컬어서는 안 되고, 예순에 "내가 벌써 이순이야."라거나 일흔에 "종심이 되었다."는 덜떨어진 소리를 해서는 안 됩니다.

그러나 우리 모두 공자가 이룬 각각의 삶의 단계에 이를 수는 없지만, 공자가 도달한 그곳을 바라보면서 조금 더 나아갈 수는 있습니다. 그것이 공자를 다시 돌아보는 까닭이고, 그렇게 함으로써 공자가 바라던 참된 세상을 이루는 데 한 발 더 나아가는 것이니까요. 마음이 가는 대로 다 해도 아무 문제없이 온 세상이 평화로워질 때까지 조금씩 더 나아가 볼 일입니다.

그렇게 살다 보면, "어느 날 죽음이 내 방 문을 노크한다 해도 읽던 책장을 황급히 덮지는 말자"라던 최승자 시인의 다짐대로, 참된 평화가 내려설 것을 믿어 보아야겠습니다. 그러려면 그 순간까지 꼭 붙잡고 있을 무언가가 있어야 할 겁니다. 공자도 우리처럼 걱정하고 애썼듯이, 우리에게도 공자처럼 그렇게 넉넉하고 알찬, 또 그래서 평화롭고 보람찬 나날들이 열리기를 기원합니다.

독자 여러분, 이것으로 제 글은 끝났습니다.

이제 여러분들이 쓰실 차례입니다. 제 글에 대한 답장이 될 텐데, 꼭 글로 쓰실 필요는 없습니다. 이 글로 인해 조금이라도 더 넉넉해졌다면 좋은 답장입니다. 모든 것이 다 좋아질 수는 없겠지만 어느 한 부분이라도 더 좋아졌다면 훌륭한 답장입니다. 집안 서가에 꽂혀 있을 오래된 『논어』의 먼지를 털어 내고, 편안하게 읽어 나가게 된다면 완벽한 답장입니다.

이 책의 서문에서 밝힌 대로, 이 글로 인해 『논어』가 한번쯤 읽고 마는 책에 멈추지 않고 여러분 모두에게 '나의 『논어』'로 자리하는 그날까지 응원하겠습니다. 고맙습니다.

공자의 시대와 생애

공자가 활동한 시기는 지금부터 2,500여 년 전으로, 이른바 '춘추시대 春秋時代' 말기입니다. 작은 나라들이 세력 다툼을 하면서 싸우던 시기 였지요. 시대를 거슬러 올라가면 기원전 1046년, 주周나라는 상商나라 를 무너뜨리고 각 지역을 제후들이 관할하여 통치하도록 합니다. 그 런데 세월이 흐르면서 중앙의 힘은 약화되고 기원전 771년에는 이민 족의 침략으로 주나라의 수도가 함락되기에 이릅니다. 그러자 제후들 은 독자세력화하면서 사실상 여러 나라들로 분할되어 나라 간의 분란 이 일었던 것입니다.

공자는 그 가운데 노魯나라 출생인데, 당시에는 제齊, 진晉, 초楚, 오 吳, 월越나라 등등이 큰 나라였습니다. 각 나라들은 세력을 확장하여 더 많은 영토를 차지하기 위해 전쟁이 잦았고 사회질서가 어지러웠으 며 백성들의 삶은 고달팠습니다. 공자는 그런 혼란상을 딛고 일어서 서 조화로운 세상을 만들고자 했습니다. 일단 쇠퇴한 주나라의 전통을 이어 보겠다는 명분을 내세웠는데, 당시의 위정자들이 힘으로라도 상대를 제압하여 평화를 찾으면 된다고 믿은 데 비해, 공자는 인간의 본성을 잘 계발하여 덕德을 쌓는 것에서부터 출발하고자 했습니다.

물론 그 당시라고 해서 다 그렇게 무력과 같은 강제력을 동원하려 했던 것만은 아닙니다. 문란한 사회질서를 바로잡기 위해 '예禮', 곧 예의범절 같은 규율이나 제도를 강화하려는 움직임이 강했습니다. 그러나 공자는 그렇게 바깥으로 통제하는 것보다는 '인仁', 곧 사람을 사랑하는 따뜻한 마음을 중심으로 교화하고자 했습니다. 그리고 그것이 드러나는 순서도 자기 자신에서 집안으로, 집안에서 나라로, 나라에서 온 세상으로 점차 넓혀 나가는 쪽을 택했습니다. 나라를 태평하게 하여 온 백성이 평화롭게 지내게 한다는 발상을 뒤집은 셈이지요.

공자는 그런 목표를 세우고 제자들을 가르쳤고, 자신을 기용하려는 임금이 있으면 기꺼이 나아가 자신이 꿈꾸는 이상적인 정치를 펼치려 했습니다. 다행스럽게 그 뜻을 알아주는 임금을 만나 몇 차례 쓰이기도 했지만, 공자는 자신의 이상을 현실 정치에서 제대로 정립해 보지 못했습니다. 결국 노년에 다시 고향에 돌아가서는 오로지 제자를 양성하고 학문을 완성하는 데만 전념하다 생을 마쳤습니다.

공자의 이름은 '구丘'이며, 자字는 '중니仲尼'입니다. '중니'의 '중'이 둘째라는 뜻인 데서 알 수 있듯이 둘째 아들이며, 인근의 니구산尼丘山에 빌어서 얻은 자식이어서 '니'를 썼습니다. 그는 기원전 551년, 노나라 추읍陬邑에서 태어났습니다. 아버지 숙량흘叔梁紇은 그때 이미 예순을 훨씬 넘긴 노인이었으며, 어머니 안씨顔氏는 겨우 열여섯 살이었습니다. 숙량흘은 이미 두 차례 결혼을 한 바 있는 데다 안씨와 정식으로 결혼한 것으로 보이지 않는 등 공자는 출생부터 평범하지 않았습니다.

공자 나이 세 살에 아버지가 죽고, 열일곱 살에 어머니가 죽었습니다. 열다섯 살이 되는 해에 공자 스스로 "배움에 뜻을 두었다."고 기록한 걸로 보아서 이때부터 학문에 매진했던 것으로 보입니다. 열아홉 살에 결혼을 하여 스무 살에 큰아들을 낳는 등 정상적인 가정생활을 하였지만, 20~21세 무렵에 창고지기, 가축 사육 등의 일을 한 것으로 미루어 넉넉한 형편은 못 되었습니다. 그러나 공자 스스로 서른 살에 "섰다〔立〕."고 표현한 것으로 보면, 이 정도 나이에 학문적 기반을 확실히 닦은 것으로 판단됩니다.

삼십 대에는 노나라 밖으로 나가 활동 반경을 넓히고 견문을 키우게 됩니다. 서른네 살에는 노나라의 대부大夫가 죽으면서 자신의 아들들에게 공자를 찾아가 예禮를 배우라고 유언할 정도의 명성을 얻게 됩니다. 또, 그 이듬해 노나라에 내란이 일어나면서 이웃 나라를 옮겨 다니는 동안에도 임금이 정치에 대해 물어오는 등 현실 정치에 참여할 발판이 마련됩니다. 서른여섯 살에 다시 노나라로 돌아와 학문에 몰두했는데 중궁仲弓, 안회顔回, 자공子貢 같은 제자들을 양성하였습니다.

쉰한 살에 지금의 읍장 정도인 중도재中都宰 벼슬을 하고, 쉰두 살에 토목 담당관인 사공司空을 거쳐 법을 집행하는 대사구大司寇를 지냅니다. 이때 많은 성과를 냈으나 곧 나라가 어지러워지자 노나라를 떠나 위나라로 갑니다. 이때 공자의 나이가 쉰다섯 살로 그때부터 장장 십

사 년간에 이르는 주유천하周遊天下가 시작되어, 천하를 돌며 자신의 생각과 포부를 알리며 자신을 기용할 임금을 찾아다녔습니다.

　그러나 공자의 원대한 포부를 실현할 기회는 끝내 오지 않았고, 예순여덟 살에 마침내 정치적 이상 실현의 꿈을 단념하고 오로지 후학 양성에만 매진하게 됩니다. 이때 자하子夏, 증삼曾參, 자장子張 등이 모여들었고 학문이 더욱 활기를 띠었으며, 역사책인 『춘추春秋』를 엮어 냈습니다. 공자가 일흔세 살에 세상을 떠나자 제자들은 삼년상을 치러 스승의 마지막 길을 성대하게 배웅했습니다.

　『논어』 곳곳에는 공자가 그런 시대를 살아간 흔적들이 역력합니다. 도의가 떨어진 세태를 개탄하기도 하고, 바른 몸가짐에서부터 바른길을 찾아야 한다고 역설하곤 합니다. 또, 벼슬아치로서 최선을 다하기도 했으나, 그가 가장 크게 힘쓴 것은 스스로 공부하면서 제자들을 가르친 것입니다. 공자와 그의 제자들이 이룬 학문은 지금까지 동아시아 전체의 정치·경제·사회·문화를 떠받치는 기둥이 되었습니다.

『논어』의 특성 및 편제

『논어』는 보통의 책들과는 너무 달라서 처음 보는 사람은 어리둥절할 정도입니다. 우선, 가장 특이한 점은 지은이가 없다는 점입니다. 이게 무슨 말이냐며 놀라는 사람이 있을 텐데, 이는 『논어』를 공자가 지었다고 잘못 알고 있기 때문입니다. 또, 그렇지 않다면 공자의 제자들이 지은 것이 아니냐고 생각할 수도 있지만 그것도 아닙니다. 주로 공자가 한 말이나 행실 가운데 특별한 것들을 중심으로 그 제자들이 가려 뽑아 정리한 언행록입니다. 게다가 공자가 아닌, 공자의 제자가 한 말이나 행실도 기록되어 있으니, 더 정확하게는 공자와 공자 제자의 언행록이 될 것입니다.

어찌 보면 『논어』의 그런 특성이 이 책을 다른 책과 구별해 주는 모든 것일지도 모르겠습니다. 책의 편제만 보아도 장별로 내용 구분이 되질 않습니다. 전체 20장으로 구성되어 있고 각각을 '편篇'이라고 부르는데, 그 편의 이름조차 그저 그 편의 맨 첫 두세 글자를 딴 데 불과

합니다. 예를 들어 「학이」 편은 "學而時習之(학이시습지)~"의 두 글자 '학이'를 딴 것이지요. 물론 각 편마다 내용상의 특징이 다소 드러나기는 하지만, 편의상 묶어 둔 데 불과합니다. 처음부터 어떤 내용을 쓰겠다고 작정한 것이 아니어서 이러저런 내용들이 여기저기 흩어져서 보입니다.

또, 글로 쓴 내용보다는 말로 한 내용이다 보니 여느 책과는 크게 다른 부분이 있습니다. 말은 앞에 듣는 사람이 있을 때만 할 수 있고 그래야만 의미가 있지만, 글은 자기 생각을 담아 두기만 하면 될 뿐 그다음은 누가 볼지 모르는 상황입니다. 그래서 말은 바로 앞에 있는 상대에 따라 그때그때 다르게 할 수도 있고, 또 그래야 더 좋은 말이 됩니다. 공자는 바로 앞에 있는 사람에 따라 적절한 말을 했고, 처신 역시 그랬습니다. 같은 책에 나오는 앞의 말과 뒤의 말이 다른 것은 그런 데서 기인합니다.

다음으로, 말이기는 해도 주로 제자들을 가르치는 자리에서의 말이 많다는 점 때문에 훈시를 하는 듯한 내용이 많습니다. 똑같은 언행을 기록했더라도 『맹자孟子』 같은 책을 보면 말이 매우 길고 논쟁적입니다. 상대자들이 맹자의 견해에 동조하지 않거나, 맹자가 설득할 대상이어서 반박하거나 논증할 일이 많습니다. 그러나 『논어』의 공자는 스승과 제자라는 관계에서, 그때그때 적절한 가르침을 짧고 함축적으로 제시하는 경우가 대다수입니다. 그 덕에 주옥같은 명언들이 많이 남아 있습니다.

그러나 처음부터 글로 써서 모아진 것이 아닌 까닭에 만들어진 과

정도 단순하지 않고, 여느 경전처럼 깔끔하게 정리된 것도 아닙니다. 꼭 그런 것은 아니지만, 전체 스무 편 가운데 앞의 열 편은 간결한 문장으로 잘 정돈된 편이지만, 뒤의 열 편은 상대적으로 그런 면이 부족한 편입니다. 또한, 앞의 열 편이 공자의 언행에 충실한 편이라면, 뒤의 열 편에는 공자의 제자와 관련한 언행 등이 많이 등장하며,「자장子張」편 같은 경우에는 아예 공자의 언행이 나오지 않고 공자 제자들의 언행만을 집중적으로 기록하고 있기도 합니다. 아무래도 오랜 편찬 기간을 거치면서 상이한 성격의 내용이 들어간 것으로 보아야 할 것입니다.

전체 스무 편은 다음과 같습니다: 1.「학이學而」, 2.「위정爲政」, 3.「팔일八佾」, 4.「이인里仁」, 5.「공야장公冶長」, 6.「옹야雍也」, 7.「술이述而」, 8.「태백泰伯」, 9.「자한子罕」, 10.「향당鄕黨」, 11.「선진先進」, 12.「안연顔淵」, 13.「자로子路」, 14.「헌문憲問」, 15.「위령공衛靈公」, 16.「계씨季氏」, 17.「양화陽貨」, 18.「미자微子」, 19.「자장子張」, 20.「요왈堯曰」.

물론, 각 편들이 특정 내용만 선별하여 정리한 것은 아니지만, 읽다 보면 대략의 흐름을 알 수는 있습니다. 특히 앞의 열 편 같은 경우는, 배움에서 시작하여(「학이」) 정치로 넓혀 나가고(「위정」), 이를 위해 예악을 활용하고(「팔일」), 함께 살며 선행을 베풀고(「이인」), 인물평 등을 통해 사람의 됨됨이를 되새기고(「공야장」,「옹야」), 공자나 선현 등의 모범적인 인물의 덕행을 배우고(「술이」,「태백」,「자한」), 공자의 일상생활을 통해 앎과 삶이 어우러지는 인간다움(「향당」)을 알게 되는 순서입니다.

이에 비해 뒤의 열 편에서는 제자들의 비중이 급격히 올라가며, 공자가 압축적으로 제시하는 내용보다 혼란한 세상에 대한 걱정 등이 많습니다. 가령, 「선진」 편에서는 공자의 제자인 민자건閔子騫의 행적이 두드러지며, 「자장」 편에서는 자하子夏나 자공子貢의 언행이 부각됩니다. 「계씨」 편은 아예 다른 책으로 느껴질 정도로 장황한 서술이 많은 데다 공자가 말하는 대목이 "자왈子曰~"이 아니라 "공자왈孔子曰~"로 되어 있는 등 확연한 차이를 보입니다. 또 「요왈」은 다른 편에 비해 지나치게 짧은 데다 공자나 그 제자의 언행을 기록한 일반적인 내용도 아닙니다. 『논어』가 지금 볼 수 있는 하나의 책으로 엮이기 전까지 우여곡절을 겪었을 것으로 짐작할 수 있는 대목입니다.

이렇게 보면 『논어』가 공자의 언행을 바탕으로 이루어진 것이기는 해도, 그것만으로는 설명할 수 없는 무언가가 있습니다. 공자는 물론 그 제자, 또 그 제자의 제자들까지가 공동으로 이룬 집단 지성의 산물로 보는 게 타당합니다. 『논어』의 제목에 담긴 '논한다'는 뜻의 '논論'이나 '말한다'는 뜻의 '어語'에서부터 그런 복합성을 배태했다고 볼 수 있을 겁니다. 책의 편찬에 참여한 여러 제자 계보들 가운데 어떤 쪽의 입김이 더 크게 작용했는가에 따라서 내용의 변화가 있었을 걸로 짐작해 볼 수 있습니다. 가령 동일한 인물이 여러 군데 등장하면서 엇비슷한 질문을 할 때 그게 실제 그런 일이 있었던 것인지, 나중에 편찬 과정에서 착오가 있거나 특별한 의도로 끼워 넣은 것인지 확증하기 어렵습니다.

또, 거기에 더해 『논어』가 유교의 가장 중요한 경전인 만큼, 후대의 수많은 유학자들이 다 이 책을 공부했기 때문에 해석이 다양합니다. 중국은 물론 한국, 일본 등지에서 2,000년이 넘는 기간 동안 수많은 석학들이 이 책의 깊은 뜻을 풀이했습니다. 예를 들어, 공자가 시냇가에서 "흘러가는 게 저 물과 같구나!"라고 한 평이한 말을 두고도, 그것을 세월이 흘러 나이가 든 것을 한탄하는 것인지, 물처럼 쉬지 말고 공부하라는 것인지에 대해 논쟁이 일었습니다. 그 결과, 『논어』가 지금의 책으로 완성된 후에도 여러 학자들을 통해 풍부한 해석이 덧붙어 더욱 값진 고전이 되었습니다.

공자의 제자들

공자의 제자가 모두 몇 명인지는 확인할 수 없습니다. 저만 해도 지금까지 제가 가르친 학생이 모두 몇 명인지 모르니까 어찌 보면 당연한 일입니다. 지금처럼 학적學籍이 분명해서 공식적으로 판별할 수 있는 게 아니니, 사실 어떤 사람이 누구의 제자인지 확인하기가 까다롭습니다. 평생을 그 문하에서 배웠어도 제자로 취급받지 못하는가 하면, 겨우 두어 시간 만나 뵌 게 다이지만 평생 사숙私淑을 하여 제자 반열에 오르기도 합니다. 공자의 경우라면 그 명성 덕에라도 많은 사람들이 그 제자임을 자처했을 것 같고, 그래서 많게는 3,000명이나 된다는 말도 있습니다. 그러나 실제 제자로 인정할 만한 행적이 남은 경우는 70여 명 정도입니다.

사마천司馬遷의 『사기史記』「열전列傳」에는 공자 제자들의 행적을 담은 〈중니제자열전仲尼弟子列傳〉이 있는데, 여기에서는 공자의 제자들을 이렇게 기록하고 있습니다.

공자는 "나에게 가르침을 받고 육예六藝에 통달한 제자가 77명이다."라고 하였는데, 그들 모두 다 특별한 능력을 소유한 사람들이었다. 그중에서 덕행에는 안연顏淵, 민자건閔子騫, 염백우冉伯牛, 중궁仲弓, 정사에는 염유冉有, 계로季路, 언어에는 재아宰我, 자공子貢, 문학에는 자유子游, 자하子夏가 특별히 뛰어났다. 그러나 사師(자장)는 편벽하였고, 삼參(증자)은 노둔하였고, 시柴(자고)는 우직하였고, 유由(자로)는 조속粗俗하였다. 회回(안연)는 매우 가난하였으며, 사賜(자공)는 천명을 받지 않고 재물을 불리었지만 시세 파악에 능하였다.[1]

공자가 인정한 제자라면 적어도 어느 한 방면에는 달통한 인물들인데 그런 제자가 77명이라고 했으며, 그 가운데 특기할 만한 인물이 위에 적은 십여 명이라는 말입니다. 그런데 한 인물의 장점은 대체로 단점이 되는 법이어서, 자로는 과단성 있는 성격 때문에 정사에 나서기 적격이지만, 또 그 때문에 정밀하게 학문을 가다듬지 못해 조속하다는 평을 받는 것이지요. 안연은 스승의 말은 절대로 어기지 않고 묵묵히 학문에 전념했으나 그렇게 하느라 살림을 돌보지 못해서 가난했습니다. 세상에 완미完美한 사람을 찾기란 어렵고, 그래서 어찌 보면 공자보다 그의 제자에게서 더 인간적인 기운이 묻어나는지도 모를 일입니다.

『논어』에 자주 등장하는 중요한 제자들을 열거해 보면 다음과 같습니다.

안연顔淵(기원전 521~490)은 성이 '안顔' 이름이 '회回'로, 공자가 인정하는 수제자입니다. 안빈낙도安貧樂道의 표상으로, 가난에 굴하지 않고 묵묵히 공부를 한 것으로 유명합니다. 공자는 그의 행실을 늘 칭찬했으나 일면 도덕적인 결벽증이 심했던 것으로 보입니다. 공자보다 서른 살이나 아래였으나 서른한 살로 요절하여 공자에게 큰 슬픔을 안겼는데, 그의 단명이 어쩌면 궁핍한 가운데 진력하는 삶과 연관이 있지 않은가 합니다.

자로子路(기원전 542~480)는 성이 '중仲'이고 이름이 '유由'이며, '계로季路'로도 불립니다. 공자보다 아홉 살 아래인 데다 성격도 적극적이고 괄괄한 편이었습니다. 공자가 자로를 곁에 둔 뒤로는 공자에 대한 험담이 없어졌다고 할 정도로 공자의 특급 경호원 노릇을 했으며, 스승의 행실이라도 잘못된 것으로 여겨지면 즉각 지적했습니다. 그러나 그의 그러한 거침없는 행보가 불행으로 이어져서, 정치의 전면에 나섰다가 불의를 참지 못했고 끝내 효수되었으며 일설에는 그 시신이 젓갈로 담가졌다는 말이 있습니다.

자공子貢(기원전 520~?)은 성이 '단목端木', 이름이 '사賜'입니다. 언변이 좋았고 정치적인 감각도 뛰어났던 인물이며, 특히 이재理財에 밝았습니다. 한마디로 실무에 능한 인재였으며, 당대의 사람들이 공자보다 뛰어난 게 아닌가 생각할 정도로 두각을 나타냈습니다. 그러나 공자는 그를 안연보다 낮게 평가했으며, 특별한 역할을 하기 좋은 그릇 정도로 여겼던 것 같습니다. 하지만 공자가 어려움에 처했을 때 재정 지원 등 실질적인 문제를 해결한 인물이며, 공자가 죽었을 때 본래의 삼년상에 삼 년을 더해 시묘살이를 하는 충직함을 보였습니다.

염구冉求(기원전 522~489)는 '자유子有' 또는 '염유冉有'로도 불렸으며, 안연, 자로, 자공과 함께 공자의 초기 제자로 분류됩니다. 자로가 적극적이었던 데 비해서 소극적이어서 대비되곤 했습니다. 그러나 공자의 추천을 받아 당대의 실권자인 계씨季氏의 아래로 가서 정치를 하게 되면서 큰 변화가 있었습니다. 계씨의 이익만을 생각할 뿐 민생과는 동떨어진 행보를 보임으로써 공자의 격분을 샀고, 공자는 제자들에게 그를 성토하도록 했습니다.

증자曾子(기원전 505~436)는 이름이 '삼參'으로 공자보다 마흔여섯 살이나 어렸으며, 그의 아버지 증점曾點 또한 공자의 제자입니다. 공자 당시에는 그리 큰 영향력이 없는 제자인 듯하지만, 후대에 '증자'로 불리는 데서 알 수 있듯이 그의 제자들이 유교의 바탕을 닦았습니다. 증자에서 그의 제자인 자사子思를 거쳐 맹자로 이어지는 학통이 유교의 정통 학맥으로 인정됩니다. 그와 관련하여서는 맹목적인 효행 일화가 전하는 데서 알 수 있듯이 명민함보다는 덕행에 강점이 있었던 듯합니다.

이 밖에도 공자를 수행하며 수레를 몰았던 번지樊遲, 출신이 미천했지만 높은 평가를 받은 중궁仲弓, 게으르다는 이유로 공자의 비판을 받았던 재여宰予, 말 많은 사마우司馬牛, 공자 문하의 말년을 번듯하게 장식해 준 자유子游 · 자하子夏 · 자장子張 등등의 제자들을 기억할 만합니다.

또한, 참고삼아 당대의 언어 습관에 따라 『논어』에 나오는 제자들의 여러 이름들에 대해 알아 둘 필요가 있습니다. 옛날에는 이름을 함부로 쓰지 않는 관습이 있었습니다. 통상 스무 살쯤의 어른이 되면 자字라는 것을 만들어 이름 대신 썼습니다. 그러나 스승이나 집안 어른 등은 이름을 직접 부를 수 있었기 때문에, 『논어』에서 자로를 가리킬 때는 자字인 '자로'라고 하다가, 공자가 대화하면서 제자로 대하여 직접 부를 때는 그 이름인 '유由'라고 하며, 성과 이름을 함께 부를 때는 '중유仲由'라고 합니다. 제가 대학원에서 공부할 때만 해도 선생님을 칭할 때 성함을 쓰지 못하고 호號로 불렀으니까 아주 오래도록 남아 있던 전통입니다.

========= 참고문헌 =========

책머리에

1   김도련 역주, 『朱註今釋 論語』, 현음사, 1990.

첫째 묶음: 사람의 향기

1   장조, 『幽梦影』, 黃山书社, 2002, 115쪽.
2   H. G. 크릴, 『孔子, 인간과 신화』, 이성규 옮김, 지식산업사, 1983, 323쪽.
3   권태응, 『권태응 동시선집』, 지식을 만드는 지식, 2015, 9쪽.
4   한나 아렌트, 『인간의 조건』, 이진우 옮김, 한길사, 2017.
5   김현, 『르네 지라르 혹은 폭력의 구조』, 나남, 1987, 33쪽.
6   버트란트 러셀, 『행복의 정복』, 황문수 옮김, 문예출판사, 1993, 15쪽.
7   기형도, 『입 속의 검은 잎』, 문학과지성사, 1991, 21쪽.

둘째 묶음: 삶의 중심

1   김춘수, 『김춘수 시전집』, 민음사, 1984, 94쪽.
2   James Legge 옮김, *The Chinese Classics*, 1892, 文星書店 영인본, 1966, 256쪽.
3   『孟子』「梁惠王 下」.
4   시인과 촌장, 『숲』(LP), 서라벌레코드, 1988.
5   김경일, 『공자가 죽어야 나라가 산다』, 바다출판사, 2001, 188쪽.
6   정약용, 『論語古今註』, 『國譯 與猶堂全書 2』, 전주대 호남학연구소 옮김, 여
    강출판사, 1989, 257쪽.
7   원순 역해, 『초발심자경문』, 열린마음, 2010, 51쪽.

8   도종환, 『사람의 마을에 꽃이 진다』, 문학동네, 1994, 39쪽.

9   김근, 『욕망하는 천자문』, 삼인, 2003, 191~192쪽.

10 김종두, 『효의 패러다임과 현대적 개념』, 명문당, 2011, 205쪽.

11 김덕수, 『일상에서 이해하는 칸트 윤리학』, 역락, 2018, 82쪽.

12 김용옥, 『도올논어(1)』, 통나무, 2000, 173쪽.

13 조셉 캠벨, 『네가 바로 그것이다』, 박경미 옮김, 해바라기, 2004, 217쪽.

14 윌리엄 맥어스킬, 『냉정한 이타주의자』, 전미영 옮김, 부키, 2017, 190쪽.

셋째 묶음: 배움의 길

1   이문재, 『제국호텔』, 문학동네, 2004, 11쪽.

2   헨리 데이비드 소로, 『소로우의 일기』, 윤규상 옮김, 도솔, 1996, 251쪽.

3   파울로 코엘료, 『흐르는 강물처럼』, 박경희 옮김, 문학동네, 2008.

4   리처드 니스벳, 『생각의 지도』, 최인철 옮김, 김영사, 2004, 46쪽.

5   사마천, 『史記列傳 上』, 정범진 외 옮김, 까치, 1995, 74쪽.

6   『禮記』 「檀弓」.

7   邱燮友 註譯, 『新譯唐詩三百首』, 三民書局, 1985, 330쪽.

8   정현종, 『나는 별아저씨』, 문학과지성사, 1978, 70쪽.

넷째 묶음: 큰사람을 찾아

1   M. K. 간디, 『간디자서전: 나의 진리실험 이야기』, 함석헌 옮김, 한길사, 2012
    3판, 478쪽.

2   샤를 페팽, 『자신감』, 김보희 옮김, 미래타임즈, 2019, 68쪽.

3   미하이 칙센트미하이, 『몰입의 즐거움』, 이희재 옮김, 해냄, 2006, 9쪽.

4   신대철, 『무인도를 위하여』, 문학과지성사, 1977, 38쪽.

5   박지원, 『燕巖集』, 「繪聲園集跋」, 卷三.

6   김수영, 『김수영 전집 1: 시』, 민음사, 1981, 297쪽.

7   최승호, 『여백』, 솔, 1997, 55쪽.

다섯째 묶음: 실행의 기술

1 로제 카이와, 『놀이와 인간』, 이상률 옮김, 문예출판사, 1994.

2 김광규, 『아니다 그렇지 않다』, 문학과지성사, 1983, 115쪽.

3 정약용, 『論語古今註』, 『國譯 與猶堂全書 2』, 전주대 호남학연구소 옮김, 여강출판사, 1989, 176쪽.

4 김광규, 같은 책, 116쪽.

5 『시와 반시』, 2018 봄, 시와반시사, 203쪽.

6 이정록, 『제비꽃 여인숙』, 민음사, 2001, 13쪽.

7 하영삼, 『한자어원사전』, 도서출판3, 2014, 612쪽.

8 함석헌, 『수평선너머』, 한길사, 2009, 243쪽.

여섯째 묶음: 최선을 다한 후

1 랄프 왈도 에머슨, 『자신감』, 이창기 편역, 하늘아래, 2002, 21~22쪽.

2 키케로, 『키케로의 의무론』, 허승일 옮김, 서광사, 2006, 110쪽.

3 수전 케인, 『콰이어트』, 김우열 옮김, RHK, 2012, 94~95쪽.

4 샤를 페팽, 『자신감』, 김보희 옮김, 미래타임즈, 2019, 104쪽.

5 정약용, 『論語古今註』, 『國譯 與猶堂全書 3』, 전주대 호남학연구소 옮김, 여강출판사, 1989, 345쪽.

6 최승자, 『빈 배처럼 텅 비어』, 문학과지성사, 2016, 46쪽.

『논어』 상식 3

1 사마천, 『史記列傳 上』, 정범진 외 옮김, 까치, 1995, 59쪽.